Volker Reichenbach et al.

Praxishandbuch IT-Projekte
in Versicherungsunternehmen

Volker Reichenbach et al.

Praxishandbuch IT-Projekte in Versicherungsunternehmen

 vvw.de

Bibliografische Information der Deutschen Nationalbibliothek

Die Deutsche Nationalbibliothek verzeichnet diese Publikation
in der Deutschen Nationalbibliografie;
detaillierte bibliografische Daten sind im Internet über
http://dnb.d-nb.de abrufbar.

Umschlagbild   © Clearly Presented Ltd.

Herstellung   Karl Elser Druck GmbH   Mühlacker

ISBN 978-3-89952-599-1

Vorwort

Sicher gibt es Unmengen von Veröffentlichungen zum Thema Projektmanagement und damit verbundenen Themen. Warum also noch eine weitere?

Zunächst können wir ausschließen: Mit dem Buch ist kein Theorie- oder Wissenschaftsbeitrag zu erwarten. Wir wollen ganz einfach langjährige Erfahrungen veröffentlichen, die in unzähligen IT-Projekten unterschiedlicher Komplexität gesammelt wurden. Die Autoren wollten das aufschreiben, was sie auch wirklich bereits gemacht und erlebt haben und so allen Interessierten ihre gewonnenen Erkenntnisse zur Verfügung stellen.

Selbstverständlich hatten wir ein Auswahlproblem. Zum einen betraf dies die thematische Auswahl – es hätte noch jede Menge Themen gegeben, die es wert gewesen wären, aufgenommen zu werden. Zum anderen war zu entscheiden, in welchem Detaillierungsgrad die ausgewählten Themen zu behandeln sind. Wir haben uns auf einen abwechslungsreichen Mix mit Schwerpunkt auf Projektmanagement geeinigt.

Mit dem Titel „Praxishandbuch IT-Projekte in Versicherungsunternehmen" ist die thematische Klammer denn auch weit genug gefasst, um eine breite Zielgruppe an Lesern anzusprechen und verschiedene Sichten auf solche IT-Projekte zu behandeln sowie diverse Beispiel-Projekte einzubeziehen. Als „Handbuch" bezeichnen wir das Buch deshalb, weil dies nach unserer Auffassung signalisiert, dass der Leser eine Folge von Beiträgen erwarten darf, von denen jeder für sich abgeschlossen und lesbar ist. Aber am allerwichtigsten ist uns der Begriff „Praxis": Es soll ein Buch sein, das *von* Praktikern *für* Praktiker geschrieben ist.

So hoffen wir denn, eine interessante Lektüre bereitgestellt zu haben – zum einen für die Auftraggeber von IT-Projekten, d.h. Manager und deren Mitarbeiter aus Fach- und/oder IT-Abteilungen von Versicherungsunternehmen, und zum anderen auch für diejenigen, die solche Projekte realisieren. Dem Anliegen des Buches entsprechend, würden wir uns über ein Feedback freuen.

Ismaning, im Januar 2011   *Die Autoren*

Inhaltsverzeichnis

Überblick

Dr. Rainer Trautloft

An den Anfang haben wir mit „Der Albtraum eines Projektmanagers" in einer eher humorvollen Art ein fiktives Projekt gestellt, das es hoffentlich so nicht geben wird. Es werden damit verschiedene Fallen und Fehler angesprochen, die von der Projektplanung bis zum Projektabschluss gemacht werden können und die sicher auch schon alle irgendwo mal gemacht wurden. Möge jeder Leser selbst prüfen, ob er die eine oder andere Situation in seiner Projekttätigkeit schon mal erlebt hat und wie er da gehandelt hat.

Mit dem Kapitel „Erfolgreiches Krisenmanagement in Projekten" wird der Tatsache Rechnung getragen, dass trotz aller guten Absichten im Projekt Situationen eintreten können, die einen erfolgreichen Projektabschluss gefährden. Solche „Krisen" können gemeistert werden bzw. noch viel wichtiger ist, sie gar nicht erst entstehen zu lassen. Dieser Beitrag bezieht aus einem großen Erfahrungsschatz des Autors seine Lebendigkeit und Spannung.

Mit einfachen Mitteln, wie der „Installation" eines leistungsfähigen Projektbüros, auf das sich die Projektleitung in Fragen der Planung, Steuerung und Auswertung stützen kann, werden in der Regel krisenhafte Situationen vermieden bzw. zumindest frühzeitig erkannt. Wir haben ein Kapitel eingefügt, das die Aufgaben im Projektoffice – basierend auf der tiefen Überzeugung, dass dies eine sehr nützliche Maßnahme ist – beschreibt.

Eine essentielle Aufgabe steht dem Versicherungsunternehmen bevor, wenn es ein neues Bestandsführungssystem zu entwickeln und einzuführen gilt. Im Sinne eines „How-to" und einer Reihe von Checklisten werden im entsprechenden Kapitel notwendige Aktivitäten und ausgewählte, sinnvolle Vorgehensweisen beschrieben. Als praktischer Hintergrund dienen zwei Bestandsführungsprojekte, die von Projektteams der msg (zwischen 30 und 100 Mitarbeiter ohne Beistellungen des Versicherungsunternehmens) entwickelt und mit denen bestehende Systeme abgelöst wurden.

Thematisch schließt sich daran das Thema Datenmigration an. Immer häufiger stehen die Unternehmen auf Grund von Zusammenschlüssen oder von Einsatz neuer Technologien oder von Standardsoftware vor der Aufgabe, Datenbestände zu migrieren. Dieses Kapitel liefert quasi eine Anleitung, wie man es nachweislich sehr gut tun kann. msg hat ein ausgearbeitetes Vorgehensmodell für Datenmigrationen und setzt bestimmte Software-Tools ein, um den Migrationsprozess zu beschleunigen und die resultierende Daten-qualität zu verbessern.

Eine zunehmende Bedeutung hat in der Versicherungswirtschaft der Umgang mit den Versicherungsprodukten im Rahmen eines definierten Produktmanagementprozesses. Dafür ist eine Softwareunterstützung in Form eines Produktmanagementsystems „state of the art". msg selbst bietet als Produkt ein solches Produktmanagementsystem an – aber: Das Kapitel ist keine Werbebroschüre für dieses Produkt, sondern berichtet neutral über

Erfahrungen bei der Einführung eines solchen Tools. Insbesondere der Einfluss eines Produktmanagementsystems auf die Gestaltung der Prozesse wird beleuchtet.

Auf Grund der Aktualität des Themas haben wir ein eher technisch orientiertes Kapitel mit aufgenommen. Das Formular und andere Dokumententypen stehen aus historischer Sicht im Zentrum der Geschäftsprozesse des Versicherungsunternehmens, sodass diese oft auch als dokumentenorientierte Prozesse bezeichnet werden. Moderne Technologien bieten heute die Voraussetzung für eine weitgehend papierlose, medienbruchfreie Gestaltung von Arbeitsabläufen. Es werden Ausschnitte aus einem leistungsfähigen Enterprise Content Management behandelt, indem Themen wie intelligente Formulare, elektronische Signaturen, Barcode, Workflowmanagement, Korrespondenzmanagement und Archivierung angesprochen werden.

Den Abschluss bildet ein Kapitel, das Einblick gibt in eine wichtige Schnittstelle zwischen Versicherungsunternehmen und Softwarehersteller. Wenn die Entscheidung „make or buy" zugunsten von Standardsoftware gefallen ist, dann sind die Käufer eingebunden in einen Softwarelebenszyklus, der sich in Form von Releasezyklen darstellt. Das Management eines solchen permanent zyklisch ablaufenden Softwareentwicklungsprozesses stellt besondere Anforderungen, die über die kundenspezifische Entwicklung von Anwendungen hinausgehen. Einen Einblick in die damit verbundenen Herausforderungen zu erhalten, schafft Verständnis und ist eine gute Grundlage für das Mitwirken bei Software-Kaufentscheidungen.

Der Albtraum eines Projektmanagers

Alfred Hennerici

Abstract

An den Anfang haben wir mit „Der Albtraum eines Projektmanagers" in einer eher humo-ristischen Art ein fiktives Projekt gestellt, das es hoffentlich so nicht geben wird. Es werden damit verschiedene Fallen und Fehler angesprochen, die von der Projektplanung bis zum Projektabschluss gemacht werden können und die sicher auch schon alle einmal gemacht wurden.

I.   Der Projektauftrag

In einer Vorstandssitzung der Wohlfühl-Versicherung (Wofü) wurde beschlossen, die An-wendungslandschaft des Unternehmens zu erneuern. Maßgabe war, diese Erneuerung innerhalb von zwei Jahren zu realisieren, um die Grundlage für den Verkauf von neuen, innovativen Versicherungsprodukten zu schaffen. In dem immer enger werdenden Versi-cherungsmarkt hatte sich die Position der Wofü in den letzten Jahren negativ entwickelt. Eine Trendumkehr erwartete man über die Platzierung der neuen Produkte. Um das ge-plante Zeitziel zu erreichen, sollte die neue Anwendungslandschaft mit Standardproduk-ten von externen Produktlieferanten realisiert werden. Dem eigenen Entwicklungsbereich wurde die termingerechte Realisierung nicht zugetraut.

Herr Müller, Hauptabteilungsleiter für den Bereich Anwendungsentwicklung, bekam den Auftrag, das Projekt zu initialisieren und zu steuern. Man gab Herrn Müller zu verstehen, dass dieses Projekt ein strategisches sei, das in keinem Falle scheitern dürfe.

Herr Müller stieß bei den ersten Gesprächen mit seinen Abteilungsleitern auf massiven Widerstand, weil diese der Meinung waren, dass eine Eigenentwicklung der neuen Land-schaft effizienter und kostengünstiger sei. Der Fachbereich war begeistert von der Idee, weil man sich von der Vergabe an ein externes Unternehmen eine gewisse Unabhängig-keit vom eigenen IT-Bereich versprach.

Erster Schritt sollte nun sein, die fachlichen und technischen Anforderungen so zu doku-mentieren, um zehn in Frage kommende Softwarelieferanten in einer Ausschreibung zu einem Angebot aufzufordern.

Probleme	Maßnahmen
Ehrgeizige Pläne mit unrealistischen Terminen führen immer zu höheren Kosten und oft zu einer starken Frustration. Solche Projekte sind oft nicht erfolgreich.	<ul><li>Pläne müssen realistisch verifiziert werden.</li><li>Anforderungen müssen an die definierten Zeiträume angepasst werden oder Zeiträume müssen realistisch gewählt werden.</li><li>Projektphasen sollten nicht länger als 12 Monate geplant werden.</li></ul>
Eine mangelhafte oder gar fehlende Einbindung aller verantwortlichen Bereiche führt mit Sicherheit zu Unzufriedenheit und Widerständen.	Man kann nicht jeden überzeugen, aber es sollten alle verantwortlichen Bereiche das Gefühl haben, gefragt worden zu sein.

II. Die Ausschreibung

Herr Java, der Chefarchitekt im Bereich von Herrn Müller, nutzte die Gelegenheit, seine schon einige Zeit gehegten Vorstellungen von einer neuen serviceorientierten MDA-driven JEE-Architektur in die Tat umzusetzen. Gleichzeitig wollte er auch die Chance nutzen, die bisherige Host-Systemlandschaft zu erneuern und auf Unix-Serverfarmen zu wechseln.

Der Fachbereich wiederum trug alle Anforderungen, die man in den vergangenen Jahren immer wieder wegen der veralteten Anwendungslandschaft zurückgestellt hatte, zusammen und dokumentierte diese, soweit es möglich war, in einem umfangreichen Dokument. Die meisten Anforderungen wurden von Herrn Dr. Cicero, dem Leiter des gewerblichen Bereichs, eingebracht, der enge Beziehungen zum Vorstand unterhielt.

Die Abstimmung der Anforderungen zwischen Fachbereich und der IT-Fraktion verlief nicht ohne heftige und emotionale Diskussionen und zog sich über zwei Monate hin. Am Ende schaffte es Herr Müller, die Anforderungen auf ein Maß zu bringen, das den Projekterfolg nicht völlig abwegig erscheinen ließ.

Um die Erfolgsaussichten des Projektes abzusichern, beschloss Herr Müller, Herrn Java und Herrn Dr. Cicero gemeinsam für das Projekt verantwortlich zu machen. Obwohl die beiden Herren in der Vergangenheit häufig Meinungsverschiedenheiten hatten, stimmten beide am Ende dem Vorschlag zu.

Von den zehn angeschriebenen Unternehmen kristallisierten sich schnell drei als Favoriten heraus. Zwei davon waren Weltmarktfirmen mit großen Niederlassungen in Deutschland, das dritte die Versicherungslösung GmbH (VerLos), ein Unternehmen, das sich auf Softwarelösungen für die Versicherungsbranche spezialisiert hatte.

Herr Dr. Cicero sympathisierte stark mit einer der beiden Weltmarktfirmen, da er mit diesem Unternehmen schon einige Male zusammengearbeitet hatte. Herr Java favorisierte die VerLos, da er sich erhoffte, mit diesem Unternehmen seine modernen Architekturvorstellungen realisieren zu können.

Die beiden Herren lancierten die Angebote der anderen Unternehmen diskret an ihre Favoriten, um zum einen die Position ihrer Favoriten zu stärken und zum anderen den Preis optimieren zu können. Die Folge war, dass alle Anbieter sich schließlich auf ein Preisniveau begaben, das den wahrscheinlichen Aufwänden des Projektes kaum noch gerecht wurde.

Die beiden am Ende verbliebenen Unternehmen betonten in ihren jeweiligen Angebotspräsentationen noch einmal deutlich, dass der Projektplan überaus ehrgeizig sei, die Aufwände für die geforderten Funktionen recht optimistisch geschätzt seien und der Preis für das Projekt deswegen so niedrig sei, weil man das Projektergebnis als große Chance für den Markt sehe. Beide Unternehmen sagten jedoch zu, das Projekt im vorgegebenen Rahmen abwickeln zu können. Intern wurde in den beiden Unternehmen kolportiert, dass ein Projekt mit derart umfänglichen inhaltlichen und technischen Anforderungen in der vorgegebenen Zeit nahezu unmöglich zu schaffen sei. Diese Information wurde Herrn Müller auch vertraulich zugetragen, ohne dass er diese offiziell verwenden konnte.

Der Geschäftsführer der VerLos bat abschließend um ein Gespräch mit dem Vorstand, in dem er vorschlug, die gemeinsam zu entwickelnde Lösung nach Projektende gemeinsam mit der Wofü in der Versicherungsbranche zu vermarkten. Weiterhin sicherte er zu, dass er persönlich dafür sorgen werde, dass das Projekt erfolgreich abgeschlossen würde. Der Vorstand war von der Idee begeistert und forderte Herrn Müller daraufhin auf, den Zuschlag für das Projekt der VerLos zu erteilen.

Probleme	Maßnahmen
Der Einsatz neuer Technologie im Zusammenhang mit großen und strategischen neuen Anwendungen hat sich in den seltensten Fällen bewährt.	Neue Technologien sollten immer in kleinen, überschaubaren Projekten erprobt werden, insbesondere dann, wenn Produkte verschiedener Hersteller gemeinsam genutzt werden sollen. Die Projektrisiken werden sonst unüberschaubar.
	Sollte es unabdingbar sein, sind die Technologien in einem Proof of Concept auf Herz und Nieren zu überprüfen und dann bis zur Produktivnahme der neuen Anwendung nicht mehr zu aktualisieren.
Die gleichzeitige Erneuerung einer Anwendungsarchitektur und einer Systemlandschaft ist sehr problematisch.	Die grundsätzliche Erneuerung der Anwendungslandschaft eines Unternehmens und der Wechsel einer Systemlandschaft sind zwei Projekte, die zeitlich

Probleme	Maßnahmen
	unabhängig voneinander mit deutlichen Zeitpuffern geplant und durchgeführt werden sollten.
Nicht priorisierte Anforderungen führen in späteren Projektphasen oft zu unnötigen Zeitverzögerungen, insbesondere wenn ein fixer Produktionstermin definiert wurde, der unumstößlich ist. Die nachträgliche Priorisierung ist immer aufwändig.	Wenn es eine Vielzahl von Anforderungen gibt, sollten diese grundsätzlich von den Auftraggebern priorisiert werden.
Eine geteilte Projektverantwortung stellt ein gewisses Projektrisiko dar, umso mehr wenn bekannt ist, dass es häufig unterschiedliche Auffassungen zwischen den Verantwortlichen gibt.	Ein solches Vorgehen bietet die Möglichkeit alle Verantwortlichen in einem Projekt im Blick zu behalten. Man sollte die Situation aber zu Beginn des Projektes ansprechen und klare Sanktionen bei Fehlverhalten vereinbaren.
Die intensive Verhandlung eines Festpreises in der Konkurrenzsituation mit verschiedenen Anbietern ist ein beliebtes Vorgehen. Das Ergebnis führt aber im Projektverlauf dazu, dass mindestens ein Projektpartner unzufrieden ist. Es können z. B. notwendige Projektteile explizit ausgeschlossen worden sein und müssen vom Auftraggeber nachträglich zusätzlich beauftragt werden. Andererseits kann ein Dumpingpreis dazu führen, dass das Projekt für den Lieferanten keinen Deckungsbeitrag bringt und wichtige Keyplayer zugunsten lukrativer Projekte ausgetauscht werden. Beide Situationen sind für ein Projekt nicht förderlich.	Nicht immer ist das günstigste Angebot auch das beste. Nur wenn Aufwand, Risiko und Nutzen für alle Projektpartner ausgewogen sind, hat ein Projekt eine vernünftige Grundlage und eine bessere Aussicht auf Erfolg.

III. Die Konzeptphase

Seitens der VerLos wurde Herr Feldherr zum Projektleiter ernannt. Herr Feldherr war ein erfahrener Projektmanager mit sehr gutem technischen Know-how, jedoch wenig Kenntnissen von der Versicherungsbranche.

Im ersten persönlichen Gespräch äußerte Herr Java seine Zufriedenheit zur Auswahl der VerLos. Herr Dr. Cicero hingegen machte Herrn Feldherrn gegenüber seinen Unmut über die Entscheidung deutlich und erklärte ihm, dass er in ihm keinen Freund gewonnen habe. Herr Feldherr als erfahrener Projektleiter nahm beide Gespräche gelassen zur Kenntnis und startete die Konzept- und Planungsphase.

Er kam sehr schnell zu der Erkenntnis, dass es bei der Wofü wenige Kenntnisse bezüglich der geordneten Abwicklung eines solch großen Projektes gab. Methodische Kenntnisse waren kaum vorhanden und die Fachbereiche waren hinsichtlich der personellen Ressourcen nicht darauf eingerichtet, die Konzeptphase in ausreichendem Maße zu unterstützen. Es kam auch sehr schnell der Verdacht auf, dass Herr Dr. Cicero nicht in allen Fällen die kompetentesten Mitarbeiter in das Projekt abgeordnet hatte.

Die Planung gestaltete sich recht mühsam, da die bei der Wofü nicht verfügbaren Kompetenzen nun durch Mitarbeiter der VerLos ausgeglichen werden mussten. Die dafür notwendigen Mitarbeiter mussten jedoch zuerst aus anderen laufenden Projekten herausgelöst werden. Das kostete nicht nur Nerven, sondern auch erhebliche Zeit. Längst notwendige Konzepte konnten gar nicht oder erst verspätet gestartet werden. Hinzu kam, dass die Anforderungen des Fachbereichs zwar vom Volumen her umfänglich, jedoch in weiten Teilen unstrukturiert und nicht mit der notwendigen Detailtiefe dokumentiert worden waren. In dieser Form konnten die Informationen für die nachgelagerte IT-Konzept-Phase kaum genutzt werden. Seitens der VerLos wurden Templates zur Verfügung gestellt, um die notwendigen Strukturen zu erzeugen. Der Fachbereich, der sich bereits erhebliche Arbeit mit den Dokumenten gemacht hatte, war wenig erfreut und dementsprechend unmotiviert. Vielfach musste die Übertragung der Anforderungen in die neuen Templates von Mitarbeitern der VerLos ohne Abstimmung mit den Fachbereichen übernommen werden, weil die Fachbereichsmitarbeiter entweder nicht zur Verfügung standen oder nicht gewillt waren zu unterstützen.

Hinzu kam, dass die Architektur, die Herr Java konzipiert hatte, den Einsatz von Systemsoftwarekomponenten erforderte, die sich in der Kombination noch nirgendwo in Produktion bewährt hatten. Im Gegensatz zu den Aussagen in den Broschüren der Hersteller stellte sich bei der Realisierung eines Prototypen als Proof of Concept heraus, dass die diversen Komponenten nur in ganz bestimmten Releases zusammenarbeiteten. Da die verschiedenen Hersteller völlig unterschiedliche Realisierungszyklen hatten, war hiermit ein massives Risiko, insbesondere im Fehlerfalle, verbunden.

Als weiteres eklatantes Problem stellte sich heraus, dass die neue Architektur auch ein neues Entwicklungsvorgehen erforderte. Da man einen sehr großen Teil der Software generieren wollte, mussten sehr viele fachliche Modelle erstellt werden, was jedoch zu vorher nicht beachteten Verständnis-, Know-how- und Aufwandsproblemen führte.

Auch der Wechsel von der Host- auf die Unix-Landschaft bereitete unerwartete Probleme. Die Mitarbeiter des Rechenzentrums wurden in der Unix-Landschaft mit Themen konfrontiert, die sich in der Hostlandschaft nie ergeben hatten. Die Probleme konnten durch die Einschaltung von teuren Experten des Herstellers bereinigt werden.

Herr Müller musste mit seinen Kollegen, Dr. Cicero und Herrn Java, sowie Herrn Feldherr die erste Sitzung des Lenkungsausschusses vorbereiten.

Seitens der Wofü waren neben dem IT-Vorstand der Bestands- und der Vertriebs-Vorstand im Lenkungsausschuss vertreten. Gegen jede Regel hatte sich auch Herr Dr.

Cicero aufgrund seiner guten Beziehungen zum Bestandsvorstand in dieses Gremium reklamiert. Seitens der VerLos nahmen der Geschäftsführer und der zuständige Geschäftsbereichsleiter teil. Herr Müller und Herr Feldherr hatten die Aufgabe, den Projektstand zu präsentieren.

Kurz nachdem Herr Feldherr begonnen hatte, von den aktuellen Problemen in der laufenden Phase zu berichten, wurde er vom Vertriebsvorstand mit der Frage unterbrochen, warum er und sein Ressort eigentlich in die bisherigen Arbeiten nicht involviert worden seien. Herr Feldherr konnte die Frage nicht beantworten, da ihm das Vertriebsressort von Herrn Müller oder Herrn Dr. Cicero nicht als anzusprechende Einheit genannt worden war. Tatsache war, dass Herr Dr. Cicero davon ausgegangen war, dass seine Mitarbeiter die Anforderungen des Vertriebes auch kannten und entsprechend dokumentiert hätten. Es wurde verabredet, dass der Vertriebsbereich unmittelbar eingebunden und über eine Stakeholderanalyse noch einmal geprüft werden müsse, wer im Unternehmen ggf. noch in der einen oder anderen Form zu berücksichtigen sei.

Auf die Aussagen, dass seine Mitarbeiter nicht ausreichend im Projekt mitarbeiten würden, war Herr Dr. Cicero gut vorbereitet und erläuterte dem erstaunten Kreis, dass seine Mitarbeiter nicht umfänglich und frühzeitig vom Projekt angefordert worden seien. Die Verabredungen waren bis zu dem Zeitpunkt leider weitgehend mündlich gelaufen, sodass Herr Feldherr und auch Herr Müller dem nichts entgegensetzen konnten. Herr Feldherr sagte zu, dass zukünftig die Mitarbeiter mit einem Vorlauf von zwei Wochen konkret mit der Beschreibung der Aufgabe schriftlich angefordert würden.

Die bisherige Zeitverzögerung sollte dadurch ausgeglichen werden, dass ein stufiges Vorgehen für die Realisierung gewählt werden sollte, was es erlaubte, in einer ersten Produktionsphase nur die wirklich notwendigen Funktionen zu realisieren und die weiteren Funktionen in nachfolgenden Stufen.

Die Aussagen zu den Problemen mit der neuen Technologie konnte der IT-Vorstand der Wofü nicht nachvollziehen. Er stellte dar, dass die zu nutzende Technologie der VerLos von Anfang an bekannt gewesen sei. Herr Müller stimmte dem zu, entgegnete jedoch, dass man seitens der VerLos sehr wohl Vorbehalte geäußert habe, da man die Kombination der Komponenten noch nie implementiert habe, aber alle gemeinsam auf die zuversichtlichen Zusicherungen des Herstellers vertraut hätten. Der Hersteller hatte jedoch leider vergessen zu erwähnen, dass auch er das Zusammenspiel der Komponenten in dieser Konstellation bis zu diesem Zeitpunkt noch nie in der Praxis erprobt hatte.

Man einigte sich darauf, die Komponenten so zu nutzen, wie sie in der Prototyping-Phase als nutzbar identifiziert worden waren, und auf den Einsatz weiterer, neuer Releases während des Projektverlaufes zu verzichten.

Obwohl zum Zeitpunkt der Sitzung des Lenkungsausschusses bereits acht Monate der veranschlagten zwei Jahre vergangen waren, ohne dass eine Programmzeile realisiert worden war, versicherten sich alle Teilnehmer des Lenkungsausschusses übereinstimmend, dass das Projekt in der verabredeten Form noch machbar sei.

Zum Ende der Konzeptphase wurden die Arbeiten für die Tests der neuen Anwendung aufgenommen. Es stellte sich heraus, dass bei der Wofü bisher noch keine professionellen

Tests geplant und durchgeführt worden waren. Somit musste seitens der VerLos zunächst eine Schulung zur Professionalisierung des Testvorgehens durchgeführt werden, was zu Aufwandserhöhungen und für die Lizenzkosten der Testtools führte. Herr Müller bekam dieses Zusatzbudget vom Vorstand nur nach viel Überzeugungsarbeit genehmigt. Die Testvorbereitungen mussten jedoch bis in die Realisierungsphase verlängert werden, da sonst die Belastung für den Fachbereich zu groß geworden wäre.

Die Konzeptphase wurde mit sehr großem Aufwand zu Ende gebracht, wobei große Teile der Konzepte von Mitarbeitern der VerLos ohne umfassende Abstimmung mit den Fachbereichen der Wofü realisiert worden waren. Um das Projekt nicht noch weiter in Verzug zu bringen, wurde das von Herrn Müller stillschweigend ohne Information des Vorstandes akzeptiert.

Probleme	Maßnahmen
Fehlendes Know-how im Kunden-Projektteam kann ein Projekt belasten. Nicht jeder, den man auf Kundeseite zum Projektverantwortlichen macht, kann dieser Verantwortung auch gerecht werden. Es ist auch nicht selbstverständlich, dass jeder gute Mitarbeiter eines Fachbereichs automatisch auch in der Lage ist, Testszenarien professionell aufzustellen. Der Lieferant kann solche Defizite nicht immer kompensieren.	Mitarbeiter, die Projektarbeit betreiben und entsprechende Verantwortung übernehmen sollen, sind entsprechend ihrer zukünftigen Aufgabe zu schulen. Eine solche Schulung vermeidet zukünftige Missverständnisse und gibt dem Mitarbeiter das Gefühl, kompetent mitarbeiten zu können.
Fehlende Ressourcen in Fachbereichen sorgen in Projekten immer wieder für Probleme. Oft wird unterschätzt, wie sehr das Tagesgeschäft unter Projektaktivitäten zu leiden hat. Ein großer Fehler ist auch, dass Fachbereichsmitarbeiter nur anteilig für ein Projekt geplant werden.	Grundsätzlich sollte dafür Sorge getragen werden, dass Fachbereichsmitarbeiter zu 100% für ein Projekt freigegeben werden. Nur bei besonders wichtigen Know-how-Trägern, die auch im Tagesgeschäft unabkömmlich sind, sollten Ausnahmen erlaubt sein.

IV. Die Realisierung

Da die Zeit bis zum geplanten Projektende mittlerweile immer knapper wurde, kamen Herr Müller und Herr Feldherr überein, die Realisierung der Anwendung auf Basis der Fachkonzepte und ohne umfangreiche IT-Konzepte voranzutreiben. Herr Java versicherte zudem, dass viele Elemente der neuen Anwendung aus den Konzepten heraus modelliert werden konnten, sodass weiter gehende IT-Konzepte nicht mehr notwendig seien.

Bereits in der Konzeptphase hatte man bei VerLos intensiv die eigene Belegschaft nach geeigneten Mitarbeitern für die Realisierung geprüft. Wegen der neuen Technologien kamen hierfür vorwiegend jüngere und unerfahrene Mitarbeiter in Frage. Um auch Mitarbeiter mit der notwendigen Erfahrung einsetzen zu können, wurden einige erfahrene Mitarbeiter durch Schulungen mit den neuen Technologien und Entwicklungsverfahren vertraut gemacht. Da aufgrund der immer kürzer werdenden Projektlaufzeit auch die so entstehende Projektmannschaft immer noch nicht die notwendige Größe hatte, wurden externe Mitarbeiter mit dem notwendigen Know-how verpflichtet. Nachteil bei allen Entwicklern war jedoch, dass wenige Versicherungs-Erfahrungen bestanden. Herr Dr. Cicero fand dieses schnell in ersten Gesprächen mit den Entwicklern heraus und riet Herrn Müller dringend, die Lebensläufe der betroffenen Personen zu prüfen. In einem Gespräch zwischen Herrn Müller und Herrn Feldherr kamen die beiden jedoch zu der Ansicht, dass das technologische Know-how wesentlich wichtiger sei, da man die notwendige fachliche Tiefe der Konzepte voraussetze. Zudem verließen sich die beiden auf die Aussage von Herrn Java, dass die wenigen kritischen Punkte von den erfahreneren Entwicklern zentral und redundanzfrei realisiert werden könnten.

Das sollte sich jedoch als Fehler herausstellen. Die Konzepte waren an den meisten Stellen nicht so ausgeprägt, dass ein Entwickler ohne eigene Kenntnisse der Materie die Programme in den letzten Details hätte umsetzen können. Auch die von Herrn Java zugesicherten Möglichkeiten der neuen Technologie brachten in der Fachlichkeit wenig bis gar keinen Nutzen.

Daraufhin wurde erneut der Versuch gestartet, den Fachbereich enger in die Entwicklung der neuen Anwendung einzubinden. Herr Dr. Cicero signalisierte zwar Bereitschaft, sorgte im Hintergrund aber dafür, dass die notwendigen Mitarbeiter mit anderen Arbeiten betraut wurden und so immer nur kurz für das Projekt zur Verfügung standen.

Es stellte sich zudem heraus, dass weder die jüngeren noch die erfahrenen Entwickler der VerLos die neue Entwicklungslandschaft ohne präzise Entwicklungsrichtlinien so nutzen konnten, dass am Ende eine Anwendung in der notwendigen Qualität und Transparenz zustande kommen würde.

So, wie der Fachbereich bei der Unterstützung der Realisierung mithalf, arbeitete er auch bei der Vorbereitung der verschiedenen Tests mit. Die Mitarbeiter, die im Vorfeld von der VerLos bezüglich des Testvorgehens geschult worden waren, wurden teilweise gegen Mitarbeiter ausgetauscht, die noch nie in ihrem Berufsleben getestet hatten.

Nach drei weiteren Monaten stoppte Herr Müller gemeinsam mit Herrn Feldherr das Projekt und bat um eine außerordentliche Lenkungsausschuss-Sitzung hinsichtlich der personellen Ressourcen.

In dieser Sitzung forderte er die folgenden Aktionen, ansonsten stünde er nicht mehr für die Funktion des Projektleiters zur Verfügung:

- Eine weitere Fach- und IT-Konzeptphase, in der Fachbereich und Entwicklungsteam die Konzepte gemeinsam in den Zustand versetzen, dass eine Realisierung möglich wird
- Detaillierte Realisierungsvorgaben für die Entwicklungsumgebung, um die Qualität der entstehenden Anwendung zu garantieren

- Wiederherstellen des ursprünglichen Testteams, um die Professionalität der anstehenden Tests sicherzustellen
- Entlassung von Herrn Dr. Cicero aus der Projektleitung

Die Lenkungsausschuss-Sitzung verlief sehr turbulent und emotional. Herr Dr. Cicero wies noch einmal eindringlich darauf hin, dass eine Entscheidung für sein favorisiertes Unternehmen nicht zu dieser Situation geführt hätte. Herr Müller warf Herrn Dr. Cicero vor, über weite Teile des Projekts ein kontraproduktives Verhalten gezeigt zu haben. Am Ende wurde Folgendes entschieden:

- Die erneute Konzeptphase wurde genehmigt, aber unter der Maßgabe, die Anforderungen so stufig zu gestalten, dass der ursprünglich geplante Produktionsbetrieb nur um ein halbes Jahr verschoben würde.
- Die VerLos sagte zu, in dieser Zeit die Vorgaben für die Realisierung in der neuen Entwicklungsumgebung gemeinsam mit den Lieferanten der Tools zu verbessern.
- Die Testmannschaft wurde in der ursprünglichen Besetzung zugesagt.
- Die fachliche Projektleitung ging von Herrn Dr. Cicero auf seinen Mitarbeiter, Herrn Chamäleon, über. Herr Dr. Cicero verblieb jedoch im Lenkungsausschuss.

Herr Müller war mit den Entscheidungen einigermaßen zufrieden, obwohl ihm der Verbleib von Herrn Dr. Cicero im Lenkungsausschuss Sorge machte. Herr Feldherr empfand die Entscheidungen auch als hilfreich, der Geschäftsführer der VerLos sah nun auch den letzten Cent Deckungsbeitrag aus dem Projekt dahinschwinden.

Die erneute Konzeptphase verlief sachlich und zielführend und verhalf auch den Entwicklern zu einigem Verständnis bezüglich der Anwendung. Eine der wichtigsten Entscheidungen war, dass zunächst auf eine Migration der Altbestände verzichtet und nur mit den neuen Produkten gestartet wurde. Daher konnte im ersten Schritt auch auf einige Funktionalitäten verzichtet werden. Herr Chamäleon arbeitete nach Kräften in dieser Phase mit, einige Entscheidungen bezüglich umzusetzender Funktionen ließen jedoch vermuten, dass er nach wie vor aus dem Hintergrund von Herrn Dr. Cicero beeinflusst wurde.

Aus der Entscheidung, nur mit den neuen Produkten zu starten, erwuchs das Problem, dass sich die Gruppe, die die Testfälle definieren sollte, nur begrenzt in der Lage sah, repräsentative Testfälle zu beschaffen. Es wurden weitgehend Standardtestfälle dokumentiert, die auf die Besonderheiten der neuen Produkte ungenügend eingingen.

Bei der Realisierung der Vorgaben für die Entwicklertools stellte sich heraus, dass man viele Regeln aufstellen konnte, aber aufgrund der Komplexität im Zusammenspiel der Komponenten nur wenige Möglichkeiten hatte, die Einhaltung dieser Regeln auch zu prüfen. Somit wurde entschieden, die Regeln zu etablieren und die Einhaltung stichprobenhaft durch manuelle Kontrollen zu verifizieren.

Mittlerweile waren 15 Monate vergangen und die erneute Konzeptphase ging gleitend in die tatsächlichen Realisierungsarbeiten über. Die Arbeitspakete wurden relativ kleinteilig vergeben, um die Arbeiten auf möglichst viele Entwickler zu verteilen. Die Arbeiten gerieten immer wieder ins Stocken, weil es im Zusammenspiel der Entwicklungstools zu rätselhaften Abbrüchen mit kryptischen Fehlerhinweisen kam, die auch von den Herstellern der Tools nur mit Mühe interpretiert werden konnten. Nachdem die Kommunikation mit den Herstellern über einige Wochen nicht zu einer Beruhigung der Situation führte, informierte Herr Müller gemeinsam mit Herrn Java den Vorstand und es wurden Spezialisten aus den USA in das Projekt entsendet, die die Probleme vor Ort in den Tools so bereinigten, dass weitergearbeitet werden konnte.

Folge davon war jedoch, dass nun eine Spezialversion von zwei Tools im Einsatz war, die nicht oder nur noch in engen Grenzen releasefähig war. Es wurde beschlossen, auf dieser Toollandschaft bis zum Produktivgang zu bleiben und erst zu einem späteren Zeitpunkt auf neue Releases zu gehen, die gemäß Versprechung der Lieferanten eine Fehlerbereinigung beinhalten würde. Den Gedanken an die Bereinigung von produktionskritischen Fehlern in der Zwischenzeit schob Herr Müller mit Schaudern beiseite.

Weitere zwei Monate waren vergangen. Durch die Kleinteiligkeit der Aufträge kam man nun in die Situation, dass viele kleine eigenständige Module schrittweise integriert werden mussten. Es stellte sich heraus, dass die Entwickler zwar in ihren Modulen intensiv getestet und sich auch mit den Fachbereichen abgestimmt, aber keine Abstimmung mit den Zuständigen der Schnittstellenmodule vorgenommen hatten. Davon abgesehen war bei den ersten Tests festzustellen, dass sich die Entwickler nicht vollständig an das vorgegeben Objekt- und Klassenmodell gehalten hatten.

Das hatte zur Folge, dass vor der eigentlichen Testphase eine aufwändige Qualitätsmaßnahme zur Absicherung der Codequalität und zur Prüfung der Schnittstellen erfolgen musste. Herr Feldherr informierte Herrn Müller über die voraussichtliche Verzögerung. Herrn Müller kam diese Verzögerung nicht ganz unrecht, weil auch die Testvorbereitungen nicht so vorankamen, wie er sich das vorgestellt hatte.

Darüber hinaus hatte Herr Müller feststellen müssen, dass die notwendige Testinfrastruktur, um die Anwendung im notwendigen Umfang testen zu können, sehr viel teurer als ursprünglich geplant war. Herr Java hatte, offenbar von der Begeisterung für die neue Unix-Landschaft beeindruckt, die Kosten für Hardware und Softwarelizenzen falsch eingeschätzt. Insofern wurde zunächst nur das Notwendigste an Infrastruktur beschafft, was möglich war. Das hatte zur Folge, dass die Anlaufphasen für Testzyklen immer sehr hoch waren, weil Testumgebungen nicht parallel vorhanden waren, sondern immer mit großem Aufwand neu eingerichtet werden mussten. Herr Feldherr wusste davon, vermied aber aufgrund der Situation eine weiter gehende Eskalation.

Die folgende Lenkungsausschuss-Sitzung war wieder eher ein Austausch von persönlichen Angriffen als ein sachliches Meeting. Insbesondere Herr Dr. Cicero bemängelte alle Probleme im Projekt, die ihm zugetragen worden waren, ohne auf die Probleme in seinem eigenen Bereich einzugehen.

Der zuständige IT-Vorstand bat die Herren Dr. Cicero und Müller anschließend zu einem persönlichen Gespräch und drohte mit massiven Konsequenzen, wenn das persönliche Verhalten in zukünftigen Meetings nicht wieder in normale Bahnen zurückkehren würde.

Auch der Geschäftsführer der VerLos wurde zum Gespräch geladen und um Auskunft zu der von seinen Mitarbeitern erzeugten Programmqualität gebeten. Er versicherte, dass alles Mögliche unternommen würde, um in der nun geplanten Qualitätsmanagementmaß-nahme die Stabilität und Qualität der Anwendung zu gewährleisten.

In der nachfolgenden Vorstandssitzung der Wofü wurde zum ersten Mal die Frage aufge-worfen, ob es sinnvoll sei, das Projekt fortzusetzen.

Nach langer Diskussion kam man zu der Erkenntnis, dass man schon soviel in das Projekt investiert habe und außerdem auch bei der VerLos mittlerweile so viel fachliches und technisches Know-how entstanden sei, dass der Abbruch des Projektes zum aktuellen Zeitpunkt nicht mehr sinnvoll sein konnte. Zum anderen hatten sich die Marktbedingungen in der Versicherungswirtschaft weiter verschärft, sodass die angedachten Produktinnovati-onen überfällig waren.

Herr Müller wurde wiederholt ernsthaft ermahnt, das Projekt unter allen Umständen zu einem erfolgreichen Ende zu bringen. Er war mittlerweile nach den vielen Querelen im ei-genen Unternehmen zu der Erkenntnis gekommen, dass er für den erfolgreichen Ab-schluss des Projektes die Kollegen der VerLos wesentlich notwendiger brauchte als seine beiden Kollegen Chamäleon und Java.

Mit gemeinsamen Anstrengungen und viel gutem Willen – erstaunlicherweise auch in den Fachbereichen der Wofü – gelang es schließlich nach 24 Monaten eine Anwendung zu realisieren, die in den Fachbereichstest gegeben werden konnte.

Probleme	Maßnahmen
Auch wenn es trivial klingt: Fehlende schriftli-che Vereinbarungen führen in Projekten immer wieder zu lebhaften und unfruchtbaren Dis-kussionen.	Wichtige Verabredungen, die für beide Projektparteien getroffen werden, sollten immer schriftlich fixiert werden. Das gilt insbesondere, wenn es um Ressourcen und Geld geht.
Unabhängig von der Entwicklungsmethode ist ohne die lückenlose Dokumentation von den Anforderungen bis zur technischen Konzeption die Realisierung und spätere Wartung einer Anwendung nicht in der notwendigen Qualität machbar.	Konkrete Vorgaben für diese Dokumen-tation und die Überprüfung der Einhal-tung machen sich in den Entwicklungs- und späteren Produktivphasen einer Anwendung immer wieder bezahlt. Do-kumentation ist immer aufwändig und mühsam, ist aber ein definitives MUSS.
Werden die Fachkonzepte nicht final vom Fachbereich abgenommen, führt das in späte-ren Entwicklungsphasen immer zu aufwändi-gen Diskussionen.	Nur wenn Konzepte „schwarz auf weiß" dokumentiert und entsprechend archi-viert sind, gibt es eine gemeinsame Ar-beitsgrundlage. Alle Änderungen sind über ein zu definierendes Change-Management-Verfahren einzubringen.

Probleme	Maßnahmen
In Projekten wird oft versäumt, rechtzeitig ein verbindliches Daten- bzw. Objektmodell zu dokumentieren. Das führt in der Entwicklungsphase dazu, dass Entwickler kreativ diese Modelle für ihre Zwecke „missbrauchen". Probleme bezüglich Redundanzen sowie grobe Fehler in Zugriffsmodulen sind die zwangsläufige Folge.	Ein frühzeitig festgelegtes Daten- bzw. Objektmodell, das auch zentral verwaltet wird, ist unabdingbar. Änderungen an diesen Modellen sind nur über diese zentrale Stelle zulässig.
Große Arbeitspakete in langlaufenden Projekten führen dazu, dass Fehlentwicklungen erst viel zu spät erkannt werden.	Die Arbeitspakete sind so zu wählen, dass für den Projektleiter oder Teilprojektleiter schnell festzustellen ist, ob Arbeiten ordnungsgemäß verlaufen.

V. Die Testphase

Es war mittlerweile mehr Zeit vergangen, als geplant. Außerdem war es Ende Oktober und die Jahresendearbeiten standen vor der Tür. Last but not least war der Vorstand der Wofü schon mehrfach vom Aufsichtsrat kritisch zu dem Projekt befragt worden. Der IT-Vorstand bat darum Herrn Müller dringend zu prüfen, ob man die für sechs Monate geplante Testphase nicht auf die beiden Monate November und Dezember beschränken könne. Herr Müller versprach, dies zu prüfen.

Herr Feldherr, mit dem sich Herr Müller mittlerweile hervorragend verstand, gab ihm im persönlichen Gespräch deutlich zu verstehen, dass damit der Erfolg des Projektes erneut deutlich gefährdet sei. Der Zeitraum von zwei Monaten bei dem Projektvolumen schien ihm grundsätzlich unrealistisch. Aufgrund der Vorgeschichte und den bisher aufgetretenen Qualitätsproblemen schien ihm diese Reduzierung schon beinahe „selbstmörderisch". Hinzu kamen die Probleme mit der Testinfrastruktur, die außer den beiden niemanden im Unternehmen so richtig transparent waren. Um Herrn Müller aber gegenüber seinem Vorstand nicht noch mehr in Bedrängnis zu bringen, überprüften die beiden den gerade für die Testphase penibel ausgearbeiteten Projektplan und strichen ihn auf die absolut wichtigsten Punkte zusammen. Da die Hauptarbeit in dieser Phase bei den Fachbereichen der Wofü lag, konnte Herr Feldherr für dieses Vorgehen auch bei der VerLos argumentieren.

Es kam, wie es kommen musste. Der ursprüngliche Plan, die Testfälle so zu erfassen, dass sie bei späteren Testläufen automatisch durchlaufen werden konnten, war der Zeit geopfert worden. Es wurde manuell getestet. Das ursprünglich geplante Testteam, das auch entsprechende Schulungen erhalten hatte, war dank Herrn Dr. Cicero nur noch begrenzt verfügbar. Herr Dr. Cicero konnte dem Vorstand glaubhaft machen, dass zum einen das Neugeschäft und zum anderen das anstehende Jahresendgeschäft die Ressourcen seines Bereichs stark strapazierten.

Die Mitarbeiter, die nun zum großen Teil für die Tests eingesetzt wurden, waren sich in keiner Form darüber im Klaren, wie systematisch und strukturiert zu testen war. So verfielen sie darauf, die Anwendung so zu nutzen, wie sie das aus ihrer täglichen Arbeit kannten. Dieses rein intuitive Testen führte dazu, dass bestimmte Bereiche der Anwendung nicht getestet wurden. Das fiel jedoch in der aktuellen Projektsituation noch niemand auf.

Umso schlimmer war, dass trotzdem eine Anzahl von Fehlermeldungen in das Erfassungstool eingestellt wurde, die fast nicht mehr zu bewältigen war. So schnell, wie Fehler eingestellt wurden, konnten sie gar nicht bearbeitet werden. Bereits nach zwei Wochen waren über 1.000 Fehler festgestellt.

Zum einen gab es Meldungen, die daraus resultierten, dass die testenden Mitarbeiter überhaupt nicht in die Fachkonzeption eingebunden waren und somit Fehler meldeten, die aus mangelnder Kenntnis der neuen Anwendung resultierten. Das heißt, die gemeldeten Fehler waren lediglich Funktionen, die nicht entsprechend der Altverfahren reagierten, aber durchaus im vorgegebenen Sinne.

Zum anderen gab es auch echte Fehler, von denen manche einfach zu beheben waren, andere aber nur mit großem Aufwand und tiefen Eingriffen in Module und Datenstrukturen. Viele der Fehler wurden auf den in der Realisierung vernachlässigten Schnittstellen gefunden.

Zum Teil waren die Fehler so gravierend, dass an bestimmten Bereichen der Anwendung nicht mehr weitergetestet werden konnte. Um im Zeitplan zu bleiben, wurden die bereinigten Fehler kurzerhand wieder in den Testumgebungen produktiv geschaltet. Das wiederum führte dazu, dass zusehends der Überblick verloren ging, welche Fehler nun bereinigt waren, welche Fehler neu durch die Bereinigungen entstanden waren und welche Probleme schon von Beginn an bestanden hatten.

Da man auf die Möglichkeit des maschinellen Testens verzichtet hatte, wurden die Fehlerbehebungen teilweise manuell nachgetestet, zum großen Teil aber auch nicht. Anfang Dezember standen somit über 2.000 Fehler im Erfassungstool und niemand wusste mehr genau, wie der Status der einzelnen Fehler war.

Herr Müller sah seine Felle zusehends davonschwimmen. Gemeinsam mit Herrn Feldherr kam er zu der Erkenntnis, dass die Testphase auf diesem Wege nicht erfolgreich zu Ende zu bringen war. Der Test wurde abgebrochen. Herr Müller und Herr Feldherr führten ein überaus unangenehmes Gespräch mit dem IT-Vorstand der Wofü, in der auch die persönliche Kompetenz der beiden Herren mehrfach Gegenstand war. Nur mit viel Mühe konnten die beiden den Vorstand davon überzeugen, dass wiederum alle Parteien – inklusive ihm selbst – zu diesem Debakel beigetragen hatten.

Es wurde ein neues Testvorgehen geplant und durchgeführt:

- Unter massivem Druck des Vorstandes wurden wieder kompetente Kollegen aus dem Fachbereich für den Test zur Verfügung gestellt.

- Die Testversion wurde solange eingefroren, bis einmal alle bisher bekannten Fehler überprüft und nachgetestet waren. Erst danach wurden die Bereinigungen eingespielt und in einer weiteren Iteration ein weiterer Testdurchlauf gestartet.

- Das maschinelle Testverfahren wurde zum Teil wieder aufgenommen.

Da aber nun faktisch die Überschneidungen mit den Jahresendearbeiten nicht mehr zu vermeiden und damit auch wichtige Ressourcen gebunden waren, zog sich der Test dann über die ursprünglich geplanten sechs Monate bis Ende April hin.

Zwei Wochen vor Ende der fachlichen Testphase fiel Herrn Feldherr ein, dass man die Batchtests offenbar noch nicht in Angriff genommen hatte. Sie waren zwar im Projektplan vorgesehen, aber im Trubel der anderen Testaktivitäten untergegangen. In Eile wurde ein zweites Testteam zusammengestellt, das die Batchtests durchführen sollte. Da die Zeit knapp wurde, beschlossen Herr Müller und Herr Feldherr, nur die allerwichtigsten Batches zu testen.

Um Zeit zu gewinnen, wurde der noch ausstehende Last- und Performancetest auf einer anderen Maschine durchgeführt, die man kurzerhand extra für diesen Test für einige Monate mietete. Die ersten Ergebnisse aus diesem Test waren verheerend. Die eingesetzten neuen Technologien überforderten die eingesetzte Hardware offenbar vollständig. Die Antwortzeiten verschiedener wichtiger Dialoge waren sehr schlecht, es gab immer wieder Abbrüche, weil nicht ausreichend Speicherkapazitäten zur Verfügung standen, Zugriffe auf die Datenbestände lagen zum Teil in Minutenbereichen.

In aller Eile wurden nun Arbeiten aufgenommen, um das Problem zu bereinigen. Die Hardware wurde weiter aufgerüstet, die Hersteller der verschiedenen Tools prüften Möglichkeiten zur Optimierung ihrer Software, die eigentliche Anwendung wurde ebenfalls auf Optimierungsmöglichkeiten geprüft. All diese Aktivitäten raubten ungeheuer viel Zeit und verursachten Kosten, die nicht geplant waren. Der IT-Vorstand war außer sich.

Es wurde erneut eine Lenkungsausschuss-Sitzung einberufen, in der massiv mit der Beendigung des Projektes und einer Rückabwicklung gedroht wurde. Auch Herr Java, der letztendlich die eingesetzte Technologie befürwortet hatte, wurde in der Sitzung massiv angegriffen. Als die Sitzung wieder zunehmend emotional wurde, boten Herr Müller und Herr Feldherr übereinstimmend ihren Rücktritt als Projektleiter an. Diese Drohung beruhigte die Gemüter etwas und es war erneut die Tatsache, dass man in dem Projekt schon so weit gekommen war, die dazu führte, alle Kraft aufzuwenden, um die Performanceprobleme in den Griff zu bekommen.

Es wurde schließlich August, bis die Anwendung zur Produktivnahme bereit stand. Die notwendige Hardware, um die Anwendung einigermaßen performant zu betreiben, war um ein Vielfaches teurer als geplant. Mit viel gutem Willen und Zähneknirschen wurden die Zusatzkosten auf die Beteiligten verteilt. Der Geschäftsführer der VerLos hatte das Projekt mittlerweile ohnehin als teures Investitionsprojekt abgehakt.

Probleme	Maßnahmen
Die Testdauer, die Komplexität der Tests und die notwendige Vorbereitungsdauer werden oft unterschätzt.	Die Testphase dauert erfahrungsgemäß genauso lange wie die Konzeptphase und Realisierungsphase, das heißt ein Drittel der Projektlaufzeit. Sinnvollerweise werden die Vorarbeiten für den Test bereits in der Konzeptphase begonnen.
Fehlende Testautomatisierung	Eine Testautomatisierung mit geeigneten Tools (sorgfältig prüfen) ist bei größeren Anwendungen unumgänglich, um Testwiederholungen professionell und effizient durchzuführen (Regressionstests).
Die Tester sind nicht gut ausgebildet und nicht ausreichend über die Inhalte der zu testenden Anwendung informiert.	Die Tester sollten nicht nur die bestehende und die neue Anwendung ausreichend kennen. Sie sollten auch die Grundlagen des Testens an sich beherrschen.
Intuitives Testen	Nur methodisches Testen ist erfolgreich!
Die Testfälle sind nicht so ausgelegt, dass eine umfassende Testabdeckung – sowohl inhaltlich als auch mengenmäßig – gegeben ist.	Testfälle müssen systematisch so erstellt werden, dass alle Eigenschaften einer Anwendung getestet werden. Dabei ist es insbesondere wichtig, Grenzbereiche nicht außer Acht zu lassen.
Last- und Performancetest werden unterschätzt.	Gerade beim Einsatz neuer Technologien sollten diese Tests frühzeitig angesetzt werden, um am Ende böse Überraschungen zu vermeiden. Den Herstellern sollten hier Zusagen abverlangt werden.
Batchtests werden oft vernachlässigt.	Batches sind insbesondere in der Versicherungswelt wesentliche Prozesse, die genauso intensiv wie die Dialogtests geplant und durchgeführt werden müssen, auch wenn dieses zumeist aufwändig ist.

VI. Die Auslieferung

Nach nahezu drei Jahren Projektlaufzeit konnte nun die Produktivnahme in Angriff genommen werden. Herr Müller, der gedacht hatte, alle schwierigen Projektphasen hinter sich gelassen zu haben, wurde jedoch bitter enttäuscht.

Denn Herr Java hatte bisher noch nicht kommuniziert, dass es im Rechenzentrum der Wofü einige Unruhe gab. Durch den geplanten Wechsel aus der Host- in die Unixwelt gab es berechtigte Ängste bei den Hostadministratoren, in Zukunft ohne Aufgaben und Job dazustehen. Wegen der Zeitknappheit im ursprünglichen Zeitplan waren für die Unixadministration neue Mitarbeiter eingestellt und die Hostmitarbeiter nicht für die neue Umgebung geschult worden. Diese Situation führte dazu, dass eigentlich einfache Schnittstellenthemen zwischen den Welten zu unüberwindlichen Problemen aufgebauscht und notwendige System- und Schnittstellentests permanent verschoben bzw. gar nicht durchgeführt wurden. Leider fehlte zu diesem Zeitpunkt auch die notwendige Geduld, dieses Problem mit Fingerspitzengefühl zu behandeln. Folge waren einige Abmahnungen von langjährigen Mitarbeitern, die prompt beim Betriebsrat landeten. Der Vorstand war wegen dieser neuen unerwarteten Störung nicht sehr erfreut. Da der Betriebsratsvorsitzende aber ein gutes Verhältnis zum IT-Vorstand hatte, konnte in einem Gespräch, in dem der IT-Vorstand eine Arbeitsplatzgarantie für die betroffenen Mitarbeiter aussprach, wieder für Ruhe gesorgt werden. Selbstverständlich gab er wiederum Herrn Müller die Schuld, dass dieses Problem nicht bereits im Vorfeld geklärt worden war.

Die Schulungen für die Fachbereiche wurden geplant, wobei Herr Müller feststellen musste, dass die während der Testphase ausgebildeten Mitarbeiter, die die Schulungen übernehmen sollten, wiederum mit anderen Aufgaben betraut worden waren. Herr Chamäleon war hierüber genauso erstaunt wie Herr Müller. Der Verdacht, dass wiederum Herr Dr. Cicero für dieses Problem gesorgt hatte, konnte nicht erhärtet werden. Nur mit viel Mühe konnten einige der ausgewählten Trainer von ihren sonstigen Aufgaben entbunden und zur Vorbereitung der Schulungen beauftragt werden.

Zu Beginn der Schulungen stellte sich heraus, dass die Schulungsunterlagen unvollständig und schlecht aufbereitet waren. Hintergrund war, dass die nicht geplanten umfangreichen manuellen Tests die Mitarbeiter so gebunden hatten, dass die Vorbereitung der Schulungsunterlagen bereits zu Beginn der Testarbeiten eingestellt worden waren. Es war wiederum der Kooperationsbereitschaft der Herren Müller und Feldherr zu verdanken, dass die Unterlagen in mehreren „Nachtschichten" für die Schulungen rechtzeitig zur Verfügung gestellt werden konnten.

Die Schulungen an sich stellten sich als viel komplizierter heraus, als man sich das vorgestellt hatte. Die Mitarbeiter waren weitgehend an Hostanwendungen mit nicht-graphischen Oberflächen gewöhnt und hatten massive Schwierigkeiten, sich an die graphische Benutzerführung zu gewöhnen. Es gab in den Schulungen zum Teil emotionale Reaktionen von Mitarbeitern, die sich nicht mehr in der Lage sahen, den Schulungen zu folgen. Auch dieses Problem landete prompt beim Betriebsrat, der in diesem Fall aber keine Vorwürfe an die Geschäftsleitung richtete. Es wurde vielmehr in großer Eile ein ergänzendes Schulungsprogramm angeboten, um insbesondere ältere Mitarbeiter zunächst mit den graphischen Oberflächen vertraut zu machen.

Diese Zusatzschulungen führten dazu, dass es zu einer erneuten Verzögerung von einem Monat kam, um die Schulung für alle betroffenen Mitarbeiter durchzuführen. Sie hatten des Weiteren zur Folge, dass die Sachbearbeitung in den Bereichen nicht mehr in der üblichen Zeit abgewickelt werden konnte, sodass es zu einem Verarbeitungsstau kam, den man in der neuen Anwendungswelt aufholen wollte.

Da die neuen Produkte ab Oktober auf dem Markt angeboten werden sollten, drängte der Vertriebsvorstand auf eine baldige Produktivnahme der neuen Anwendungswelt. Trotz vieler Vorbehalte kam es dann Ende August zu einer Lenkungsausschuss-Sitzung, in der die Freigabe der Anwendung beschlossen werden sollte.

Herr Müller machte in dieser Sitzung noch einmal auf die Probleme aufmerksam, die sich aus seiner Sicht aus der Situation im Test und der Schulung sowie der weiterhin hohen Fehlerzahl ergaben. Wegen der bevorstehenden Kampagne für die neuen Produkte wurde jedoch die Entscheidung getroffen, die Anwendung Anfang September produktiv zu schalten. Ausschlaggebend war am Ende die Tatsache, dass nur mit neuen Produkten gestartet wurde und die Migration der Altbestände erst zu einem späteren Zeitpunkt durchgeführt werden sollte.

Die ersten Produktionstage verliefen undramatisch. Da das Volumen der zu bearbeitenden Verträge im ersten Monat gering war, konnten die gemeldeten Fehler abgearbeitet werden und es kam zu keinerlei Performanceproblemen. Auch die eher zögerlichen Mitarbeiter gewöhnten sich bald an die neue Oberfläche. Gleichzeitig konnten in der bestehenden Anwendung die Bearbeitungsstaus beseitigt werden.

Großflächige Probleme tauchten erst Mitte Oktober auf, da die neuen Produkte eine sehr gute Resonanz am Markt fanden und die Neuanträge in großen Mengen eintrafen. Nun wurde bestraft, dass in vielen Anwendungsbereichen nur mangelhaft getestet worden war. Es kam zu häufigen Programmabbrüchen, die Performance der Anwendung lag zu Spitzenzeiten im Minutenbereich und die Anwender klagten über mangelhafte Unterstützung.

Herr Müller war während dieser Zeit gemeinsam mit seinen Kollegen Chamäleon, Java und Feldherr unterwegs, um die dringendsten Problemfälle zu lösen. Es gab mehrfach Krisensitzungen mit dem Vorstand, die aber eigentlich für die Lösung der Probleme wenig hilfreich waren. Die Situation konnte am Ende im Wesentlichen dadurch bereinigt werden, dass die Mitarbeiter der VerLos tagsüber massiv bei der Sachbearbeitung unterstützten und abends die aufgetretenen Fehler bereinigten.

Im Dezember beruhigte sich die Situation insoweit, dass es für die wichtigsten operativen Probleme Lösungen gab, ohne dass die Anwendung stabil lief. Es waren immer noch mehr als 4.000 Fehler offen, sodass entschieden wurde, die Migration der bestehenden Lösung um ein Jahr zu verschieben, bis alle Fehler in der neuen Anwendung behoben waren. Die erhoffte Reduzierung der Arbeitslast in der Sachbearbeitung trat somit nicht ein, da die Sachbearbeiter ein weiteres Jahr sowohl in der alten als auch in der neuen Anwendung arbeiten mussten.

Die Gespräche zwischen Herrn Müller und seinem Vorstand verliefen nur noch in eisiger Atmosphäre. Das Verhältnis zur Firma VerLos war auch auf die formalen Wege eingefroren. Nur zwischen Herrn Müller und Herrn Feldherr wurde noch freundschaftlich kommuniziert.

Probleme	Maßnahmen
Der Wechsel von Anwendungs- und Systemlandschaften führt nicht nur in technischen Bereichen zu Problemen. Auch Mitarbeiter, und hier insbesondere ältere Mitarbeiter, haben oft Schwierigkeiten mit solchen Maßnahmen.	Mitarbeiter, die von solchen Szenarien betroffen sind, müssen frühzeitig eingebunden werden. Je nach Situation müssen Entwicklungsmöglichkeiten aufzeigt werden. Wenn diese nicht vorhanden sind, können unzufriedene Mitarbeiter den Projektverlauf erheblich negativ beeinflussen.
Eine ähnliche Situation ergibt sich beim Umgang mit neuen Oberflächen. Mitarbeiter, die jahrelang mit textorientierten Oberflächen gearbeitet haben, können sich oft nur mit Mühe auf grafische Oberflächen einstellen.	Es ist dafür Sorge zu tragen, dass vor der eigentlichen Schulung einer Anwendung die Mitarbeiter mit dem Medium grundsätzlich vertraut sind. Ansonsten geht die Konzentration auf die Inhalte verloren.
Die Probleme in der Sachbearbeitung nach der Produktivnahme einer neuen Anwendung werden oft unterschätzt.	Eine enge Betreuung der neuen Anwender nach einer Produktivnahme ist sehr wichtig. Es ist wichtig, dass die Anwender direkt an ihrem Arbeitsplatz betreut werden, um Probleme sofort bereinigen zu können.
Schulungen werden oft nicht sorgfältig vorbereitet. Das führt dazu, dass es zu erneuten Schulungen kommt, die letztlich teurer sind als eine einmalige gut vorbereitete Schulung.	Schulungen sollten so professionell vorbereitet werden, dass sie möglichst direkt ihren Zweck erfüllen. Gegebenenfalls ist dann der einmalige professionelle Aufwand günstiger als eine mehrfache Nachschulung.

VII. Projektabschluss

Herr Müller hoffte, dass sich die Wogen im Laufe des kommenden Jahres wieder glätten würden. Leider hatte man im Vorstand jedoch entschieden, dass er irgendwann im Projekt zu sehr mit der VerLos kooperiert hätte und bot ihm schließlich einen Aufhebungsvertrag an.

Herr Müller erbat sich Bedenkzeit.

Morgens gegen 3.00 Uhr wachte Herr Müller schweißgebadet auf. Solch ein Projekt hatte er in seinem ganzen Leben noch nicht geführt. Langsam, aber sicher realisierte Herr Müller, dass dieses Projekt gar nicht stattgefunden hatte, sondern nur Bestandteil eines furchtbaren Albtraums gewesen war. So ein Projekt konnte es doch in der Realität gar nicht geben. Oder doch?

Erfolgreiches Krisenmanagement in Projekten – ein Erfahrungsbericht

Volker Reichenbach

Abstract

Erfolgreiches Krisenmanagement in Projekten unterliegt keinen allgemeinen Gesetzmä-ßigkeiten. Es gibt daher keine Methodik oder Vorgehensweise, die den Erfolg in Projekten garantiert. Dennoch gibt es in Projekten viele ähnlich verlaufende Situationen, die eine Krise einleiten. Kennt und erkennt man diese, kann man präventiv wirken. Erkennt man eine Krise früh, hat man gute Chancen, rasch wieder auf die Erfolgsspur zu kommen. Mit meinen Erfahrungen möchte ich dazu beitragen, dass Krisen vermieden oder früh erkannt werden, damit die Projekte das bleiben oder werden, was sie ihrem ureigensten Wesen nach sind: spannende, interessante und abwechslungsreiche Vorhaben, die erfolgreich abgeschlossen werden mögen.

I.   Einleitung

„Wieso gibt es keine belastbaren und verlässlichen Aussagen zum Status des Projektes und zum geplanten Projektverlauf?", fragte mich vor einiger Zeit der habilitierte Tiefbauin-genieur und Sprecher der Geschäftsführung eines bedeutenden Kunden von uns[1].

„Nun, Herr Professor", erwiderte ich, fast etwas ins Stocken geratend, „die Informatik ist eine junge Wissenschaft. Sie blickt nicht auf die Erfahrungen und Erkenntnisse der Bauin-genieure zurück und verfügt noch nicht über deren Werkzeuge und deren ingenieurmäßi-ges Vorgehen. Bauprojekte gibt es schon seit vielen tausend Jahren, aber die Informatik ...". Und ich dachte dabei an die Pyramiden von Gizeh, die mir in vielerlei Hinsicht vertraut sind, weil mein Cousin als promovierter Ägyptologe meine Zeit als Student begleitete und meinen Horizont fachübergreifend erweiterte, was mir gerade hilfreich war. Als mein Ge-sprächspartner erwiderte, dass er das so noch nie gesehen hätte, war zwar die aktuelle Situation gerettet, aber noch nicht das Projekt. Wir waren engagiert worden, um das aus-gesprochen anspruchsvolle und etwas in „Schieflage" geratene Projekt wieder auf die Er-folgsspur zu bringen.

---

[1] Mit uns oder wir meine ich im Folgenden immer msg systems ag oder genauer das Führungsteam der Geschäftsbereiche Service Consulting und Business Consulting, die in Teilen ebenfalls hier in diesem Buch Beiträge leisten und mich schon seit vielen Jahren im beruflichen Leben begleiten.

Der Dialog zwischen dem Professor und mir beschreibt die damalige Situation der Informatik recht präzise, wie sie teilweise noch heute gilt. Die Informatik ist eine relativ junge Wissenschaft, ingenieurmäßiges Vorgehen ist immer noch nicht vollumfänglich etabliert, wird stetig weiterentwickelt, mit neuen Ideen versehen und dennoch werden anspruchsvolle, komplexe und komplizierte Projekte in Angriff genommen. Dabei sind Auftraggeber und Auftragnehmer manchmal sogar unerfahren. Und nicht nur unerfahren, Auftraggeber und Auftragnehmer sind sich oftmals fremd, kennen einander nicht, hatten keine Gelegenheit gemeinsame Erfahrungen zu machen sowie Vertrauen aufzubauen und wagen dennoch das gemeinsames „Abenteuer" Projekt. Ein Projekt hat aber in der Regel nachhaltige wirtschaftliche Folgen für die beteiligten Unternehmen oder Personen, direkt oder indirekt.

Betrachtet man ein Projekt als Expedition, die unbekanntes Terrain erkunden soll, dann hat man eine plastische Vorstellung davon, was ein Projekt oft ist. Wissen Sie, mit wem Sie sich auf den Weg machen? Kennen Sie das Ziel und die Ausrüstung? Haben Sie eine Vorstellung von der Wegstrecke? Der Wegstrecke an sich, der Länge, der möglichen Gefahren? Wissen Sie, wie ihre Mitreisenden sich verhalten werden? Im Normalfall? Oder wenn es wirklich brenzlig wird, also in schwierigen Situationen und unter Stress? Und Sie wollen dennoch auf Expedition gehen?

Bei meinen Projektbetrachtungen beschränke ich mich auf Unternehmen aus der Branche der privaten Versicherungen und hier Unternehmen aller Sparten. Ich betrachte auch das Segment der Sozialversicherungen, insbesondere die gesetzlichen Unfallversicherungen sowie die gesetzlichen Krankenkassen. In diesen Segmenten habe ich in der vergangenen fast dreißig Jahren meiner beruflichen Tätigkeit als Berater umfassende, unterschiedlichste, interessante Erfahrungen gesammelt.

Lange habe ich überlegt, wie ich meinen Beitrag anlegen soll. Ernst, belehrend oder ermahnend, etwa wissenschaftlich? Ich habe mich dann in einer entspannten Situation, große Teile des Beitrags sind in einem herrlichen Urlaub entstanden, dazu entschieden, locker, heiter und mit einem Augenzwinkern aus der Distanz, aber dennoch engagiert zu berichten.

Ein wenig Ironie, die ab und an aufblitzt, schadet sicher nicht. Ich mische sie hier und da bei, auch wenn ich weiß, dass Ironie einen Partner braucht und ich natürlich nicht weiß, wer diesen Beitrag lesen wird. Ich wage den Versuch dennoch. Dabei möchte ich keinem zu nahe treten und niemanden verletzen. Ich verzichte also bewusst darauf, Namen zu nennen, weder von Personen noch von Projekten. Sie tun nichts zur Sache und dienen nicht dem Erkenntnisgewinn.

Möge jeder selbst seine Lehren und Schlüsse ziehen und prüfen, ob die beschriebene Situation auf die eigene aktuelle zutrifft, und seine Pragmatik daraus ableiten. Anregungen dazu sollten in meinem Beitrag enthalten sein.

Bedanken möchte ich mich bei allen Kunden und Kollegen, die mich auf meinem beruflichen Weg begleitet haben. Ich weiß das sehr zu schätzen, und ich darf zudem den Begriff Geschäftsfreund verwenden, weil mich mit einigen Kunden und Kollegen mehr verbindet als die reine Vertragssituation oder der berufliche Alltag. Das ist besonders zu würdigen in einer Zeit, in der man von allem den Preis und von fast nichts mehr den Wert kennt.

Mein Beitrag wird keine revolutionären Erkenntnisse bringen. Projekte sind grundsätzlich einfach, auch wenn sie manchmal komplex oder kompliziert erscheinen und es tatsächlich oftmals in der Sache auch sind. Auch Projekte erfolgreich zu gestalten ist grundsätzlich einfach, kann jedoch beliebig schwierig werden, wenn Umgebung, Mitwirkende oder scheinbar Unbeteiligte gegen das Projekt und die Projektziele sind und arbeiten. Bitte erschrecken Sie jetzt nicht, aber es ist wirklich so:

- Projekte folgen ähnlichen Abläufen.
- Es werden fast immer ähnliche Fehler gemacht.
- Es kommt fast immer zu gleichen Situationen, die richtungsweisend für das Projekt sind.
- Sie, der Sie in irgendeiner Weise in das Projekt eingebunden sind, werden sich immer wieder die gleichen oder ähnliche Fragen stellen.
- Es scheint alles beliebig wiederholbar.

Das Geheimnis erfolgreicher Projekte wollen wir hier ein wenig erkunden. Dieses „fast immer" will ich in der mathematischen Bedeutung verwenden. Fast immer soll heißen: mit endlich vielen Ausnahmen. Damit mache ich keine All-Aussage, im Sinne von „alle Projekt sind …". Es wird also immer auch Gegenbeispiele geben. Auf der Basis meiner persönlichen Erfahrungen stelle ich fest, dass es in meinen Beobachtungen signifikante Wiederholungen gibt, und unterstelle eine gewisse Systematik. Andere mögen andere Erfahrungen gemacht haben und damit wird es auch andere Beobachtungen geben. Ich akzeptiere und respektiere das.

II. Begriffsdefinitionen

Projekt

Ein Projekt wird aufgesetzt, um ein bestimmtes Ziel zu erreichen, wenn unterstellt wird, dass die etablierte Linienorganisation für die Zielerreichung nicht optimal geeignet erscheint. Oftmals werden für Projekte auch externe Ressourcen engagiert. Mittels eines Projektes soll eine klar umschriebene Zielsituation

- innerhalb einer bestimmten Zeit
- mit einem definierten Aufwand
- in definierter Qualität (Inhalt und Umfang)
- außerhalb der Linienorganisation
- durch ein extra für diese Aufgabe zusammengestelltes Team

erreicht werden. So kann man „Projekt" definieren.

Die klassische Projektorganisation besteht in der Regel aus einem Lenkungsausschuss, in dem der Auftraggeber und der Auftragnehmer Einsitz nehmen. Es gibt einen Gesamtprojektleiter und je nach Größe und Thematik Teilprojektleiter, die für Teilaufgaben des Projektes verantwortlich zeichnen.

Die Teammitglieder berichten ihrem jeweiligen Teilprojektleiter, dieser wiederum berichtet dem Gesamtprojektleiter. Die Berichterstattung an den Lenkungsausschuss wird vom Gesamtprojektleiter wahrgenommen.

In der Praxis werden Projekte oftmals durch Auftraggeber und Auftragnehmer gemeinsam durchgeführt, was sich in der doppelten Besetzung der Projektführung ausdrückt. Man spricht daher auch von einer Doppelspitze.

Projekte sind in der Regel so unterschiedlich, dass sie sich schlecht klassifizieren lassen, es sei denn man akzeptiert Klassen auf hoher Abstraktionsebene, die wenige Erkenntnisse zulassen. Erfolgsträchtige Verhaltens- und Vorgehensweisen sind also aus einer wie auch immer gearteten Klassifizierung nur schwer ableitbar. Im Auftragsinhalt sind Projekte eher vergleichbar. Durch innere und äußere Umstände, wie die beteiligten Unternehmen mit ihren Unternehmenskulturen und den agierenden Menschen, werden Projektvergleiche schier unmöglich.

Dennoch scheint es möglich, Erfolgsfaktoren zu beschreiben, die helfen können, Projekte erfolgreich zu gestalten. Und dies jenseits der notwendigen Voraussetzungen formaler Art, wie eine möglichst genaue Auftragsbeschreibung, eine Projektorganisation, ein geordnetes Projektmanagement, ein Projektplan, eine Projektverfolgung und vieles mehr, was als notwendige, aber nicht hinreichende Voraussetzung angesehen werden kann.

Zudem ist es interessant zu beobachten, dass es erfolgreiche Projekte gibt, die wenige formale Voraussetzungen erfüllen, und auf der anderen Seite gibt es Projekte, die alle denkbaren Voraussetzungen positiv erfüllen und dennoch nicht zum Erfolg gebracht werden konnten. Das kann unterschiedliche Ursachen haben. Auch wenn es absurd klingen mag, so scheitern mehr Projekte an der Eitelkeit Einzelner, denn an der grundsätzlichen Unerfüllbarkeit des Auftrags.

Krise[2]

Die Krise bezeichnet eine problematische, mit einem Wendepunkt versehene Entscheidungssituation. „Krise" ist sowohl in der Medizin und Psychologie, in der Wirtschaftstheorie sowie teilweise in der Ökologie und der Systemtheorie ein Fachbegriff.

Ob es sich in einem Projekt dabei tatsächlich um einen Wendepunkt handelt, kann jedoch oftmals erst dann konstatiert werden, nachdem die Krise abgewendet oder beendet wurde. Nimmt die Krise einen dauerhaft negativen Verlauf, so spricht man von einer Katastrophe. Dann war es eher kein Wendepunkt, sondern der Anfang vom Ende.

Krisen treten sowohl in Unternehmen als auch in komplexen Organisationen auf, wie eben auch manchmal in Projekten. Daher ist das Krisenmanagement Teil des Projektmanagements.

---

[2] Quelle: Wikipedia.

Krise im Projekt

Die Krise im Projekt wird umgangssprachlich gerne mit „Schieflage" umschrieben. Gemeint ist dabei eine signifikante Abweichung im Hinblick auf die finale Zielerreichung oder eine signifikante Abweichung von der aktuell geplanten Situation. Gemeint ist eine Abweichung hinsichtlich der angestrebten Termine, der Qualität der erreichten Ergebnisse, der erreichten Ergebnisse an sich oder der bislang verbrauchten Ressourcen, seien es Geldmittel oder aufgewendete Arbeitsstunden. Ob eine Abweichung vorliegt und wie diese aktuelle oder prognostizierte finale Zielabweichung festgestellt oder gemessen wird, ist oftmals strittig. Es gibt verschiedene Verfahren, die in der Praxis angewendet werden. Ich verweise hier auf die einschlägige Literatur (z. B. „Aufwandschätzung von IT-Projekten" von Bundschuh und Fabry).

Wird eine bedeutsame Abweichung festgestellt, so sind besondere Maßnahmen erforderlich, um das Projekt wieder auf die Erfolgsspur zu bringen. Dabei ist es notwendig festzulegen, welche Zielkoordinaten unverändert bleiben sollen: Termin, Aufwand oder Qualität. Diese Festlegung determiniert so die möglichen und erforderlichen Maßnahmen sowie die Anpassungen in der Zieldefinition, bestimmt also, welches Planungsprimat zugrunde gelegt wird.

Oftmals reichen in Krisensituationen die herkömmlichen, gewohnten und in üblicher Weise angewendeten Lösungs- und Bewältigungsverfahren nicht aus. Es müssen zusätzliche Ressourcen und manchmal auch zusätzliches Wissen eingebracht werden, um die Situation zu meistern.

Projektmanagement

Projektmanagement ist die Bezeichnung für die Gesamtheit aller Methoden zur Durchführung von Projekten. Die ersten Erfahrungen mit Projektmanagement wurden in militärischen Projekten gemacht – unrühmlich für die menschliche Geschichte, aber wahr. Das „Manhattan Projekt", also der Bau der ersten Atombombe in den USA – in Los Alamos, New Mexico, unter Leitung des genialen Robert Oppenheimer[3] –, entwickelte wesentliche Grundelemente des Projektmanagements.

In der msg systems ag werden die Methoden des Projektmanagements nach der GPM-Methode systematisch vermittelt. Es finden permanent Ausbildungen hierzu statt. Dabei wird besonderer Wert auf die externe Zertifizierung gelegt. Die Mitarbeiterinnen und Mitarbeiter bringen einen wesentlichen Teil ihrer Freizeit mit in die Ausbildung ein. Diese Investitionen haben sich bewährt und machen sich bezahlt. Die Qualität in der Projektführung hat sich merklich verbessert. Es hat zudem eine Normierung stattgefunden. Es herrscht ein einheitlicher Sprachgebrauch und die Mitarbeiter können sich ohne große Rüstzeiten in laufende Projekte einfinden. Auch die Teambildungsphasen laufen deutlich verkürzt ab. Schließlich nimmt der Kunde das professionelle Auftreten der msg systems ag positiv wahr, was aktuelle Kundenbefragungen belegen.

---

[3] Dem interessierten Leser sei die kritische Auseinandersetzung mit diesem Thema in der Literatur empfohlen: Heinar Kippart: In der Sache Oppenheimer.

In der jüngsten Vergangenheit wurden mehr als 300 Mitarbeiter der msg systems ag ausgebildet und zertifiziert. Des Weiteren laufen Ausbildungsprogramme, die auch ohne Zertifizierung abgeschlossen werden können, sodass es insgesamt ein anforderungsgerechtes, stufenartig ausgeprägtes Ausbildungsprogramm gibt, das unter Verantwortung und Steuerung der Personalabteilung ständig aktualisiert und durchgeführt wird.

Kooperation

Eine der wesentlichsten Voraussetzungen zur Bewältigung großer Vorhaben ist Kooperation. Ohne sie wäre unser Wohlstand, unser technischer Standard, unser Qualitätsstandard in der Gesundheit, kurz unsere gesellschaftliche Realität nicht denkbar. Kooperation ist ein wesentlicher Baustein unserer Zivilisation. Ist Kooperation ein einmaliges, ein mehrmaliges Ereignis oder ein Prozess?

Festzustellen ist, dass Kooperation stattfindet. Es gibt vielfältige Beobachtungen dazu. Es wird nachhaltig und oft kooperiert. Wir finden Kooperation in der Natur in oftmals auf den ersten Blick unverständlichen Symbiosen. Aber auch in unserer Zivilisation ist Kooperation ein Phänomen, das alltäglich stattfindet. Nur so sind wir offensichtlich in der Lage als zivilisierte Wesen unseren komplexen Alltag sowohl in privater als auch aus beruflicher Sicht zu bewältigen.

Eine spannende, fesselnde und interessante Annäherung an das Thema Kooperation habe ich in der Zeitschrift „Spektrum der Wissenschaft" gefunden. Der Beitrag geht zurück auf eine Veröffentlichung von Robert Axelrod am Institute für Public Policy Studies an der Universität von Michigan in Ann Arbor.

Es wurde ein Computerturnier organisiert, in dem Programme gegeneinander spielen sollten. Ein jedes Programm sollte einen vom Gegenprogramm unabhängigen Eröffnungszug spielen, dann die Eröffnung des Gegenprogramms annehmen und darauf antworten. Basis des Spiels ist die folgende „Nutzenmatrix". Als Spielzüge gibt es damit lediglich „betrügen" und „kooperieren".

Selbst	Partner	Selbst	Partner
betrügen	betrügen	1	1
betrügen	kooperieren	5	0
kooperieren	betrügen	0	5
kooperieren	kooperieren	3	3

Analysiert man die Matrix, dann stellt man fest, dass die durchschnittliche Auszahlung (der Nutzen) bei „betrügen" bei 3 liegt, hingegen bei „kooperieren" nur bei 1,5. Also ist die logische Konsequenz „betrügen", oder?

Die Frage ist zu stellen, ob die Matrix grundsätzlich taugt, um „Lebenssituationen" nachzustellen, also ob das Handeln im täglichen Leben mit der Matrix zumindest qualitativ beschrieben werden kann. Die qualitativen Aussagen der Matrix sind:

- Betrügen schadet immer. Mindestens einem Partner wird immer Schaden zugefügt.
- Kooperieren ist immer dann gut, wenn es beidseitig geschieht.
- Trifft der Kooperierende auf einen Betrüger, ist er (erst) einmal im Nachteil.

Das trifft recht gut die erlebte Praxis im Berufs- und Privatleben. Nicht immer kann man seine Interessen vollumfänglich verwirklichen und es braucht die Zustimmung, Mitwirkung oder Duldung anderer. Und das werden diese Personen nicht dauerhaft ohne Gegenleistung hinnehmen oder einbringen wollen. Aus meiner Optik heraus ist die Matrix gut geeignet und bildet das weitaus komplexere Miteinander recht gut ab.

Das Siegerprogramm stammte übrigens von Anatol Rapoport, Psychologe und Philosoph an der Universität Toronto, und hieß TIT FOR TAT oder kurz T4T. Es war das kürzeste Programm und verfolgte eine einfache Strategie:

- Kooperiere beim ersten Zug, eröffne also freundlich.
- Danach spiele genau das, was der Gegner im Zug davor gespielt hat.

Wie ist es zu erklären, dass T4T mit einer Strategie, die einen „Gegner" im direkten Vergleich nie schlagen kann, sondern immer nur unentschieden spielen kann, so erfolgreich abschneidet? Analysiert man Spielverläufe, dann ist rasch klar, dass gegen freundliche Programme in der Regel unentschieden gespielt wird. Gegen unfreundliche Programme wird meist knapp verloren. Möglicherweise kann es, bedingt durch ungünstige Konstellationen in den Zufallsgeneratoren, zu ausgeglichenen Spielen gegen unfreundliche Programme kommen, meist werden diese jedoch verloren.

Die Grundeigenschaften von T4T sind:

- T4T eröffnet immer freundlich.
- T4T ist einfach, damit berechenbar und leicht wieder zu erkennen.
- T4T belohnt Kooperation, bestraft aber auch Betrug. Es ist also reaktiv und wehrhaft.

Am Ende war T4T immer erfolgreich, und die Erkenntnisse aus dem und folgenden Turnieren können wie folgt zusammengefasst werden und machen den Bezug zur Projektabwicklung schon greifbar:

- Es ist besser nett zu sein als böse.
- Beginne immer mit Kooperation.
- Begehe nicht als Erster einen Wortbruch.
- Sei reaktiv: Belohne Kooperation, vergelte Verrat.
- Vergib rasch: Wer einen „Fehltritt" ewig nachträgt, vergibt viele Chancen zur Kooperation.
- Versuche nicht zu clever zu sein! List und Tücke bringen nichts. Sei berechenbar!

Prüfen Sie in ihrer Umgebung, ob Sie Parallelen zu Ihrer Umgebung und den handelnden Personen erkennen. Gemeint sind nicht die Industrieschauspieler, die selbstverliebt agieren und deren Antrieb ein übermächtiges Ego ist. Jene öffentlichkeitsverliebte Möchte-Gerne-Manager, die kurzfristigen Erfolgen hinterherlaufen und diese medienwirksam proklamieren. Nein, schauen Sie auf diejenigen, die auch in Krisen solide und ruhig führen, die Nachhaltigkeit anstreben und sich nicht in den Vordergrund stellen. Jene, die längs eines Wertesystems agieren, die Bildung und Herzensbildung haben, die erzogen und nicht dressiert sind. Jene, die sich weniger wichtig sind als das Unternehmen, die konsequent, aber fair agieren. Dann werden Sie rasch Parallelen zu den Eigenschaften von T4T finden, auch wenn es vordergründig gewagt zu sein scheint, hier Verbindungen zu sehen.

Gute Strategien sind robust, sie bewähren sich in unterschiedlichen Umgebungen. Es gibt keine globale Gewinnerstrategie, situatives Vorgehen ist erforderlich. Und solches Vorgehen braucht, wenn es erfolgreich sein soll, genau die Eigenschaften, die eben beschrieben wurden. Kooperation spiegelt in gewisser Weise den Konflikt zwischen Eigen- und Gemeinwohl wider.

Ein weiteres interessantes Gedankenspiel ist das eines ökologischen Turniers. Die Grundidee ist, dass am Ende eines Spielzyklus in dem wiederum jeder gegen jeden spielt der Tabellenstand determiniert, wie viele Nachkommen eines Programms in der nächsten Runde spielen dürfen. Ein guter Tabellenplatz bedeutet, dass das Programm viele „Nachkommen" hat. Es gibt spannende Phänomäne zu beobachten. So wurde beobachtet, dass sogenannte böse Programme anfangs eine dominante Position erobern konnten. Sie räuberten bei den gutmütigen Mitspielern, bis in einer fortgeschrittenen Generation die allzu guten Programme ausgestorben waren. Damit gab es keine „leichte" Beute mehr und die bösen Programme verloren nach und nach ihre Position, bis sie schließlich ausstarben. Unnötig zu erwähnen, dass in diesem ökologischen Turnier T4T ausgesprochen gut abschnitt und das Turnier überzeugend gewinnen konnte.

Aus der Tatsache, dass Kooperation hier so intensiv behandelt wurde, soll abgeleitet werden, dass dies nach meiner Erfahrung einer der wesentlichen Erfolgsgaranten in Projekten ist. Wie festgestellt, gibt es keine globale Gewinnerstrategie und damit keine goldene Regel für den Erfolg. Die Eigenschaften von T4T sind aber sicher richtungsweisend und müssen „nur" an die jeweilige Situation angepasst werden. Dabei spielen verschiedene Faktoren eine Rolle:

- die eigene Position
- die Position des Partners
- das Verhältnis untereinander
- die Machtverhältnisse im Projekt
- die Machtverhältnisse außerhalb des Projektes im direkten und erweiterten Umfeld
- die „Spielweise" der Partner

Auch die folgende Metapher trifft es meines Erachtens: Kooperieren ist wie Segeln. Das Ziel ist klar, aber die sich stetig ändernden Umweltbedingungen, wie z. B. Windstärke und -richtung, die Fähigkeiten der Mannschaft und die Eigenheiten des Schiffes, bestimmen den Kurs, die Kursgeschwindigkeit und geben den einzuschlagenden Weg vor. Und so ist es auch in Projekten. Die Herausforderung, Projekte erfolgreich zu gestalten, liegt nun auch genau darin, die angegebenen Prinzipien umzusetzen und dabei immer die richtige Einschätzung bezüglich der Umgebung, der handelnden Personen und deren Leistungsfähigkeit zu haben. Einfach, oder?

III. Vertrag

Ein Vertrag[4] koordiniert das soziale Verhalten durch gegenseitige Selbstverpflichtung. Üblicherweise wird in einem Rechtsstaat niemand gezwungen, einen Vertrag einzugehen. Er wird freiwillig zwischen zwei (oder auch mehr) Parteien geschlossen. Im Vertrag verspricht jede Partei der anderen, etwas Bestimmtes zu tun oder zu unterlassen und damit gegenüber der anderen Partei gewünschte Leistungen zu erbringen. Dadurch wird die Zukunft für die Parteien berechenbarer oder birgt andere Vorteile und Chancen.

Wesentlicher Aspekt hier ist, dass es sich um eine wechselseitige Verpflichtung handelt, die auf dem Prinzip „Leistung – Gegenleistung" basiert. Ich bin nicht sicher, ob das immer so verinnerlicht wird. Unterstellen wir, dass es sich bei Vertrag um einen Projektvertrag handelt, dann sind beide Parteien aufgerufen dazu beizutragen, dass das Projekt gelingt und der Auftragnehmer in die Lage versetzt wird, das Projekt erfolgreich gestalten zu können. Auch wenn das nicht immer einklagbar ist oder im Vertrag so formuliert ist, so bleibt dennoch zumindest die moralische Verpflichtung.

Zu Projekten werden Verträge geschlossen. Oftmals wird ein Werkvertrag in Verbindung mit einem Festpreis als Vereinbarungsform gewählt, um damit für den Auftraggeber Sicherheit zu gewinnen. Problematisch erweist sich die Situation immer dann, wenn die zu erbringende Leistung so komplex ist, dass diese nicht eindeutig beschrieben werden kann, was in der Praxis häufig anzutreffen ist. Ebenfalls als schwierig erweist sich die Tatsache, dass komplexe Projekte eine Bearbeitungsdauer von mehr als einem und bis zu drei Jahren haben und dieser Abwicklungszeitraum vertraglich zu erfassen wäre. Das ist kaum möglich, da sich auf diesen Zeitreisen die Projektrealität verändert und irgendwann weichen Projektrealität und Vertragsrealität voneinander ab. Solange das Projekt ohne Störungen läuft, macht die Abweichung keine Probleme. Kommt das Projekt jedoch in eine Krise, dann ist eine objektive Bewertung schwer und stellt beide Parteien vor eine große Herausforderung. Nun zeigt sich, in welchem Geist die vertragliche Vereinbarung steht und wie die Parteien den Vertrag leben, also wie es um die Projekt- und Arbeitskultur steht. Findet Kooperation statt? Wird berücksichtigt, dass durch vergangene Zeit Veränderungen stattgefunden haben, die vom Vertrag nicht widergespiegelt werden?

Schwierig kann die Situation werden, wenn eine Vertragspartei einseitige Vertragsstrafen im Vertrag verankert hat. Meist ist das nicht hilfreich und dient nicht der Zielerreichung. Wird die Pönale gezogen, ist das Projektziel nicht erreicht (loose-loose). Dies kann zu der obskuren Situation führen, dass das eigentliche Vertragsziel aus den Augen verloren wird, da beide Parteien damit beschäftigt sind, formale Positionen aufzubauen und die Argumentation für den Fall der Fälle zu legen. Es kann unter Umständen viel Energie verschwendet werden. Schließlich nutzt es dem Auftraggeber nichts, wenn er seine Vertragsstrafe realisieren kann, aber das eigentliche Vertragsziel, nämlich die Realisierung des

---

4 Quelle: Wikipedia.

Projektes, nicht erreicht wird. Zu sehr wird auf formalen Positionen beharrt. Dabei wurde der Vertrag (hoffentlich) einst in dem Geist geschlossen, gemeinsam ein großes Ziel zu erreichen. Diesen Geist dauerhaft, zumindest für die Projektlaufzeit, zu bewahren und leben zu lassen, ist ein wesentlicher Erfolgsfaktor.

Ich will damit nicht die Notwendigkeit in Frage stellen, Verträge zu schließen. Schließlich ist es unabdingbar, Vorsorge zu treffen, wenn das Gewünschte nicht erreicht werden kann. Man trifft Regelungen für den Fall der Fälle, wissend, dass hochwahrscheinlich die im Vertrag beschriebene Situation nicht so in der Realität angetroffen werden wird.

IV. Projekterfahrungen

Großprojekte

Im weiteren Verlauf will ich dann nicht weiter von Großprojekten sprechen, sondern einfach den Begriff Projekt verwenden. Das ist sicher die bessere Nomenklatur, zumal sich die Vorstellung davon, was Großprojekte sind, in den vergangenen Jahren deutlich verändert hat. Mein erstes Projekt, in dem ich als Projektleiter die Verantwortung hatte, datiert aus dem Jahre 1987 und war auf mehr als fünfzig Personenjahre geschätzt worden. Für mich und das Projektteam war das damals ein unvorstellbar großes Projekt mit einem Out-of-Pocket-Budget von mehr als sechs Millionen DM. Ein wahrlich großes Projekt, das mir gehörigen Respekt einflößte.

Heute werden oftmals mehr als fünfzig Personenjahre für eine Architekturdefinition aufgewendet. Nicht immer war das so. Oftmals wurde das „früher" nebenbei erledigt, was in dem eben erwähnten Projekt innerhalb einer Woche tatsächlich auch gemacht wurde. Wie kommt es nun zu solchen Verschiebungen? Die Größenordnungen haben sich im Hinblick auf die zu erbringenden Aufwände entscheidend verändert, weil

- die aktuellen DV-Systeme auf deutlich mehr Datenelementen basieren
- die Vernetzung von Daten und Funktionen komplexer ist
- die Geschäftsprozesse durchgängiger unterstützt werden
- die Geschäftsprozesse so unterstützt werden sollen, dass sie den sich ändernden Anforderungen angepasst werden können, also eine hohe Flexibilität haben
- das gesamte Umfeld komplexer geworden ist. Dazu zählen: Gesetzgebung, Verordnungen, Geschäftsprozesse, Produkte, gesetzliche Regelungen, Nachweispflichten der Hersteller oder der Vertriebsorganisationen, ...
- unterschiedliche Benutzergruppen die DV-Systeme nutzen und intensiver nutzen und dadurch völlig unterschiedliche Anforderungen an die Benutzeroberfläche und -führung gestellt werden
- die Nutzungsintensität der IT-Systeme deutlich gestiegen ist
- durch die Verbreitung und Verfügbarkeit des Internets betriebswirtschaftliche Prozesse unabhängig von räumlicher Bindung erbracht werden und
- last but not least die technischen Möglichkeiten durch die Entwicklung bei Hard- und Software sich in rasender Geschwindigkeit erweitern – wovon wiederum dann in den DV-Systemen auch Gebrauch gemacht wird

Es ist offensichtlich schwer, feste Größen für die Klassifizierung von Projekten über die Zeit zu nennen. Aus heutiger Sicht würde ich die Projekte, die mehr als hundert Personenjahre an geplantem Aufwand haben oder mehr als zwanzig Teammitglieder haben, als Großprojekte verstehen wollen und betrachte im weiteren Text Vorhaben dieser Größenordnung.

Ein Projekt im Bereich der GKV

Dieses Projekt startete im Frühjahr 1984. Es hatte zur Aufgabe, die Prozesse in den Organisationsbereichen mit direktem Kundenkontakt DV-technisch zu unterstützen. Die prozessuale Verarbeitung erfolgte zentral in den jeweiligen Rechenzentren der Landesverbände. Die Ergebnisse der Vor-Ort-Beratung sowie die der zentralen Verarbeitung mussten wechselseitig verfügbar gemacht werden. Aus heutiger Sicht würde man von Replizierung sprechen.

Das Projekt war klassisch organisiert. Es gab einen Lenkungsausschuss, einen Gesamtprojektleiter, Teilprojektleiter und regelmäßige Treffen aller (Teil-)Projektleiter unter Führung des Gesamtprojektleiters, die zum allgemeinen Austausch, zur Statusberichterstattung und zur Synchronisation der Teilprojekte dienten.

In etwas mehr als zwei Jahren, wurde das DV-System realisiert, das den definierten Anforderungen des Kunden folgte und produktiv genutzt wurde. Der Erfolg konnte hergestellt werden, weil

- das Vorgehen im Projekt einem einfachen, klar verständlichem Vorgehensmodell folgte
- es eine formale Projektorganisation gab, die auch gelebt wurde
- die Teammitglieder auf die Methoden und Vorgehensweisen geschult wurden, diese verstanden und lebten
- das Team samt Projektleitung gut besetzt war
- das Projekt machbar war
- sich die Teammitglieder schätzten und respektierten, motiviert und leistungsbereit waren
- das Management das Vorhaben uneingeschränkt stützte
- es hinreichend viele Leistungsträger gab, die bestmöglich kooperierten und vom gemeinsamen Erfolg beseelt waren

Es hat Freude und Spaß gemacht, in diesem Team arbeiten zu können. Die erfahrenen Teammitglieder gaben ihr Wissen und ihr Können bereitwillig weiter und eröffneten allen anderen im Team viele Optionen, sich weiter zu entwickeln. Jede Form von Politik wurde von der Projektleitung aus dem Team herausgehalten und damit blieb Platz für Leistung.

Vertrag kommt von vertragen

In den frühen neunziger Jahren waren applikative Systeme en vogue und es war besonders reizvoll, jenseits der üblichen Technologien wie Assembler, COBOL oder PL1 Anwendungen zu entwickeln. Wissensbasierte Systeme übten einen magischen Reiz aus. In einem Projekt bei einem großen Unternehmen ging es um die Erhaltung des Wissens zum

Betrieb einer chemischen Anlage. Eine sensible Anlage, die von mehreren Experten, die hervorragend als Team agierten und kooperierten, einwandfrei beherrscht wurde. Jedoch war die Mannschaft in die Jahre gekommen und die Pensionierung fast des gesamten Teams stand an. Da galt es, das vorhandene Wissen zu erfassen, zu strukturieren, zu dokumentieren und damit zu erhalten. Auftraggeber und Auftragnehmer waren unerfahren und ungeübt in dieser Projektart, was offen kommuniziert wurde. Es gab nur wenig Erfahrung – sowohl in der Technologie an sich als auch in der Vorgehensweise. Wie sollte Wissen „extrahiert" werden und dann in eine „Maschine" übersetzt werden, sodass die Aufgabe, bei der Steuerung der Anlage zu unterstützen, erfolgreich gestaltet werden konnte? Hier wurde Neuland betreten.

Nun galt es, das Vorhaben in einen Vertrag zu gießen, was die Hausjuristen des Auftraggebers übernahmen. Sie legten einen ausgefeilten Vertrag vor, der, wie üblich, auch unangenehme Konsequenzen für den Fall des Scheiterns vorsah. Ich fühlte mich sichtlich unwohl in meiner Haut, da mir klar war, dass das Projekt durchaus Versuchscharakter hatte, was allen, die mitwirkten, ebenfalls bewusst war. „Vertrag kommt von vertragen", sagte der Auftraggeber. „Wir unterschreiben jetzt, legen den Vertrag in die Schublade und schauen ihn nie wieder an, sondern machen gemeinsam ein gutes Projekt." Ich hatte zwar wenig Alternativen, aber die Diktion gefiel mir und ich stimmte zu. Ich habe das nie bereut und es war eine meiner grundlegenden positiven Erfahrungen, die meine Einstellung zu Verträgen und Vertragspartner nachhaltig geprägt hat! Das Projekt verlief glücklicherweise positiv und war erfolgreich. Insofern kann ich nicht sagen, was gewesen wäre, wenn das Projekt negativ verlaufen wäre. Das eingebrachte Vertrauen wurde jedoch nie missbraucht, enttäuscht und die offene Kommunikation sowie das wechselseitige Zutrauen waren wesentliche Erfolgsgaranten in dieser Situation. Den Vertrag haben wir tatsächlich nie wieder eingesehen.

Das Team ist der Star – ein Projekt bei einer GUV

Mein erstes Projekt, das ich verantwortlich leitete, genauer gesagt als Teil der Doppelspitze mit einem Kollegen, der Angestellter beim Auftraggeber war und die Fachabteilung vertrat, startete im April 1987. Die erste Stufe wurde zum 1.1.1990 produktiv gesetzt. Es war eine Erfolgsstory par excellence. Der Schlüssel zum Erfolg war ein junges, engagiertes Team, das – obwohl mit gehörigem Respekt vor der Aufgabe ausgestattet – mit der notwendigen Leichtigkeit an die Aufgabe heranging. Dabei wurde auf unterschiedlichste Weise „erprobt", was ein erfolgreiches Team „aushält". Beispielhaft und augenzwinkernd seien genannt:

Eine Woche vor Produktivsetzung fiel auf, dass eine zwar wenig komplexe, aber täglich benötigte Funktion vergessen worden war. Das Team reagierte gelassen. Es wurde nicht die Frage gestellt, wer das Versäumnis verschuldet, es wurde vielmehr beschlossen, die Sache zu lösen. Zwei Fachspezialisten und ein Programmierer wurden beauftragt, die Funktion „on the flight" zu erstellen, was innerhalb von zwei Tagen inklusive der notwendigsten Tests gelang.

Einen Tag vor Versand der ersten Dokumente, die „durch" das neue DV-System an die Mitglieder der Sozialversicherung versandt werden sollten, stellte ein Teammitglied fest, dass von rund 60.000 Druckstücken, die es zu verschicken galt, etwa 1.500 falsch waren.

Auch in dieser Situation reagierte das Team gelassen. Ein Programm, das die falschen Bescheide identifizierte, wurde erstellt. In einer „Nachtschicht" wurden vom Team die etwa 1.500 falschen Bescheide aussortiert und der Versand der korrekten Bescheide konnte termingerecht erfolgen.

Wesentlich war jeweils, dass die Sach- und Zielorientierung nie verloren ging. Jeder stand für jeden ein und obwohl es klare Rollen im Projekt gab, agierten wir gemäß der Devise „No Ranks, No Titles", was sicher, gerade in einem jungen Team, ein Erfolgsfaktor ist. Für den Gesamterfolg sind folgende Aspekte zu nennen:

- Wir hatten das volle Vertrauen des Geschäftsführers
- Offene Kommunikation im Projekt auch bei Fehlern, die uns im Laufe des Projektes unterliefen
- Das methodische Vorgehen im Projekt längs eines Vorgehensmodells, akzeptiert, verstanden und gelebt von den Teammitgliedern
- Die Etablierung einer formalen Projektorganisation, akzeptiert und gelebt bei Auftraggeber und Auftragnehmer
- Ein absolut kompetentes Team, engagiert, motiviert, leistungsbereit und geprägt vom unbedingten Willen, erfolgreich zu sein
- Eine lösbare Aufgabe
- Die Freude an der Aufgabe bei fast allen Teammitgliedern
- Lockerheit im Team
- Man begegnete sich mit Interesse und Respekt
- Die persönliche wechselseitige Wertschätzung der Teammitglieder, die sich bis heute erhalten hat

In geradezu perfekter Weise verband sich hier das Können des Einzelnen mit der Stärke eines Teams. Durch das Team und die gelebte gegenseitige Unterstützung wurde eine perfekte Hochleistungsorganisation Realität. Im Grundsatz harmonierten die Persönlichkeiten in charakterlicher Hinsicht, ergänzten sich mit dem mitgebrachten Wissen und den Fähigkeiten. So erwuchs ein fantastisches Team, getragen auch von hohem gegenseitigem Respekt.

Gesamtbebauung

Es begann ambitioniert. Innerhalb von zwei Jahren sollte die gesamte DV-Plattform beim Auftraggeber, einem mittelständischen Versicherungsunternehmen, ausgetauscht werden. Damit sollte nicht nur die DV-Plattform renoviert und entsprechende Flexibilität gewonnen werden. Es sollte auch das Jahrtausendproblem, also der Wechsel von 1999 auf 2000 bewältigt werden, ebenso die bevorstehende Euro-Einführung.

Umfangreiche Vorgespräche und Vertragsverhandlungen mündeten in einen ansehnlichen Vertrag, der mehrere hundert Seiten umfasste. Der Auftraggeber sicherte sich umfangreich ab und der Vertrag gab ihm vielfältige Möglichkeiten, den Auftragnehmer unter Druck zu setzen, bis hin zu verbrieften, für den Auftragnehmer schmerzhaften Pönalen.

Anforderungen wurden niedergeschrieben bzw. bestmöglich beschrieben, was jedoch in der Kürze der Zeit nur unvollständig möglich war. Dabei wurden fachliche und technische

Vorstellungen oftmals nur grob formuliert. Hinzu kam, dass diese mindestens im Hinblick auf den Erfüllungszeitraum als unerfüllbar anzusehen waren. Zahlreiche Experten waren an der Erstellung des Vertrages beteiligt, und es ist erstaunlich, dass es keine spürbaren Widerreden gab. Also kann man annehmen oder unterstellen, dass alle Beteiligten mehr oder weniger wussten, worauf sie sich einließen, nämlich auf einen unerfüllbaren Vertrag.

Der Auftraggeber musste sicher sein, dass sein Problem nicht in nützlicher Frist gelöst werden würde, und der Auftragnehmer musste wissen, dass nachhaltige Gefahren im Vertrag stecken, die sicher zum Teil realisiert werden würden. Es ist bis heute nicht völlig klar, was die Beteiligten motivierte, sich auf dieses „Spiel" einzulassen. Sicher, für den Auftraggeber bot sich die Chance über einen Festpreis „günstig" an ein modernes DV-System zu kommen. Aber um welchen tatsächlichen Preis! Der Auftragnehmer wiederum hoffte, durch die Kooperation mit einem Versicherungsunternehmen eine Standardsoftware zu erhalten, die erfolgreich am Markt vertrieben werden konnte.

Die scheinbare Absicherung über umfangreiche Pönaleregelungen ist trügerisch. Nicht Machbares wird durch angedrohte Strafen nicht machbar oder machbarer. Strafen sind meines Erachtens und aus meiner Erfahrung das am wenigsten geeignete Instrumentarium in Projekten, um die Erfolgschancen zu verbessern. Wesentliche Aspekte, die eine Einschätzung zur Machbarkeit des Vorhabens ermöglicht oder verbessert hätten, wurden entweder ignoriert oder nicht erkannt. Zu nennen sind:

- Ist der Auftragnehmer in der Lage, Standardsoftware zu erstellen; beherrscht er die notwendigen Prozesse?
- Sind Auftraggeber und Auftragnehmer in der Lage, das Projekt umzusetzen; sind entsprechende Fertigkeiten, Fähigkeiten und Kapazitäten vorhanden?
- Sind die Organisationen bei Auftraggeber und Auftragnehmer qualitativ und quantitativ potent genug für ein solches Mammutwerk?
- Sind die technischen Anforderungen realistisch umsetzbar oder setzt man stark auf zukünftige Entwicklungen?
- Wie ist die Arbeitsteilung im Projekt und wer verantwortet was?
- Wollen (fast) alle Beteiligten das Projekt?
- Ist der Auftragnehmer mit den landesspezifischen Gegebenheiten vertraut oder hat der Auftraggeber entsprechende Mitarbeiter um fachlich und kapazitativ kompensieren zu können?
- Beherrscht der Auftraggeber die Abwicklung eines Werkvertrages?

Trotz korrekter, formaler Projektorganisation waren die Zeichen von Anfang an auf Sturm gestellt, was sich rasch bestätigte. Die Krise war unabwendbar! Krise, oder der Anfang vom Ende? Unzufrieden waren beide Seiten mit der Situation. Beide Parteien „klebten" sehr an dem Vertragswerk, ohne dabei auf die Projektrealität zu schauen, und versuchten, den Vertrag bestmöglich für sich auszulegen. Das verschlang viel Energie und gute Mitarbeiter wurden beidseitig gebunden, gebunden für eine Aufgabe, die nicht der Zielerreichung diente und im Sinne des Projektes nicht wertschöpfend war. Dies wiederum wirkte sich negativ auf den Projektfortschritt aus, was wiederum dazu führte, sich laufend rechtfertigen zu müssen, womit letztlich viel Kraft vergeudet wurde. Man entfernte sich zunehmend vom Ziel und dem Geist der geschlossenen Vereinbarung. Beide Parteien litten massiv unter der verfahrenen Situation, aber die Beteiligten waren nicht in der Lage, den

Ballast des Misserfolges abzuwerfen und eine neue Startposition gemeinsam zu definieren. Zu sehr war man offensichtlich in der Situation gefangen und befangen.

Ein beidseitig ehrlicherer Umgang mit der Situation, mit sich selbst und dem Partner hätte beide Parteien nachhaltig weniger belastet. Dass das Projekt schließlich dennoch erfolgreich abgeschlossen werden konnte, hatte viele Gründe. Wesentlich war, dass neue, unvoreingenommene Teammitglieder aufgenommen wurden und dass „unbelastete" Führungspersonen die Verantwortung übernahmen. Beide Parteien waren willens, das Projekt erfolgreich abzuschließen und auf die Belange und die Befindlichkeiten des jeweilig anderen Partners einzugehen. Dann wurden die Projektrealitäten in einem Zusatzvertrag entsprechend reflektiert und die auf verantwortlicher Ebene eingesetzten neuen Personen konnten ein Vertrauensverhältnis aufbauen. Sie proklamierten den Projekterfolg als oberstes Ziel und richteten die jeweiligen Teams entsprechend aus. Mediatoren und gemeinsame Projektveranstaltungen, die den gruppendynamischen Prozessen Rechnung trugen, waren flankierende Maßnahmen, die den Verständigungsprozess bestmöglich unterstützten und begleiteten. Weiter trug zum Erfolg bei, dass zwischenzeitlich beide Parteien qualitativ und quantitativ gewachsen waren, die Gesamtsituation besser einschätzten und so die Weichen auf Erfolg gestellt werden konnten. Die Katastrophe blieb glücklicherweise aus, aber es war immer noch ein anspruchsvoller und anstrengender Weg, der von beiden Parteien einen hohen Preis forderte.

V. Projekte auf Erfolgsspur bringen und halten

Wenn Du ein Schiff bauen willst, so trommle nicht Männer zusammen, um Holz zu beschaffen, Werkzeuge vorzubereiten, die Arbeit einzuteilen und Aufgaben zu vergeben, sondern lehre die Männer die Sehnsucht nach dem endlosen weiten Meer!

Antoine de Saint-Exupéry

Projekte sind, wie eingangs schon beschrieben, in der Regel ambitionierte Vorhaben. Gerade weil bestimmte Aufgaben nicht in der Linienorganisation erledigt werden können, werden spezielle Teams zusammengestellt, die eine Lösung erarbeiten sollen. Gängige Vorhaben übersteigen aktuell leicht 200 Personenjahre. Fachliche und technische Spezialisten, Generalisten und Projektmanager sollen als Team agieren, funktionieren und komplexe Sachverhalte bewältigen. Dabei müssen neben den fachlichen Themen auch die der internen und externen Kommunikation und des menschlichen Miteinanders angegangen werden. Oftmals finden Projekte in schwierigem Umfeld statt, wie z. B. zerstrittene Parteien beim Auftraggeber oder besorgte Mitarbeiter beim Auftraggeber, die nach erfolgreicher Projekteinführung um den Erhalt ihres Arbeitsplatzes fürchten. So kommen neben den Sachproblemen, die in der Regel fassbar und lösbar sind, schwer greifbare Problemstellungen und Situationen auf das Projektteam zu, die eine Sachlösung nachhaltig erschweren.

Was kann aus den bisherigen Ausführungen geschlossen oder gelernt werden? Projekte sind immer mit Risiken behaftet, für beide Parteien. Projekte sind immer Herausforderungen, Unternehmungen mit schwierigen Passagen, die es zu meistern gilt. Oft genug braucht es dazu beide Parteien. Startet man dennoch ein Projekt, ist es wesentlich, mit wem man sich auf den Weg macht. Dabei sind Kosten und Erfüllungszeitpunkt nicht immer die wichtigsten Kriterien.

Die Anbahnung

> *In this world there is no free lunch. If you think there´s a free lunch, you are the free lunch.*

Stellen Sie sich vor, Sie wollen eine Bergwanderung machen. Gerade eine solche, die Sie nicht alleine machen wollen. Sei es, weil Sie die technischen Anforderungen nicht alleine meistern können oder wollen; sei es aus einem anderen wichtigen Grund. Nun suchen Sie einen Begleiter, einen, der Sie hinauf und wieder herunter bringt. Auf was kommt es Ihnen nun besonders an? Nehmen Sie den günstigsten, den, der die Tour am schnellsten mit Ihnen absolviert? Räumen Sie ihm und sich eine Vorbereitungszeit ein? Hören Sie auf seinen Rat, wenn er Etappen empfiehlt, mit Pausen? Oder gar einen anderen Weg, einen, den er für machbarer hält? Welche Bedeutung hat Ihre Sicherheit für Sie? Was ist das Ihnen wert?

Und im Projekt? Dienstleistungsunternehmen wollen ihre Leistungen verkaufen. Sie werden sich bestmöglich präsentieren. Werden Sie einen Anbieter aussortieren, wenn er, wie oben beschrieben im Sinne der Bergwanderung, nicht nach Ihren Vorstellungen agiert und Alternativen vorschlägt, die mit Ihren Vorstellungen nicht übereinstimmen? Oder nehmen Sie gerade denjenigen, der alles verspricht und das, obwohl Sie schon jetzt wissen, dass es nicht gehalten werden kann? Mit einem guten Vertrag in der Tasche, wird das schon klappen. Falls nicht, dann ziehen wir die Pönale und alles ist gut. Wirklich? Sie haben ein Projekt gestartet, von dem Sie sich einen Wert erwarten, den Sie nun wiederum gewinnbringend und wertschöpfend nutzen wollen. Genau diesen Wert werden Sie nun nicht realisieren. Sie wollten die Lösung, für die das Projekt steht, und nicht das Geld oder andere Kompensationsleistungen. Sie haben also mindestens Zeit verloren, die nicht kompensierbar ist.

> *Machen Sie faire Verträge, lassen Sie Ihrem Partner auch sein Geschäft. Ist er zufrieden, wird er ein guter Partner im Projekt sein und nicht auf Kleinigkeiten beharren. Machen Sie sich selbst ein Bild, neutrale Berater in der Anbahnungsphase können maximal methodisch unterstützen. Die finale Einschätzung muss von Ihnen selbst kommen.*

> *Machen Sie sich klar, was die wesentlichen Kriterien für Ihr Projekt sind. Denken Sie an die Bergwanderung. Zeit, Kosten, Sicherheit? Was sind Sie bereit wofür aufzuwenden? Wer begleitet Sie, wem vertrauen Sie sich an?*

Projekte auf Erfolgsspur halten oder bringen beginnt also schon in der Anbahnungsphase, also beim Vertrieb oder beim Einkauf des Projektpartners. Natürlich ist es Prinzip eines Marktes, dass beide Parteien ein möglichst gutes Geschäft machen wollen, und die Beteiligten wissen das. Es ist offensichtlich und gut, dass es einen Markt gibt, ist er doch mit Garant für Fortschritt und immer während Ansporn, Dinge weiter zu verbessern. Konkurrierendes Verhalten verspricht also sich verbessernde Bedingungen. Als Einkäufer können Sie sich das zunutze machen, aber auch hier gibt es Situationen, die, zu sehr ausgenutzt, ins Gegenteil umschlagen werden und schnell wird aus einem Vorteil ein Nachteil.

Der gute Projektleiter

> *Der gute Projektleiter achtet auf sein Team, achtet auf den „Cultural Fit" hinsichtlich innerer und äußerer Mechanik.*
> *Und auf Passgenauigkeit TEAM – AUFGABE – UMFELD.*

Der gute Projektleiter hält sein Team zusammen, motiviert es in jeder Situation und steht stets zu seinem Team. Der Projektleiter verfolgt stringent sein Ziel, ist dem Auftraggeber immer zu Diensten Er ist bestens ausgebildet, beherrscht mindestens zwei anerkannte Projektmanagementmethoden, drei Fremdsprachen, ist Branchenprofi und Technikexperte, stets gut gelaunt, nie überlastet und hat das Projekt zu jeder Zeit im Griff.[5]

Oder ist er der erbarmungslose Treiber, der, das Ziel vor Augen, unerbittlich diesem entgegenstrebt und gnadenlos den Erfolg sucht, oftmals ohne große Rücksicht auf „Verluste"?

Es wird beide Typen des Projektleiters geben, sicher nicht reinrassig ausgeprägt wie hier beschrieben. Vielleicht eine gute Mischung aus beiden Typen, idealerweise in einer Person vereint und situativ zwischen den beiden extremen Positionen navigierend. Es ist wohl unbestritten, dass es in großen Vorhaben unerlässlich ist, situativ zu führen und je nach Mitarbeiter und Situation entsprechend zu agieren.

Ich wage die These, dass man als Projektleiter „geboren" wird. Wesentliche Eigenschaften muss man „mitbringen". Sicher kann man Techniken, Methoden und Fertigkeiten vermitteln, schulen und weiter ausbauen, aber das sind in der Regel nur notwendige, keine hinreichenden Voraussetzungen. Unbestritten spielt auch die Sozialisation eine wesentliche Rolle, um erfolgreich Projekte leiten zu können. Projektleiter sind wie Torjäger, sie haben einen ausgeprägten Instinkt. Bringt eine Person wesentliche Voraussetzungen mit, um ein Projekt leiten zu können, ist eine Ausbildung in Projektmanagementmethoden, Kommunikation, Moderation und Präsentation, sowie weiterer sogenannter Softskills förderlich und wird auf fruchtbaren Boden fallen.

Projektleiter achten auf eine erfolgsträchtige Struktur im Projekt. Ein Team muss emotional, bezüglich fachlicher und technischer Fertigkeiten, hinsichtlich Belastbarkeit, sozialer Verträglichkeit sowie intellektuell ausgewogen strukturiert sein. Ausgewogen soll heißen: zur Aufgabe passend! In jedem Projekt müssen

- Routineaufgaben zyklisch ausgeführt werden
- Projektofficeaufgaben wahrgenommen werden
- schwierige Einzelaufgaben gelöst werden
- Projektpositionen verteidigt werden

---

[5] Sollten Sie, lieber Leser, einen solchen Projektleiter kennen oder selbst ein solcher sein, bitte senden Sie die Unterlagen an volker.reichenbach@msg.de.

- Mitarbeiter des Auftraggebers überzeugt werden
- hohe Arbeitslasten bewältigt werden
- kreative Lösungen gefunden werden
- …

Und für alle diese Aufgaben braucht es unterschiedliche Typen von Menschen. Daher ist Vielfältigkeit notwendig.

Der gute Vertrag

> *Vertrag unterschreiben, in die Schublade legen und nie mehr ansehen! Den Geist der Vereinbarung leben!*

Oftmals sind die wirklichen Gewinner bei der Erstellung der Verträge die Juristen. Ich habe noch kein Vertragswerk gesehen, das die Realität eines Projektes exakt beschrieben oder prognostiziert hat. Wenn es also nicht gelingt, das Gewerk oder den Leistungsumfang so genau zu beschreiben, dass das Dokument über alle Zweifel erhaben ist, warum wird es immer wieder versucht? Ist dies nicht der untaugliche Versuch, Sicherheit vorzugaukeln, die nicht gewonnen werden kann?

Das sind sicher keine hinreichenden Argumente, um keinen Vertrag zu schließen, dazu ist unsere Welt zu risikobehaftet, zu komplex und zu kompliziert. Es kommt also im Wesentlichen auf den Geist der Vereinbarung an. Was hat man mit dieser oder jener Formulierung gemeint? Wie ist die Aussage im Gesamtkontext zu verstehen und zu interpretieren? Welche Pragmatik folgt daraus?

Dies kann nur in einer partnerschaftlichen, offenen, von Vertrauen geprägten Atmosphäre geschehen. Kooperation ist der Schlüssel zum Erfolg und das bedeutet, dass es keinen Verlierer geben darf. Gelingt es, ein solches Klima herzustellen, dann lassen sich schwierigste Projektsituationen meistern. Daher ist die Wahl des Partners für ein gemeinsames Vorhaben extrem bedeutungsvoll und kann nicht nur von numerischen Parametern getrieben sein.

Auch deshalb hat das Kapitel Kooperation einen großen Raum in diesem Artikel eingenommen. Es ist der Erfolgsfaktor schlechthin. Die Eigenschaften, die T4T beschreiben, sind verständlich, eingängig und leicht zu merken. Sie können als einfaches Regelwerk hergenommen und zu Grundsätzen der Zusammenarbeit gemacht werden. Halten sich alle daran, ist der Erfolg wahrscheinlich, zumindest wird durch dieses Verhalten kein Schaden entstehen und wenn alle anderen Parameter auf „Grün" stehen, ist der Erfolg programmiert.

Dann kann in verfahrenen Situationen, also in Krisen oder der Krise vorangehenden Situationen, ein Gutachter helfen, und es ist im Hinblick auf Aufwand, Zeit und Kosten eine günstige Lösung möglich. Die Bestellung eines Gutachters, der eine neutrale, bindende Meinung und Entscheidung herbeiführt, ist also grundsätzlich ein geeignetes Mittel, um in strittigen Situationen bereinigend zu wirken und für Beruhigung im Projekt zu sorgen. Das funktioniert jedoch nur, wenn beide Parteien die ehrliche Absicht haben, die dritte Meinung zu akzeptieren und damit zu leben, ohne Nachspiel und ohne wenn und aber. Versucht man mittels eines Gutachters seine eigene Position durchzusetzen oder die eigene Meinung zu behaupten, dann wird das Instrumentarium Gutachter versagen und die unterschiedlichen Auffassungen werden weiter bestehen bleiben.

Das gute Team

> *Der Projektleiter ist DER Verantwortliche für ein gutes Team!*

TEAM, die gängige Definition lautet „toll ein anderer macht´s". Teams sind die Organisationsform für Spitzenleistungen, bergen aber auch vielfältige Gefahren in sich. Gruppen sind risikofreudiger, können aus falsch verstandener Solidarität einzelne Teammitglieder decken, sich verzetteln und durch fehlende Zielorientierung mutig und gut gelaunt an der Sache vorbeiarbeiten.

Ein gutes Team ist das Team, welches ein Projekt erfolgreich gestaltet, oder? Das kann man sicher so definieren, aber man würde die Kriterien für ein gutes Team gerne zu Beginn eines Projektes kennen, um die Chancen auf Erfolg signifikant zu erhöhen. Da es sehr viele Projekte gegeben hat und weiter geben wird, kann unterstellt werden, dass es erfolgreiche Projekte beliebiger Ausprägungen gibt. Also mit Projektleiter, ohne Projektleiter, hinreichend Teammitgliedern, in „guter" oder „schlechter" Umgebung und weiteren beliebigen Kombinationen. Somit gibt es das gute Team nicht, aber es gibt einige Kriterien, die ein gutes Team ausmachen. Ein gutes Team kann entstehen, wenn die Phasen der Gruppenbildung beachtet (Forming, Storming, Norming, Performing) werden. Bedingungen sind:

- Es gibt einen „inneren" Zirkel von Teammitgliedern, die fachlich inhaltlich und technisch inhaltlich in der Lage sind, das Problem grundsätzlich zu lösen.
- Dieser innere Zirkel kann Mitarbeiter um sich scharen und diese Teammitglieder eng an sich binden.
- Es gibt ein Klima des Vertrauens und die Teammitglieder begegnen sich mit dem gebotenen Respekt.
- Neid und Missgunst spielen keine Rolle.
- Das Team ist hinsichtlich diverser Kriterien ausgewogen.
- Es gibt auch eine emotionale Passgenauigkeit mit der Aufgabe und dem Umfeld.

> **T4T**
> 1. Beginne freundlich.
> 2. Sei reaktiv: honoriere Kooperation und Nicht-Kooperieren.
> 3. Sei berechenbar – sei nicht zu clever.
> 4. Vergib Fehltritte rasch.

So unterschiedlich die einzelnen Teammitglieder sein mögen oder auch sein müssen, so ausgewogen muss das Team sein. Prüft man bei einem Einzelkandidaten die Ausprägungen der „Big Five", also die emotionale Stabilität, Offenheit, Gewissenhaftigkeit, soziale Verträglichkeit und Extraversion, so sind diese Eigenschaften auch im Team in der Gesamtheit festzustellen und zu berücksichtigen. Teams sind dann in diesem Sinn passgenau auf die Aufgabe zu bilden. Diese Passgenauigkeit und damit Verträglichkeit zum Auftraggeber und dessen Umfeld ist einer der Schlüsselfaktoren zum Erfolg. Es braucht die innere und äußere passende Mechanik.

Darüber hinaus ist es hilfreich, manchmal sogar notwendig, wenn

- die Teammitglieder über eine geeignete methodische Ausbildung verfügen
- der Projektleiter sowie die Teilprojektleiter über eine geeignete Projektleiterausbildung verfügen
- ein Vorgehensmodell von allen verstanden und verinnerlicht wurde
- einige Teammitglieder über Projekterfahrung verfügen

VI. Fazit

Projektarbeit macht ungeheuren Spaß und vermittelt durch die Dynamik des Projektverlaufs oft das gute Gefühl, gestalten zu können und an Themen mitwirken zu dürfen, die nicht alltäglich sind, obwohl Projekte selbst alltäglich und gerade in der Informatik berufs- und lebensbegleitend sind. Erfolgsrezepte wie „man nehme ..." gibt es nicht. Ebenso wenig gibt es das typische Projekt, die typischen Projektmitarbeiter oder Projektleiter. Parallelen gibt es im Sport. Auch dort gibt es nicht den Einheitsfußballer, der Erfolg garantiert. Leistung kann man trainieren, Erfolg nicht. Und es gibt nicht das Spielsystem, das den Sieg garantiert. So kommt es schließlich immer noch auf das Individuum an, den Menschen, der den Erfolg anstrebt, verfolgt und realisiert – und das ist gut so!

Elemente eines Projektoffice als wirkungsvolle Unterstützung im Projektalltag

Ingo Goelitz

Abstract

Projekte erreichen mitunter einen hohen Grad an Komplexität und Größe. In solchen Fällen benötigt ein Projektleiter für einen reibungslosen Ablauf des Projektalltags weitere Unterstützung. Diese Aufgabe übernimmt ein sogenanntes Projektoffice. Der Beitrag erläutert die Aufgaben und Rollen eines solchen Teams und stellt einige der Themen im Detail vor.[1]

I.   Notwendigkeit und Positionierung

Projekte wie jene, über die in diesem Handbuch berichtet wird, erreichen mitunter einen erheblichen Umfang und einen hohen Grad an Komplexität. Es ist daher nicht immer ausreichend, lediglich eine Person für die Rolle des Projektleiters einzusetzen. Auch – oder gerade wenn dieser ein Projekt nach allen Lehren des Projektmanagements leitet, ist hier weitere Unterstützung des Projektleiters nötig, um das Projekt reibungslos zum Erfolg zu führen. Diese Unterstützung bezeichnet man als Projektoffice (PO, auch Projektbüro oder Project Management Office).

Aus unserer Erfahrung gibt es eine Reihe von markanten Merkmalen, die bei einem Projekt dringend auf die Notwendigkeit eines Projektoffice zur Mitwirkung bei der Organisation des Projektablaufs hinweisen:

- Umfasst das Projekt mehrere Teilprojekte, die von verschiedenen Teilprojektleitern gesteuert werden, ist Abstimmung untereinander aufwändiger. Zudem reflektiert die Unterteilung des Projekts in Teilprojekte eine höhere Komplexität und einen größeren inhaltlichen, organisatorischen oder technologischen Leistungsumfang.

- Ist das Projekt in mehrere Stufen oder Phasen unterteilt und können sowohl Stufen als auch Phasen in Teilen parallel verlaufen, erfordert die Koordination der untereinander abhängigen Arbeiten und die Fertigstellung von Teilleistungen eine höhere Aufmerksamkeit.

---

[1] Der Abschnitt bezieht viele Elemente und Anregungen aus einem Projekterfahrungsbericht meines sehr geschätzten Kollegen Dr. Detlev Otte.

- Beträgt die Projektlaufzeit mehrere Jahre und ist diese Spanne eine Konsequenz des Leistungsumfangs, der eingesetzten Teams und der sequentiellen Abfolge von Tätigkeiten, dann ist Unterstützung nötig.

- Fachlicher Inhalt, Technologien und Infrastrukturen sind Treiber von Komplexität. Hat das Projektvorhaben einen komplexen Inhalt, ist mit einer schwierigen Analyse, Planung und vielfältigen Abhängigkeiten zu rechnen. Auch hier ist zusätzliche Hilfe für das Management des Projekts ratsam.

- Hat das Projekt Abhängigkeiten zu anderen parallel laufenden Projekten, dann sind die Feinplanung und das Controlling dieser Abhängigkeiten besonders anspruchsvolle Aufgaben.

- Erfolgt die Abwicklung der Teilprojekte im Projekt auf der Basis verschiedener Vertragsarten (Festpreis, Dienstleistung etc.), ist der administrative Aufwand höher und es sollte assistiert werden.

- Wenn die Anzahl der Projektmitarbeiter größer als 20 (bei Großprojekten in der Regel sogar größer als 50) ist, hat dies Auswirkung auf die Strukturierung der Teams und – wie bereits erwähnt – auf die Unterteilung in Teilprojekte. Das ist sowohl Ausdruck eines größeren Leistungsumfangs als auch anspruchsvollerer Aufgaben im Projektmanagement.

- Ist die Organisationsform des Projekts komplexer, da die Projektmitarbeiter aus verschiedenen Abteilungen und Unternehmen kommen, dann ist ebenfalls Unterstützung nötig. Beispiele für die Zusammenstellung der Teams sind:
  - Mitarbeiter des Auftragnehmers
  - Mitarbeiter des Auftraggebers aus verschiedenen Abteilungen
  - Subunternehmer des Auftragnehmers
  - Subunternehmer des Auftraggebers
  - Mitarbeiter von weiteren externen Dienstleistungsunternehmen

Wir wollen zunächst in Kapitel II die Aufgaben nennen, die in einem solchen Projektoffice (künftig mit PO abgekürzt) anfallen und dann in den nachfolgenden Kapiteln ausgewählte, uns besonders wichtig erscheinende Aufgaben näher beschreiben.

II. Aufgaben und Rollen

Grob gesagt ist ein PO dazu da, um die Projektleitung, also Projektleiter und Teilprojektleiter, zu unterstützen. Je nach Organisationsform der Projekte kann ein PO einerseits je Projekt eingesetzt werden. Andererseits kann die Institution „PO" auch als unternehmensinterner Anbieter von Komplettservice im Bereich Projektmanagement ausgerichtet werden[2]. In dieser Form erlangt das PO zum Beispiel für Multiprojektmanagement aktuell eine wachsende Bedeutung. Sofern in einem Unternehmen mehrere Geschäftsbereiche mit ganz verschiedenen Projektarten (Organisationsprojekte, Investitionsprojekte etc.) agieren, können diesem Aspekt wiederum mehrere unternehmensinterne POs mit dem dafür nötigen unterschiedlichen Wissen gerecht werden.

---

[2] Campana, C, Reschke, H., Schott E.: 6.2.3 Project Office-Implementierung und Verankerung im Unternehmen, in „Projekte erfolgreich managen", ISBN: 3824908298, 2007.

Der Service eines PO umfasst nahezu alle Projektmanagement-Tätigkeiten und ist immer als Einheit von exakter Prozessvorgabe, Organisation, Kontrolle und Informationsweiterleitung zu verstehen. Aber damit es zu keinen Missverständnissen kommt: Die eigentliche Projektverantwortung liegt immer bei der Projektleitung! Das PO unterstützt den Projektleiter und die Teilprojektleiter. Zielgruppen des PO sind darüber hinaus die Projektteams und die Linienabteilungen, aber ebenso ein Portfolio-Board und das Topmanagement des Unternehmens, in dem das Projekt angesiedelt ist.

Der Aufgabenkatalog dieses qualifizierten und vielfältigen Unterstützungsprozesses variiert je Projekt. Generell kann man jedoch die in der Abbildung 1 aufgeführten relevanten Projektmanagement-Tätigkeiten im Fokus sehen.

- **Planung**: Projektplanung bezüglich Einsatzmitteln und Ressourcen, Terminen und Kosten, um ein unter den gesetzten Rahmenbedingungen festgelegtes Projektziel zu erreichen.

- **Controlling**: Überwachung des Erfüllungsgrades der Leistungs-, Zeit- und Ergebnisziele von Projekten.

- **Anforderungs- und Änderungsmanagement**: Kernaufgabe des Projektmanagements, bei dem es um die Analyse von Gründen und Aufwänden für neue Anforderungen und die Einplanung der nächsten Schritte geht.

- **Qualitätsmanagement**: Im Gegensatz zu „Kosten" und „Zeit" befasst sich QM mit der Planung, Lenkung und Prüfung von qualitätsbezogenen Kriterien der Projektziele.

- **Reporting**: Regelmäßige Berichte zum Projekt über den Projektfortschritt bzgl. Kosten, Termine und inhaltlichen Fortschritt; dies ist eng mit dem Controlling verbunden.

- **Projektassistenz**: Schnittstelle zwischen Projektleitung und Projektteam, Unterstützung bei administrativen Aufgaben zu Rahmenbedingungen und Regeln des Projektes.

Abbildung 1: Aufgaben im Umfeld der Projektleitung

Das PO ist, wenn es seinen Namen verdient, selten ein Ein-Mann-Team, z. B. nur aus einer Projektassistenz bestehend. Vielmehr gilt die Regel, dass die Größe des PO mit der Komplexität des Projektes wächst. Deshalb entsteht auch die Rolle eines PO-Leiters. Ihm obliegt die Steuerung aller Aufgaben und internen Prozesse im PO. Er berichtet direkt an den Projektleiter.

Weitere Rollen, über deren Ausprägung aufgrund des zu bewältigenden Tätigkeitsvolumens nachgedacht werden muss, sind demzufolge der Projektplaner, ein Projektcontroller, Anforderungs- und Änderungsmanager, der Qualitätsmanager, ein Risikomanager und last but not least eine Projektassistenz.

Dabei ist das eine idealtypische Rollenverteilung bzw. Abgrenzung von Tätigkeiten. Nicht immer wird es in der Praxis für jede dieser Rollen auch eine personelle Ressource geben.

III. Projektcontrolling

Das Projektcontrolling ist eine zentrale Aufgabe des PO und bildet die Voraussetzung dafür, dass die Projektleitung das Projekt aktiv und zielsicher steuern kann.

Das Projektcontrolling erhält den Input aus der Planung, d. h. also zunächst aus dem Basisplan, der als aktueller Plan vielleicht bereits erste eingearbeitete Änderungen enthält. Für die Planungsunterlagen gibt es unterschiedliche Detaillierungsgrade, etwa einen Masterplan für das Gesamtvorhaben und darauf aufbauend in der Regel mehrere Detailpläne für einzelne Komponenten oder Projektphasen. Die Informationen zu den Planänderungen müssen also ebenfalls vorliegen.

Ein solcher Masterplan kann sehr umfangreich sein. Als Beispiel für ein größeres Projektvorhaben sei die Neuerstellung einer Kfz-Bestandsführung mit Migration des bestehenden Systems und Integration in eine bestehende Systemlandschaft genannt. Der Masterplan hierfür umfasst ca. fünf- bis zehntausend Planungspunkte. Hieraus wird der Unterstützungsbedarf bzgl. Konsolidierung und administrativer Unterstützung ersichtlich.

„Gegen" diese Plandaten muss nun das Controlling Ist-Daten setzen. Dazu definiert der Controllingprozess, wie

- die Erhebung und Aktualisierung der benötigten Ist-Daten,
- die Auswertung der Daten einschließlich der Prüfung auf Konsistenz und
- die Aufbereitung des Zahlenmaterials in Form von Übersichten sowie die Darstellung von Abweichungen (Termin, Budget) und Analysen

erfolgen.

Das PO ist für die Definition verbindlicher Richtlinien zur Durchführung des Prozesses zuständig. Hauptaugenmerk ist dabei:

- Planungsdaten und Ist-Daten müssen – auch wenn sie aus unterschiedlichen Quellen stammen – in ihrer Struktur (weitgehend) übereinstimmen. Der Projektcontroller muss auf die Konsistenz der Daten achten und diese entsprechend prüfen.

- Termine für die Abgabe bzw. Lieferung von Daten müssen festgelegt sein. Der Projektcontroller muss die Einhaltung der Termine kontrollieren und einfordern.

Auf der Basis des so verfügbaren Datenmaterials berechnet und aktualisiert das Projektcontrolling turnusmäßig den Projektfortschritt. Letztendlich werden alle Ergebnisse des Projektcontrollings an die Projektleitung gegeben, wo Maßnahmen bei Abweichungen ab- und einzuleiten sind.

Bei der Ist-Aufwanderfassung hat sich als eine mögliche Vorgehensweise bewährt:

1) Aus dem PO werden Erinnerungs-Mails zur Meldung der wöchentlichen Ist-Aufwände jeweils donnerstags bis 12:00 Uhr verschickt.

2) Erfassen der wöchentlichen Ist-Aufwände aller Projektmitarbeiter jeweils freitags für die abgelaufene KW bis 12:00 Uhr (ist das Fristende der wöchentlichen Ist-Aufwandserfassung).

3) Kontrolle der wöchentlichen Ist-Aufwände; Erstellen der Wochenberichte durch das PO und Versand an die Teilprojektleiter (TPL) jeweils montags bis 18:00 Uhr, Rückmeldung der TPL und Korrekturen am Folgetag.

4) In der letzten Kalenderwoche eines Monats findet keine wöchentliche Ist-Aufwandserfassung statt. Die Ist-Aufwände fließen direkt in den Monatsbericht. Es erfolgt wiederum der Versand einer Erinnerungsmail aus dem PO zur fristgerechten Meldung aller verbleibenden Ist-Aufwände für den Monat.

5) Erfassung aller verbleibenden Ist-Aufwände des Monats, d. h. für die letzte Kalenderwoche einschließlich des letzten Arbeitstags.

6) Kontrolle der monatlichen Ist-Aufwände; Erstellen des Monatsberichts durch das PO und Versand an die TPL jeweils am ersten Arbeitstag des Folgemonats bis 18:00 Uhr, Rückmeldung der TPL und Korrekturen am Folgetag.

Wenn die Ist-Daten vorliegen, kann der Plan/Ist-Vergleich erfolgen. Zunächst wird eine Abweichungsanalyse vorgenommen, d. h. Plan- und Ist-Daten werden hinsichtlich verschiedener Parameter verglichen und analysiert. Jede Abweichung ist ein Indikator für zu definierende Maßnahmen der Projektleitung.

Im Rahmen des *Ablaufcontrollings* wird überwacht, ob die Arbeitspakete vollständig definiert und in ihrer logischen und zeitlichen Reihenfolge schlüssig sind. Der Projektcontroller weist auf Inkonsistenzen hin.

Aufgabe des *Termincontrollings* ist die Überwachung der geplanten Termine für die Meilensteine sowie jedes Arbeitspaket. Der Projektcontroller weist frühzeitig auf Verzug hin; hierbei ist die Definition von „Zwischenmeilensteinen" hilfreich.

Bereits in der Projektplanungsphase wurde, nachdem alle Arbeitspakete definiert und die Termine festgelegt wurden, im Rahmen des *Kapazitätscontrollings* geklärt, welche Ressourcen zur Bearbeitung der Arbeitspakete benötigt werden. Der Projektcontroller hat dabei die Aufgabe, auf Über- bzw. Unterkapazitäten hinzuweisen. Dies ist aber nicht nur bei der (Erst-)Erstellung der Planung zu tun, sondern laufend aufgrund von Planänderungen.

Innerhalb des *Ergebniscontrollings* wird der Arbeitsfortschritt der einzelnen Arbeitspakete verfolgt. Dazu wird der Status der Arbeitspakete regelmäßig aktualisiert (z. B. offen, in Arbeit, abgeschlossen, qualitätsgesichert, freigegeben/abgenommen etc.). Der Projektcontroller ermittelt dabei den Plan- und Ist-Fortschrittsgrad auf Basis des Fortschritts aller ergebnisrelevanten Arbeitspakete.

Durch ein *Kostencontrolling* werden Plan-, Ist- und erwartete Kosten überwacht. Es wird regelmäßig geprüft, ob die erwarteten Kosten (Personal- und/oder Sachkosten) im Rahmen der Plankosten liegen oder ob das Budget überschritten wird.

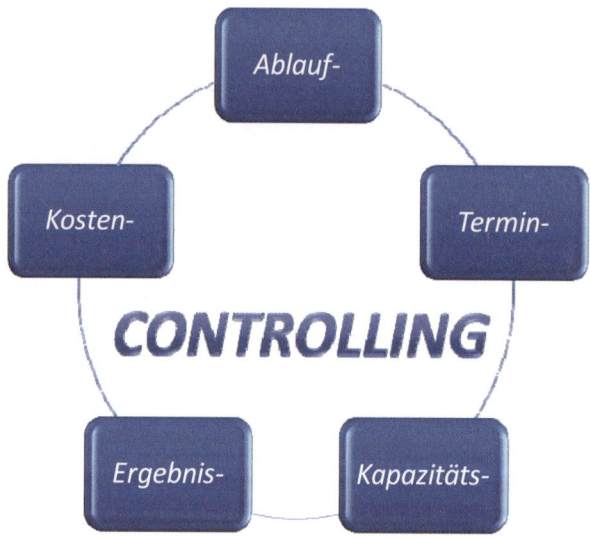

Abbildung 2: Elemente des Controllings

Im Rahmen des Plan-Ist-Vergleichs wird als eine gebräuchliche Methode die sogenannte Meilenstein-Trend-Analyse (MTA) angewendet. Sie stellt den Zusammenhang zwischen Terminen und erledigten Aufgaben (Meilensteine) grafisch dar. Projektabhängig wird in einem Turnus (z. B. wöchentlich, monatlich etc.) die Termintreue aller Meilensteine geschätzt und eingetragen. Trendlinien zeigen an, ob der Termin gehalten, verbessert oder gerissen wird bzw. wurde. Als Retrospektive ist diese Methode daher gut geeignet zur Beurteilung des zeitlichen Verlaufs. Aussagen zum Aufwand werden jedoch nicht getroffen. Die Aussagekraft der Methode darf als Vorhersage zudem nicht überschätzt werden, da sie sich auf Ereignisse in der Vergangenheit bezieht und die Prognose auf Schätzungen beruht.

Wie kann nun der Fortschrittsgrad im Projektgeschehen ermittelt werden? Die realistische Bestimmung ist eine Kunst! Der Projekt-Gesamtfortschritt wird dabei über den Fortschritt der einzelnen Arbeitspakete ermittelt.

In der nachfolgenden Tabelle sind einige Methoden zusammen gestellt, die dabei zur Anwendung kommen können:

Methode	Werte Fortschrittsgrad	Erläuterung
Status-Schritt-Methode	0%, (5%) , 25%, 50%, 75%, 100%	Statusschritte werden inhaltlich im Arbeitspaket definiert
0/1-Methode	0%, 100%	Leistungsfortschritt nur nach kompletter Erledigung eines Arbeitspakets Sehr konservative, aber schätzungssichere Methode
50/50-Methode	0%, 50%, 100%	50% werden bereits bei Beginn des Arbeitspaketes zuerkannt, bei Abschluss weitere 50%
Mengen-Proportionalität	laufend	Pro fertiggestelltem Teil anteiliger Fortschritt im Verhältnis zur herzustellenden Gesamtmenge
Zeit-Proportionalität	laufend	Dauer/Gesamtdauer = Fortschritt (bei ständigen, begleitenden Aktivitäten)
Schätzung	laufend	Schätzung gemäß der Erfahrung des Projektmanagers

Ein an Kosten orientierter Ansatz im Plan-/Ist-Vergleich ist die Earned-Value-Analyse (EVA). Basiswerte für eine EVA sind Plan-Kosten, Ist-Kosten und ein Stichtag.

Der Fertigstellungswert (= Earned Value/EV) berechnet sich aus:

Fortschrittsgrad x Plan-Kosten (zum Stichtag).

Hieraus lassen sich dann die Abweichungen bestimmen, wie die Kostenabweichung, Leistungsabweichung und die Zeitabweichung.

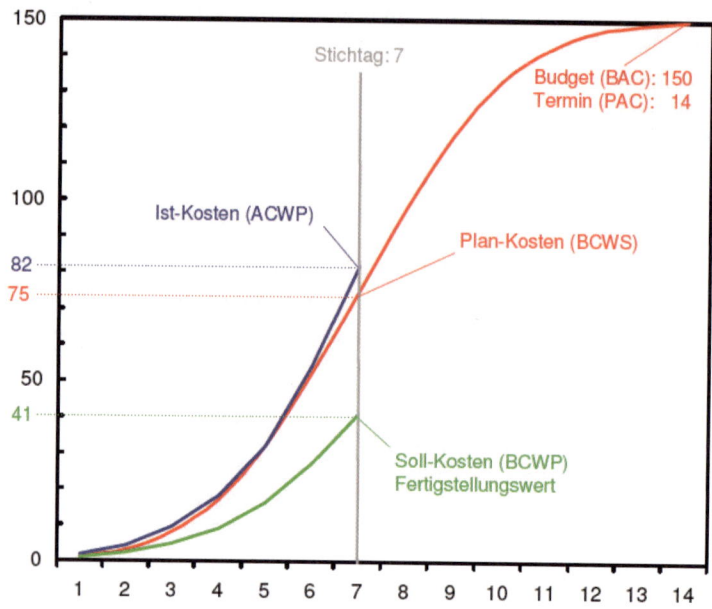

Abbildung 3: Beispiel Earned-Value-Analyse

Die folgenden Beispiele zeigen Struktur und Inhalt einer Aufwands-Übersicht nach Teilprojekten bzw. Kennzahlen einer beispielhaften Earned Value-Analyse.

Teilprojekt	Geplanter Aufwand	Ist-Aufwand	Rest-aufwand	Forecast *)-Aufwand	Status Aufwand	Prozentuale Abweichung
Stufe 1	4000,00	3561,47	2882,63	6444,10	Gelb	61,1%
Rahmen	450,00	370,80	267,07	637,87	Gelb	41,7%
Block A	503,00	583,70	0,00	583,70	Rot	16,0%
Block B	678,00	501,40	193,00	694,40	Gelb	2,4%
Block C	809,50	440,95	192,50	633,45	Grün	-21,7%
Block D	293,50	67,63	222,50	290,13	Grün	-1,1%
...						
TPx	1287,00	715,66	143,81	859,47	Grün	-33,2%
TPy	793,00	933,73	281,00	1214,73	Rot	53,2%
TPz	897,00	302,20	734,28	1036,48	Gelb	15,5%

*) Forecast = Ist + Rest

Fertigstellungswert nach Teilprojekten:

zum Stichtag: tt.mm.jjjj	abgeschlossen %	Plan-Kosten zum Stichtag	Fertig-stellungswert	Leistungsab-weichung	Zeitabwei-chung/Wochen
TPx	71%	176.388,89	162.128,00	-14.260,89	-2,1
TPy	60%	329.627,76	326.932,02	-2.695,74	-0,2
TPz	49%	166.912,38	124.786,70	-42.125,68	-7,3
...					
Stufe 1	36%	2.159.828,36	1.849.310,56	-310.517,80	-4,3

Idealerweise lassen sich diese Übersichten aus einer einzigen aktuell gepflegten Datenbasis ziehen.

Neben der Fortschrittskontrolle stellt das PO auch sicher, dass Arbeitsaufträge gemäß Leistungsumfang vergeben werden. Alle Arbeitsaufträge werden dabei gemäß Terminvorgaben erstellt und anschließend qualitätsgesichert. Das PO kann nur eine formale Qualitätssicherung durchführen, kontrolliert aber den Prozess. Bei inhaltlichen Fragestellungen werden ggf. die Architekten (Fach + IT) hinzugezogen. Alle Arbeitsaufträge werden gemäß einer Vorlage dokumentiert. Die Arbeitsaufträge müssen klar bezüglich Umfang, Abgrenzung und Ergebnistyp(en) definiert sein. Jeder Auftrag wird eindeutig an einen Verantwortlichen übergeben.

Im weiteren Fortgang des Projekts unterstützt das PO den Projektleiter, indem der Status der Arbeitsaufträge regelmäßig vom PO geprüft wird.

- Die Prüfungen finden wöchentlich statt. Die Prüfergebnisse werden dokumentiert. Für die jeweils entdeckten Mängel werden je nach Bedarf Maßnahmen definiert.
- Es werden im Sinne des Projekt-Reportings regelmäßig Statistiken über die Arbeitsaufträge erstellt:
  - zur Dokumentation der Arbeitsaufträge
  - zum Status der Arbeitsaufträge
  - zum Fertigstellungsgrad
  - zum Plan/Ist-Aufwand der Arbeitsaufträge
  - etc.
- Alle Informationen werden Projekt- und Teilprojektleitung zur Verfügung gestellt bzw. in einem Jour Fixe berichtet.

Der Controlling-Bericht ist das Kernstück des Projektstatusberichts. Es wird unterschieden zwischen regelmäßigen, nach Terminvorgaben zu erstellenden Berichten und kurzfristigen „ad hoc"-Berichten. Letztere unterscheiden sich in der Regel in Struktur und Umfang von den turnusmäßigen Berichten. Beispiele für regelmäßige Controlling-Berichte sind:

- wöchentlicher Bericht der Plan- und Ist-Aufwände für die Teilprojektleiter
- wöchentlicher Bericht über Termine, Aufwand, Kosten und den Projektfortschrittsgrad für die Projektleitung
- Vergleich von Plan- und Ist-Zahlen
- Ermittlung der erwarteten Werte (Forecast)
- Analyse der aus den Teilprojekten und einzelnen Berichten ermittelten Kennzahlen
- Angabe von Prognosen zur Erreichung zeitlicher, inhaltlicher und finanzieller Ziele
- Vorschlag von Maßnahmen bei Abweichungen in Terminen, Kosten und Qualität

Das Projektcontrolling unterstützt durch seine Zahlen, Analysen und Prognosen wesentlich das Projektberichtswesen. Es liefert wesentlichen Input für die von der Projektleitung zu erstellenden Projektstatusberichte (extern/intern). Beispielhaft könnte das Inhaltsverzeichnis eines Controlling-Berichtes wie folgt aussehen:

IV. Anforderungs- und Änderungsmanagement

Das Anforderungs- und Änderungsmanagement ist ebenfalls ein Aufgabenkomplex, der parallel zum eigentlichen Leistungserbringungsprozess über die gesamte Projektlaufzeit permanent auf der Tagesordnung steht, da in allen Projektphasen neue Anforderungen entstehen können und mit diesen strukturiert und systematisch umzugehen ist. Die Gründe für neue Anforderungen sind verschieden und die Grenzen, ob es sich um eine Anforderung oder Änderung handelt, mitunter fließend. Klarer grenzen sich hingegen Fehler als inhaltlich oder/und technisch unzureichend erfüllte Anforderung ab („Nichtkonformität").

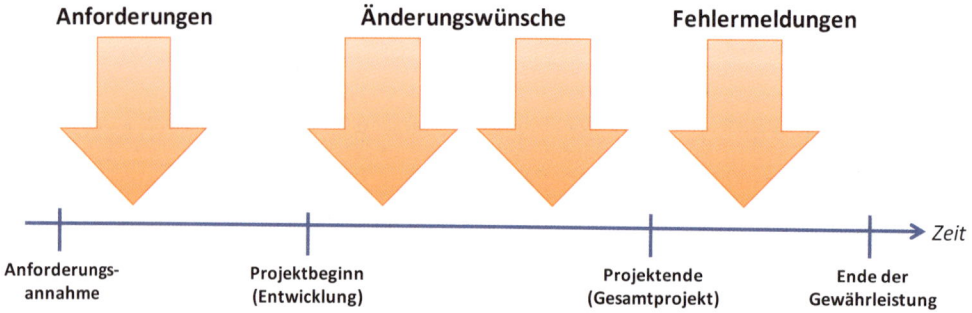

Abbildung 4: Unterscheidung zwischen Anforderungen, Änderungen und Fehlermeldungen[3]

---

[3] Nach: G. Versteegen, K. Salomon, R. Heinold: Change Management bei Software Projekten, 2001.

Am ehesten denkt man im Zusammenhang mit Tests an Anforderungen im Sinne von Fehlermeldungen. Ob diese eingangs so angefordert wurden oder ob neue Anforderungen in einen Fehler hineingedeutet werden, ist ein durchaus häufiger Diskussions- und damit Arbeitsgegenstand des Anforderungs- und Änderungsmanagements. Aber auch allein durch lange Laufzeiten eines Projektes können neue Anforderungen entstehen, denn die fachliche Situation, für die eine neue Anwendung entwickelt wird, wird mit dem Projektstart nicht eingefroren – sie entwickelt sich weiter.

Ein typischer, beachtenswerter Umstand ist die Weiterentwicklung von System-Software, die als Fremdsoftware Teil der neu zu schaffenden Lösung werden wird. Schnell können sich mit einem neuen Release Schnittstellen und Funktionalitäten ändern und so beträchtlichen Auswirkungen auf die Projektaufwände haben.

Besondere Bedeutung erlangt das Anforderungs- und Änderungsmanagement bei Werkverträgen auf Festpreis-Basis. Hier ist permanent der zwischen Auftraggeber und Auftragnehmer abgeschlossene Projektvertrag zu überwachen. Anforderungen, die den zu Projektbeginn vereinbarten Leistungsumfang, den Aufwand, Termine und/oder Meilensteine verändern, stellen einen Change Request (CR) dar. Für sie wird ein CR-Verfahren definiert, das festlegt:

- Aufbau und Inhalt jeden CR's

- Form von Eingang und Meldung solcher CR's

- Weiterleitung zur (Aufwands-)Bewertung bzw. zu Priorisierung im Falle mehrerer Änderungsanforderungen

- Umgang im Streitfall (Eskalationswege).

Das PO unterstützt die Projektleitung bei der Definition, Durchführung und Einhaltung dieses Prozesses. Es ist bei Projekten, in denen Softwareentwicklung eine zentrale Rolle einnimmt, von großer Wichtigkeit. Aufgrund des immateriellen Charakters der Software liegt bereits in der Auftragsvergabe (Spezifikation) die erste Quelle von Ungenauigkeit und Nachbesserungspotenzial. Wie häufig erleben wir den Fall, dass der Auftraggeber (erst) mit zunehmendem Projektfortschritt genau(er) weiß, *was* er genau *wie* haben will.

Ein großer Teil des Anforderungs- und Änderungsmanagements ist naturgemäß fachlich orientiert und fordert damit die Teilprojektleiter und Projektleitung. Das PO hat hier vor allem auch einen formalen, Qualität und Ablauf absichernden Auftrag, z. B. bzgl. der Einhaltung von Terminen. Besonders wichtig ist die formale Dokumentation von neuen Anforderungen in Schriftform und vorgegebenem Formular. Die Mitarbeiter des PO unterstützen sowohl bei der Definition als auch der Umsetzung eines bestimmten Workflows eines CR-Antrages. Die Dokumentation und Ablage von Anforderung und Entscheidung ist dabei ein wesentlicher Punkt.

Es hat sich die Einteilung in genehmigungspflichtige Änderungen (Change Request) und nicht genehmigungspflichtige Änderungen (Abweichungen) bewährt. Die Kriterien für diese Einteilung müssen zu Projektbeginn klar festgelegt sein.

Da – ganz allgemein formuliert – eine Änderung im Projektablauf den Projektplan beeinflusst, ist es ganz selbstverständlich, dass es eine enge Verbindung zwischen Änderungsmanagement und dem Controlling gibt. Alle Änderungen müssen in die Pläne eingearbeitet werden und sie müssen einem *separaten Controlling* unterzogen werden können. Dazu sind folgende Schritte erforderlich:

1. CR in Budgetplanung aufnehmen

   - Auswirkungen auf die einzelnen Kostenbereiche darstellen

2. CR in Projektdetail-Planung aufnehmen

   - CR erhält eigene Planungspositionen
   - eigene Arbeitsaufträge
   - eigene Controlling-Punkte

3. CR in Zeiterfassung einrichten

   - eigene Erfassungsbausteine, DENN: jeder CR muss separat auswertbar sein!

Um Transparenz in der Budgetplanung zu schaffen, empfiehlt es sich schließlich, eine Übersicht der Change Requests mit ihren Auswirkungen zu führen.

V.   Qualitätsmanagement

Qualität ist das Erreichen der Kundenzufriedenheit unter wirtschaftlichen Bedingungen. Die Tätigkeit des PO liefert zur Sicherung der Qualität einen wichtigen Beitrag. Wir wollen die Aufgaben des PO auch in seiner Rolle als „Qualitätsmanager" noch etwas fokussierter betrachten.

Am (Projekt-)Anfang steht ein Qualitätsmanagement-Handbuch. Es gehört zu jedem Projekt. Mit ihm werden verschiedene Forderungen abgesichert. So werden aus den Projektzielen die spezifischen bzw. Schwerpunkt-Ziele des Qualitätsmanagements abgeleitet. Dazu gehören ferner die Definitionen von QM-Maßnahmen bzw. des QM-Prozess wie die projektinterne Qualitätssicherung der Arbeitsergebnisse, die Freigabe der Arbeitsergebnisse, die Abnahme von vertraglich vereinbarten Leistungen, die Überwachung der Projektprozesse und die Überwachung der Projektdokumentation.

Die Aufgaben des Qualitätsmanagers umfassen weiter die Prüfung auf Einhaltung des Vorgehensmodells und Unterstützung bei weiteren methodischen Fragen sowie die Festlegung von QM-Methoden je Maßnahme. Beispiele für solche Methoden sind die Stellungnahme oder der Code-Review, die Inspektionen und (Code-)Reviews, die Prozessmessung (z. B. Einsatz von Balanced Score Cards) sowie Audits.

Um Gradmesser für das „Maß an Qualität" festzulegen, werden jeweils Kennzahlen zur Bewertung von Arbeitsergebnissen bzgl. Qualität und zur Messung und Verbesserung von Projektprozessen formuliert. Die Ergebnisqualität kann dabei anhand objektiver und subjektiver Kriterien gemessen werden. Die folgende Abbildung zeigt dazu Beispiele.

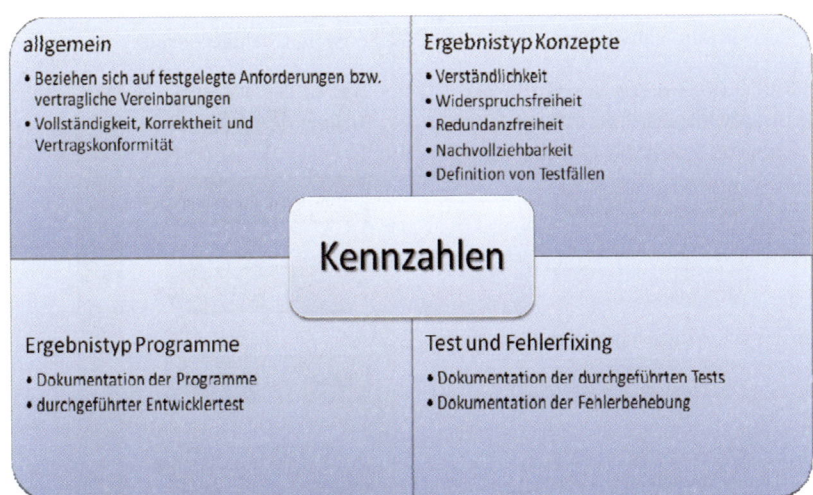

allgemein
- Beziehen sich auf festgelegte Anforderungen bzw. vertragliche Vereinbarungen
- Vollständigkeit, Korrektheit und Vertragskonformität

Ergebnistyp Konzepte
- Verständlichkeit
- Widerspruchsfreiheit
- Redundanzfreiheit
- Nachvollziehbarkeit
- Definition von Testfällen

Kennzahlen

Ergebnistyp Programme
- Dokumentation der Programme
- durchgeführter Entwicklertest

Test und Fehlerfixing
- Dokumentation der durchgeführten Tests
- Dokumentation der Fehlerbehebung

Abbildung 5: Formulieren von Kennzahlen für „messbare Qualität"

Darüber hinaus können weitere spezielle Kennzahlen festgelegt werden, z. B. für Schnittstellen-Konzepte (Volumen und Häufigkeiten) oder auch Migrations-Konzepte (Mapping der Felder ist vorhanden).

Bei der Erarbeitung des Qualitätsmanagement-Handbuchs ist neben der engen Zusammenarbeit mit dem Projektleiter auch ein gutes Stück der Rolle des Risikomanagers mit zu bewältigen. Die Inhalte des Qualitätsmanagement-Handbuchs sind zudem teilweise auch mit dem Kunden abzustimmen. Das betrifft z. B. den Prozess zur Freigabe/Abnahme, da in diesem Prozess sowohl projektinterne als auch Kundenaktivitäten zur Qualitätssicherung stattfinden.

Aus den Prozessvorgaben, die mit dem Handbuch entstehen, wird ein QS-Plan erstellt. Dieser muss mit dem Projektplan abgestimmt sein. Idealerweise ist der QS-Plan in den Projektplan integriert, d. h., zu jedem Arbeitsergebnis müssen Termine und Ressourcen für eine QS-Maßnahme definiert sein. Die Bereitstellung der Ressourcen für Freigaben muss beim Kunden rechtzeitig eingefordert werden.

Während der Projektphasen arbeitet der Qualitätsmanager operativ, indem er den Qualitätssicherungs-Prozess koordiniert, kontrolliert und durchführt. Zunächst werden die QS-Pläne je Phase gemäß QM-Prozess und vereinbarter Fristen erstellt. Der Qualitätsmanager leitet die QM-Methoden ein und führt sie durch. Neben der Erfassung der IST-Werte wird auch die Abarbeitung von korrigierenden Maßnahmen überwacht. Die IST-Werterfassung sowie die Gestaltung korrigierender Maßnahmen sollte dabei entwicklungsbegleitend sein: Mit der Verweilzeit eines Fehlers im Programm steigen die Kosten exponentiell. Eine weitere Aufgabe ist die Durchführung von Reviews auf Projektdokumentation und Projektablage. Alle Arbeiten münden in regelmäßigen QS-Berichten.

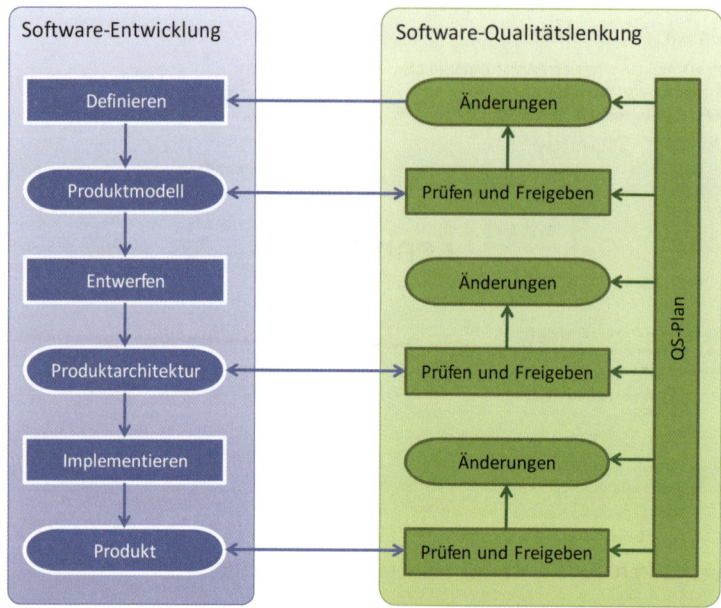

Abbildung 6: Prinzip der entwicklungsbegleitenden Qualitätslenkung[4]

Sinnvoll ist zudem, die Qualitätslenkung mit dem Projekt- und Risikomanagement zu kombinieren. Das Changemanagement ist ebenfalls involviert, da die „Qualität" sich freilich auch auf die neu eingebrachten Anforderungen bezieht.

Dokumentation ist ein zentraler Punkt – in Großprojekten in besonderem Maße. Voraussetzung sind wieder klare Richtlinien und Vorgaben zur ordnungsgemäßen Projektdokumentation und zur Ablage aller Dokumente, die im Projektverlauf entstehen. Wichtige Beispiele sind:

- Festlegung der Ablageorte (Netzlaufwerk, SAP Solution Manager, Unternehmens-Wikis, etc.)
- Vorgabe einer Verzeichnisstruktur
- Vorgabe der Dateinamenskonvention
- Regeln für die Versionierung und Archivierung von Dokumenten
- Richtlinie zum Schreibschutz von Dokumenten
- Nutzung von (teilweise vom PO erarbeiteten) Vorlagen

Wie bereits erwähnt, hat das Qualitätsmanagement schließlich die Überwachung der für das Projekt geltenden Richtlinien zur Dokumentation zur Aufgabe.

---

[4] Nach: H. Balzert, Helmut: Lehrbuch der Softwaretechnik, Bd. 2, 2008.

VI. Risikomanagement

Die Projektrisiken werden von den Angebotsverantwortlichen bereits bei der Angebotserstellung, spätestens jedoch zu Beginn des Projekts durch die Projektleitung identifiziert und bewertet. Dabei sind folgende Risikoelemente je Risiko anzuführen:

- Benennung des Risikos
- Ursache und Wirkung
- Eintrittswahrscheinlichkeit
- Definition von Vorabmaßnahmen zur Risikovermeidung oder -reduzierung
- Definition von Maßnahmen bei Eintreten des Risikos.

Um alle Projektrisiken adäquat administrieren zu können, wird ein Risikomanagementwerkzeug (z. B. eine MS-Excelliste oder eine Anwendung mit geeigneter Darstellungsform) mit allen bereits bekannten Punkten befüllt. Risiken können im Projektverlauf von allen Projektmitgliedern im hierfür vereinbarten Medium an das PO gemeldet werden, da jeder Projektmitarbeiter ein neues Risiko identifizieren könnte.

Regelmäßig (z. B. monatlich) wird die Bewertung der vorhandenen bzw. gesammelten Risiken bei Projekt- und Teilprojektleitung sowie vom Architektenteam abgefragt. Daran anschließend werden der Projektleitung entsprechende Auswertungen zur Verfügung gestellt. Bei Bedarf können Gremiensitzungen mit der Projektleitung, den Teilprojektleitungen und den Architekten zur Bewertung der Risiken und zur Definition von Maßnahmen abgehalten werden. Die Maßnahmen zur Risikominimierung und -behebung werden aktualisiert und nachgehalten. Der Terminverzug bei Maßnahmen wird an die Projektleitung eskaliert. Die Koordination dieser Aktivitäten wird von einem Risikomanager wahrgenommen, der die Projektleitung bei der Einschätzung und Verfolgung der Projektrisiken unterstützt.

Zusätzlich werden aus einer Stakeholderanalyse weitere Projektrisiken bezüglich Gruppen und Personen ermittelt. Unter Stakeholder werden hier alle am Projekt beteiligten bzw. vom Projekt betroffenen Personen bzw. -gruppen bezeichnet. Jeder Stakeholder wird nach Einfluss/Macht und Konfliktpotenzial zum Projekt bewertet. Für die Stakeholder im kritischen Bewertungsbereich (viel Einfluss und großes Konfliktpotenzial) müssen Maßnahmen definiert werden.

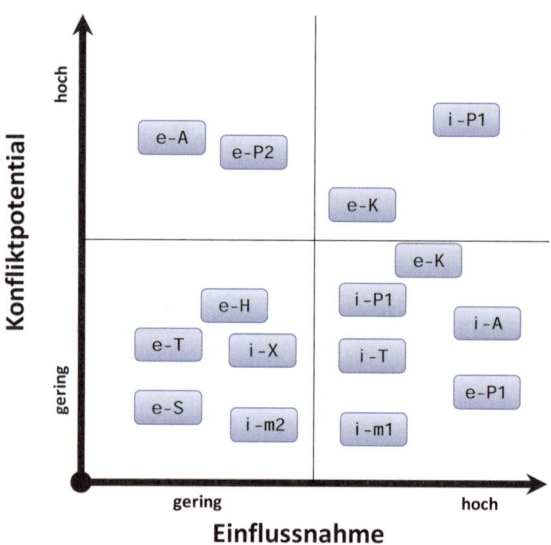

Abbildung 7: Beispiel Stakeholder-Analyse in einem imaginären Projekt

Die Projektrisiken werden bei der Risikoanalyse bezüglich ihrer Eintrittswahrscheinlichkeit und Auswirkungen bewertet. Für jedes aufgelistete Projektrisiko werden folgende Parameter dokumentiert:

- Ursache und Auswirkung
- Schadenpotenzial in Euro
- Eintrittswahrscheinlichkeit (EW) in Prozent

Der Risikowert ergibt sich aus der Multiplikation von Schadenpotenzial mit der EW.

Die ABC-Analyse ist gut geeignet, um die „Risikolandschaft" darzustellen:

- A-Risiken bergen das höchste Risikopotenzial und haben damit den größten Einfluss auf die Risikosituation im Projekt. Für sie besteht vorrangig Handlungsbedarf.
- B-Risiken sind von mittlerem Einfluss und müssen ebenfalls ernst genommen werden.
- C-Risiken werden durch ihre geringe Eintrittswahrscheinlichkeit und ihr geringes Schadensmaß zunächst nicht in der Risikovorsorge behandelt. Sie werden jedoch regelmäßig beobachtet und spätestens – wie jedes Risiko – beim nächsten Risikoworkshop erneut bewertet; sie könnten sich zu B- oder A-Risiken entwickeln.

Die nachfolgende Abbildung zeigt beispielhaft die ABC-Analyse für ein imaginäres Projekt.

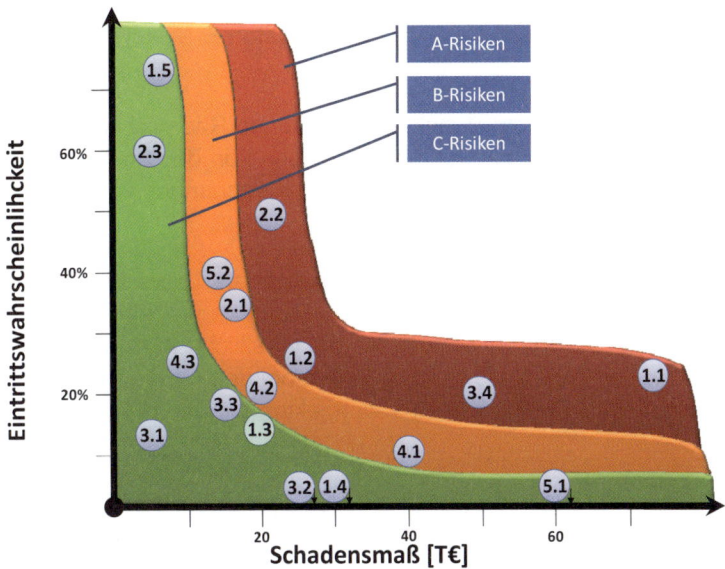

Abbildung 8: Beispiel ABC-Analyse

Die Definition jeder Maßnahme umfasst folgende Punkte:

- Art der Maßnahme (präventiv oder korrektiv)
- Kosten der Maßnahme in Euro
- Verminderte EW des Risikos in Prozent

Der Risikovergleichswert ergibt sich aus Multiplikation der Maßnahmenkosten mit den verminderten EW des Risikos in Prozent.

Durch den Abgleich des Risikowerts mit dem Risikovergleichswert ist somit erkennbar, ob eine Maßnahme voraussichtlich wirksam ist.

VII. Projektassistenz

In Großprojekten ist es sinnvoll, eine oder mehrere Projektassistenzen zur Unterstützung administrativer Aufgaben einzusetzen. Die erste wichtige Aufgabe ist die Erstellung eines Projekthandbuchs, das die Rahmenbedingungen und Regeln des Projektes beschreibt. Hierzu wird der Input seitens Projektleitung und der anderen PO-Bereiche benötigt. Die Projektassistenz erstellt und pflegt das Handbuch, das unter anderem für neue Projektmit-arbeiter zum Projekteinstieg geeignet ist.

Die allgemeine Projektdokumentation wird aktualisiert und gepflegt (z. B. Team-Listen, Organigramme etc.). Das Projektverzeichnis wird administriert.

Die Projektassistenz ist die Schnittstelle zwischen Projektleitung und Projektteam. Für Anfragen wird ein Projektgruppenpostfach (im verwendeten E-Mailsystem) eingerichtet, das entsprechend betreut wird.

Die Organisation der speziell dem Projekt zugewiesenen Räumlichkeiten und Ressourcen (Beamer, Notebook etc.) wird zentral übernommen. Für die Anfragen empfehlen sich Gruppenpostfächer, sodass die Organisation von Besprechungen von den Projektmitarbeitern selbst durchgeführt werden kann.

Das Offene-Punkte-Verfahren (für PL und übergeordnete Jours Fixes) wird koordiniert, hierfür werden entsprechende Listen geführt. Die Termine werden nachgehalten und ein Verzug wird angezeigt. Die Verantwortung für die inhaltliche Klärung der offenen Punkte liegt jedoch nicht bei der Projektassistenz, sondern bei den für die Punkte benannten Verantwortlichen. Die offenen Punkte in den Teilprojekten werden durch die TPL nachgehalten.

Die Projektassistenz sorgt für einen geordneten Ein- und Ausstieg von Projektmitarbeitern. Die neuen Mitarbeiter werden entsprechend einer Checkliste eingearbeitet. Auch der Prozess des Ausscheidens von Projektmitarbeitern wird anhand einer Checkliste durchgeführt.

Das PO erstellt regelmäßige Projektstatusberichte und bereitet Gremiensitzungen vor. Der Leiter des PO lässt dazu turnusgemäß den Projektstatusbericht erstellen. Die Basis bilden die Zahlen des Controllingberichtes, die zusätzlich die Elemente aus Anforderungs- und Änderungsmanagement sowie Qualitätssicherung enthalten. Außerdem wird Wesentliches aus dem Risiko- bzw. Offene-Punkte-Management übernommen.

Mit den Lieferungen der Teilprojektleiter, Architekten und Projektleitung wird ein Gesamtbericht erstellt, der durch den Leiter des PO qualitätsgesichert wird. Der Bericht wird mit der Projektleitung besprochen. Nach Freigabe durch die Projektleitung wird er an die Lenkungsausschussmitglieder versendet. Zur Entlastung der Projektleitung werden die Gremiensitzungen, an denen die Projektleitung involviert ist, vor- bzw. nachbereitet.

Die administrative Unterstützung des Projektteams bezieht sich sehr stark auf Infrastruktur-Anforderungen. Auch hier ist es hilfreich, formularbasiert die folgenden Informationen zu erfassen:

- benötigte Hardware/Software inkl. Grund für die Anschaffung
- zu belastende Kostenstelle/Projektbudget
- Beschaffungskosten
- Genehmigung
- Räume, ggf. Organisation von Telefonkonferenzen, Logistik-Unterstützung bei verteilten Projektstandorten
- benötigte Arbeitsmaterialien

Die Projektassistenz unterstützt die Projektleitung zudem bei der Administration und bei Maßnahmen des Projektmarketings. Mit internem Projektmarketing sind Aufgaben angesprochen, wie intern die regelmäßige Versorgung der Projektmitarbeiter mit wesentlichen Informationen des Projektes (z. B. mittels Versand eines „Projekt-Newsletters"). Die erforderlichen Informationen werden bei der Projekt- bzw. Teilprojektleitung abgefragt.

Das externe Projektmarketing wird durch die Erstellung von Projektpräsentationen unterstützt – eine sehr häufig anfallende Tätigkeit, z. B. bei der Vorbereitung von Lenkungsausschuss-Sitzungen. Hierunter fiele beispielsweise auch der Support bei der Erstellung und Pflege eines Web-Auftritts seitens des Projektes, falls vorhanden.

VIII. Zusammenfassung

Wie auf den vergangenen Seiten zu sehen war, ist bei Großprojekten trotz vermeintlich guter Voraussetzungen – wie z. B.:

- Es gibt einen Auftraggeber,
- ein Projektauftrag liegt schriftlich vor,
- ein Projektleiter ist eingesetzt und
- ein Projektteam steht bereit –

der Projekterfolg nicht garantiert. Zur Vermeidung einer Vielzahl von Problemen sind Richtlinien zu definieren und eine Einhaltung der Prozesse nachhaltig einzufordern. Ein PO unterstützt als Projekteinheit die Projektleitung bei der Einrichtung und Einhaltung dieser Richtlinien und Prozesse und stellt somit ein wesentliches Instrument zur Projektsteuerung dar. Der Leiter des PO koordiniert alle PO-Aktivitäten und berichtet direkt an die Projektleitung.

Vom PO werden die Themen Projektplanung und -controlling, Qualitäts- und Risikomanagement und Anforderungs- und Änderungsmanagement überwacht sowie erforderliche Berichte erstellt und Gremiensitzungen vor- und nachbereitet. Die Projektassistenz sorgt für eine administrative Unterstützung des Projekts.

Das PO übernimmt jedoch *nicht* die Steuerung von Projektmitarbeitern und trifft auch *keine* für das Projekt erforderlichen Entscheidungen, sondern assistiert. Es deckt die entsprechenden Schwachstellen und Handlungsbedarfe auf. Das Treffen der erforderlichen Entscheidungen bleibt Aufgabe der Projektleitung und der Steuerungsgremien, denen mit einem PO eine wirkungsvolle Unterstützung gegeben wurde.

Projekt „Neue Bestandsführung" – Einige Erfolgsfaktoren für komplexe IT-Projekte

Werner Lappat

Abstract

Irgendwann steht jedes Versicherungsunternehmen – sofern es nicht vom Markt verschwindet – vor der essentiellen Aufgabe, ein neues Bestandsführungssystem einzuführen. Im Sinne eines „How-to" und einer Reihe von Checklisten werden notwendige Aktivitäten und praktisch erprobte Vorgehensweisen beschrieben. Als konkreter Hintergrund dient dabei ein Projekt, in dem mehrere heterogene Vertragsbestände in ein bestehendes System migriert wurden, verbunden mit einer funktionalen Erweiterung dieses Zielsystems. Ein Schwerpunkt der Darstellung liegt auf dem Projektmanagement mit interessanten Aspekten der Teambildung und -führung.

I.   Einführung

Der Autor hat mit einem Projektteam für eine große Versicherungsgesellschaft den Auftrag zur Entwicklung und Einführung eines neuen Bestandsführungssystems realisiert – einschließlich der notwendigerweise damit verbundenen Übernahme des Altbestandes in das neue System. Die Komplexität dieser Aufgabe erforderte einen langen Atem und hohen Ressourceneinsatz. Die Tatsache, dass dieses Projekt erfolgreich abgeschlossen wurde, soll als Legitimation genommen werden, um die Erfahrungen etwas zu verallgemeinern und als generelle Erfolgsfaktoren in IT-Großprojekten darzustellen.

Ausgangspunkt ist eine in der Versicherungsbranche häufig anzutreffende „Merger-Situation": Zwei Versicherungsunternehmen fusionieren. Beide haben bis zu diesem Zeitpunkt ihre Versicherungsvertragsdaten, z. B. für Sparten im Sachversicherungsbereich, in unterschiedlichen Systemen gespeichert. Im vorliegenden Fall hatte das Unternehmen, das als „Tochter" in den Fusionsprozess ging, die Bestandsdaten sogar in drei verschiedenen Systemen verwaltet. Es stellt sich somit früher oder später die Aufgabe, dass alle Vertragsdaten künftig im Bestandsführungssystem des „Mutter-"Unternehmens verwaltet werden. Neben der Migration aller Datenbestände in dieses System bedeutet das in der Regel auch, eine funktionale Erweiterung des nunmehr alleinigen Bestandsführungssystems vorzunehmen. Zum einen ist dies durch die Fusion notwendig, zum anderen wird der Fusionszeitpunkt auch zum willkommenen Anlass genommen, um eine gewisse „Renovierung" des Bestandsführungssystems vorzunehmen.

Genauso war es auch in dem Projekt, das im Weiteren betrachtet wird. Ziel dieser Betrachtung ist es, die Sachverhalte und Ratschläge so konkret und praxisnah zu beschreiben, dass sie als Handlungsempfehlung dienen können für Projektteams, die vor ähnlichen Herausforderungen stehen.

II. Der Start ist wichtig

Die Ziele des Projekts

Klare Zielvorgaben sind bei Projekten das A und O. Sie sind die erste Voraussetzung für einen Projekterfolg. Ganz wichtig sind die mit dem Projekt angestrebten inhaltlichen Ziele. Diese sind aber stets eingeschlossen in die terminlichen und finanziellen Vorgaben. Das führt regelmäßig zu Zielkonflikten, die im Projektverlauf in geeigneter Weise gelöst werden müssen.

Z. B. sind häufig die Ziele aus der Kategorie „Inhalt/Funktion" widersprüchlich zu den Zeit- und Kostenzielen. 100% Zielerfüllung bei den Funktionen – eine Anforderung der späteren Nutzer aus dem Fachbereich – kann eine Verletzung des Terminziels zur Folge haben, während eine Beschränkung auf einen Teil der Funktionalität den Termin erreichbar machen würde.

Im Beispielprojekt ist es vorbildlich gelungen, die Ziele messbar zu gestalten, eine ebenfalls sehr wichtige Anforderung an Zielvorgaben. Beispiele dafür sind:

- Das Projektbudget wird definiert (x Mio. Euro).
- Die Beistellung des Fachbereichs durch Mitarbeiter wird terminiert (hat bis zum … zu erfolgen).
- Die Verfügbarkeit der Mitarbeiter für das Projekt wird festgelegt (sind zu x % ihrer Arbeitszeit verfügbar).

Planung der Projektorganisation

Die richtige Organisation eines IT-Großprojektes ist ebenfalls sehr wichtig. Im Beispielprojekt wurde ein auf den ersten Blick ungewöhnlicher Ansatz gewählt, indem eine Anleihe bei den betrieblichen Aufbauorganisationen genommen wurde. Dort hat es sich bewährt, wenn mehrere Linienorganisationen innerhalb einer Wertschöpfungskette in Form einer Mehrlinien- bzw. Matrixorganisation zusammenarbeiten.

Für das Beispielprojekt wurde also ebenfalls eine *Matrixorganisation* gewählt. Damit wurde der Tatsache Rechnung getragen, dass es die Organisationslinien für

- die Mitarbeiter des externen IT-Dienstleisters und
- die Mitarbeiter des Versicherers (Mitarbeiter der Fachbereiche und Anwendungs-entwickler der IT-Abteilung)

gibt.

Die Projektmitarbeiter sind jeweils einem Teilprojekt zugeordnet, das wir auch Center of Competence (CoC) innerhalb des Projekts genannt haben. Unabhängig von den gewähl-ten Begriffen ist es bei einer solchen Organisation wichtig, die Zuständigkeiten und Wei-sungsbefugnis zu definieren. Das geschah wie folgt:

- Die Mitarbeiter des Fachbereichs und die Anwendungsentwickler sind zu 100% für das Projekt abgestellt.
- Der jeweilige Linienvorgesetzte der in das Projekt delegierten Mitarbeiter ist (nur noch) disziplinarisch zuständig.
- Der Projektleiter hat die fachliche Verantwortung und ist bezüglich dieser fachlichen Themen auch weisungsbefugt.
- Jeder Teilprojektleiter (in unserer Terminologie auch CoC-Leiter) ist den Mitarbei-tern gegenüber fachlich weisungsbefugt. Er selbst berichtet dem Projektleiter.

| "Matrix-organisation" | CoC Server | | | | | | CoC Client | | | | | | CoC Batches | | | | | | CoC Schnittstellen | | | | | | | | | | CoC Fachthemen | | | | CoC Test |
	Prozess	Datenmodell	Client	Klassenmodell	CoC Produkt	CoC Migration	CoC Text-Druck	Fälligkeit	Dynamik	Beitragsanpass.	Meldebogen	restl. Batches	Business Intellig.	In-/Exkasso	Partner	Termin / Akte	Provision	Schaden	Abrechnung	Koord. Quersch.	Workarounds,	Workflow	Schulung Multip.	Einführung	
Hausrat																									
Gebäude Privat																									
Haftpflicht																									
Unfall																									
Gebäude Inhalt																									
Geschäftsgebäude																									
Betriebsunter-brechung (Sach)																									
EC (Sach)																									
Maschinen (TV)																									
Elektronik (TV)																									
Transport																									
Kraft																									

Abbildung 1: Projektorganisation

Für die Auswahl dieser Projektorganisation haben die folgenden Gründe bzw. Ziele ge-sprochen:

- Entscheidungen sollten schnell herbeigeführt werden können.
- Arbeitspakete sollten zügig abgearbeitet werden können.
- Know-how muss zu jeder Zeit durch viele abrufbar sein.

- Das Projekt sollte weitestgehend unabhängig arbeiten, Störungen von außen sollten minimiert werden.
- Der organisatorische Eingriff in die Linienorganisation sollte gering ausfallen, disziplinarische Strukturen bestehen bleiben.

Die Projektorganisation hat sich voll bewährt. Sie ist unbedingt zu empfehlen, wenn es sich um ein Projekt handelt, das relativ schnell für eine begrenzte Zeit sehr viele Mitarbeiter mit sehr unterschiedlichem Know-how benötigt.

Die fachliche Mitarbeit von Mitarbeitern „aus der Linie" war notwendig, zum einen aus Kapazitätsgründen als Mittel des aktiven Wissenstransfers, zum anderen aber auch, weil nur durch eine Mitwirkung im Projekt die Akzeptanz (z. B. des Fachbereichs) projektbegleitend hergestellt werden konnte.

Besondere Rollen innerhalb der Projektorganisation nehmen der *fachliche und der technische Architekt* ein. Sie wirken über die Teilprojektgrenzen hinaus und können beratend zu Entscheidungen von allen Projektinstanzen hinzugezogen werden, ohne Weisungsbefugnis anderen Projektmitgliedern gegenüber auszuüben.

Eng im Zusammenhang mit den Festlegungen zur Projektorganisation steht auch eine klare Definition der Berichtswege sowie der Eskalationsgremien und -wege. Im Projekt geschah das folgendermaßen:

Der *Projektleiter* berichtete an das *Programmmanagement*. Fachliche Entscheidungen, die nicht innerhalb des Projekts getroffen werden konnten, wurden an das *Fachboard* eingereicht. Abgenommene Projektergebnisse wurden ebenso über den Projektleiter an das Fachboard geleitet. Die Ergebnisse aus den Beratungen des Fachboards wurden über den Projektleiter an das Programmmanagement gegeben.

Das *Fachboard* erhielt Entscheidungsvorlagen und Abnahmeergebnisse vom Projektleiter. Alle Entscheidungen und Abnahmen mussten innerhalb einer Woche erfolgen. Das Fachboard entschied bzw. nahm die Projektergebnisse ab und meldete das Ergebnis an den Projektleiter zurück. Gab es innerhalb einer Woche keine Rückmeldung durch das Fachboard, galt dies als Abnahme bzw. positive Entscheidung. Das Fachboard arbeitete nur fachlich und hatte keinerlei Weisungsbefugnis.

Das *Programmmanagement* berichtete an den *Lenkungsausschuss*. Konnte zwischen dem Projektleiter und dem Fachboard keine Einigung erzielt werden, entschied das Programmmanagement oder brachte eine Entscheidungsvorlage in den Lenkungsausschuss.

Der *Lenkungsausschuss* bearbeitete strategische Fragen bezüglich des Projekts und war die höchste Instanz in der Eskalationshierarchie.

Die Projektinitialisierung

Ein weiterer Schritt beim Start eines Projekts ist von großer Wichtigkeit, die Initialisierung. Es hat sich bewährt, diese in Form eines *Kickoff* mit allen Projektbeteiligten durchzuführen. Das Ziel der Kickoff-Veranstaltung muss klar definiert werden. Es empfiehlt sich, externe Unterstützung (Moderator) zur Vorbereitung und Durchführung einzubinden.

Ziele, die mit dem Kickoff verfolgt werden, sind:

- Alle Projektbeteiligten kennen die Projektziele und die Projektorganisation.
- Sie verstehen die Zusammenhänge in der Projektarbeit.
- Sie kennen die Hintergründe und die Bedeutung des Projekts und die Konsequenzen bei Nicht-Erreichung der Ziele.
- Die Erfolgsfaktoren sind bekannt.
- Die weichen Faktoren für den Projekterfolg sind allen bewusst und die Spielregeln dafür sind vereinbart.
- Alle haben ein gemeinsames Bild von der kommenden Projektphase.
- Neue und bisher nicht Beteiligte werden „ins Boot geholt".
- Die Menschen lernen sich persönlich kennen.

Rahmenbedingungen

Es hat sich in unserer Projektarbeit bewährt, besonders wichtige Parameter für das Projekt explizit aufzuschreiben, um sie für alle im gemeinsamen Verständnis immer transparent vorliegen zu haben. Wir nennen das *Rahmenbedingungen*.

Je früher und je mehr Rahmenbedingungen formuliert werden, desto unmissverständlicher wird der Projektauftrag. Empfehlenswert ist – unabhängig von der Projektgröße – die Vorlage von 50 „knackigen Formulierungen" durch den Projektleiter bzw. ein Expertengremium.

Beispiele:

- Historien werden nicht migriert.
- Import- und Exportfunktionen ins System sind nicht Projektgegenstand.
- Rentabilitätsberechnungen erfolgen außerhalb des Projekts.
- Schwebende bzw. unvollständige Vertragszustände müssen vor der Migration durch die Fachbereiche eliminiert werden.

Projektumfeld und Stakeholder

Für den Projektleiter ist es ratsam, das Projektumfeld und die Menschen zu kennen, die das Projekt beeinflussen. Zu Beginn eines Projekts wird eine Liste der Stakeholder mit Konfliktpotenzial, Einflussfaktor und den vermuteten Interessen erstellt. Der Einflussfaktor von Stakeholdern wird leider meistens von Projektleitern unterschätzt und führt oftmals zu unerwünschten Projektverläufen. Das Thema soll aber im Folgenden nicht weiter vertieft werden, da hier am wenigsten Verallgemeinerungspotenzial besteht (über das aus gängigen Projektmanagementbüchern Bekannte hinaus).

Risikoanalyse

Für das Managen der Risiken empfiehlt sich zunächst eine einfache Aufzählung der vermeintlichen Risiken (Risikoliste). Einige Risiken werden oft unterschätzt und unzureichend bzw. gar nicht als Risiken gesehen. Auf folgende Risiken wurde im vorliegenden Beispiel besonders geachtet:

- schlechte Kommunikation
- unklare Anforderungen und Ziele
- Politik, Egoismen und Kompetenzstreit
- fehlende Ressourcen beim Projektstart
- kurze Projektplanungsphase
- technische und fachliche Anforderungen unklar bzw. unrealistisch
- lange Entscheidungswege und Reaktionszeiten
- unzureichendes Change-Management
- ungeklärte Prozesse (z. B. Abnahme von Teilergebnissen, Anforderungsmanagement)

Die Risikoliste wird sukzessive komplettiert, indem pro Risiko der damit verbundene Schaden (Eintrittswahrscheinlichkeit und Schadenshöhe) ermittelt wird. Häufig führen Schäden zu einem Projektverzug. Dieser ist ebenso abzuschätzen. Hat ein Schaden weiter reichende Konsequenzen, die nicht im Risikowert enthalten sind, sollte man in einer Rubrik „Sonstiges" entsprechende Anmerkungen dazu finden.

In einem nächsten Schritt werden verschiedene Maßnahmen geplant und eingeleitet, um den bewerteten Risiken zu begegnen. Um Schäden gänzlich zu vermeiden bzw. die Eintrittswahrscheinlichkeit zu minderen, müssen präventive Maßnahmen eingeleitet werden. Sind die Eintrittswahrscheinlichkeit und der ggf. erwartete Schaden gering, kann ein Risiko auch explizit akzeptiert werden, ohne dem Risiko mit Maßnahmen zu begegnen.

III. Erfolgsfaktor: Planen

Das Projekt wurde entlang eines Phasenplans realisiert, der aus folgenden sechs Phasen bestand:

- Planungsphase
  - Projektzielsetzung festlegen
  - Hauptanforderungen festlegen
  - Risikoanalyse durchführen
  - Stakeholderanalyse durchführen
  - Projektplan erstellen
  - Vorgehensmodell festlegen
  - Qualitätssicherungs-Plan erstellen

- Analysephase
  - Systemanforderungen analysieren und festlegen
  - Rahmenbedingungen festlegen
  - Pflichtenheft erstellen (Nennung der groben Funktionalitäten)
  - Produkte konsolidieren
  - Projektplan präzisieren

- Konzeptionsphase
  - Funktionen und Prozesse konzipieren
  - Daten modellieren
  - Produktmodell implementieren
  - Druckoutput und Schriftstücke entwerfen

- Schulungs- und Testpakete festlegen
- Schnittstellen beschreiben

- Realisierungsphase
  - Funktionen implementieren
  - Schnittstellen implementieren
  - Produkte hinterlegen
  - Testfälle definieren
  - Schulungsunterlagen erstellen

- Testphase
  - Funktionalitäten testen
  - Druckoutput prüfen
  - Batchnetz testen
  - Beitragsvergleich erstellen
  - Multiplikatorenschulungen durchführen

- Auslieferungsphase (Rollout)
  - Rollout des Zielsystems durchführen
  - Stabilisierung herstellen
  - Fachbereichs-Schulung durchführen
  - Migration der Daten durchführen
  - Abnahmetest durchführen

Es ist kein Geheimnis, dass mit der Planungsphase wiederum wichtige Grundlagen für den erfolgreichen Projektverlauf gelegt werden. Im vorliegenden Abschnitt werden wir einige Planungsaktivitäten ansprechen, die dabei zentrale Bedeutung haben.

Zunächst ist das Erstellen einer *Meilensteinliste* ein bewährtes Planungsinstrumentarium. Im Sinne eines Top-down-Vorgehens wurden die ersten Meilensteine zunächst auf der Ebene der Phasenplanung zugeordnet, z. B.

- Planungsphase mit den Meilensteinen „Projektstart", „Projektstrukturplan ist erstellt"
- Analysephase mit „Fertigstellung der Deltaanalyse zwischen Ziel- und Quellsystem"
- Konzeptionsphase mit den Meilensteinen „Migrationsregeln sind definiert" oder „Konzeptionen sind abgenommen"
- Realisierungsphase mit Meilensteinen wie z. B. „Alle Produkte sind definiert", „Neuantrag ist abgeschlossen", „Alle Geschäftsvorfälle sind realisiert"
- Testphase mit „Beginn Fachtest"
- Auslieferungsphase

Die Meilensteine stehen in engem Zusammenhang mit einer Aktivitätenliste, die diese Meilensteine unterstützt. In der Planungsphase wird sich der Projektleiter zunächst auf einem Detaillierungsgrad bewegen, der mit „Überschriftenebene" beschrieben werden kann. Das Beispielprojekt hatte zu diesem Zeitpunkt eine Aktivitätenliste mit ca. 300 Einträgen. Während der Analysephase wurde diese weiter verfeinert und kam so schnell auf ca. 10.000 Einträge.

Der Vorteil eines erfahrenen Projektleiters liegt im Erfahrungsschatz einer „Planungsdatenbank", in der Aktivitäten aus Vergleichsprojekten bzw. vergleichbaren Projektaktivitäten abgespeichert sind. Auf diese kann er zurückgreifen, was neben einer erhöhten planerischen Sicherheit auch Zeitgewinn im Planungsprozess bringt. So konnte im Beispiel binnen weniger Wochen die Planung abgeschlossen werden. Ansonsten hätte die Entwicklung einer Detailplanung einige Monate in Anspruch genommen.

Wenn die Aktivitäten im Projektverlauf feingranularer werden, dann sind sie auch ein geeignetes Instrument, um wöchentlich oder mindestens zweiwöchentlich deren Einhaltung zu kontrollieren. Über die entsprechenden Berichte aus den Teilprojekten und der Zuordnung der Arbeitspakete zu den Hauptmeilensteinen bekommt der Projektleiter die Gesamtsicht auf den Projektfortschritt. Diese Unterteilung der Projektarbeit in Arbeitspakete, Aktivitäten und die entsprechenden Beziehungen zwischen diesen macht den *Projektstrukturplan* aus.

III.1 Projektstrukturplan

Darstellung und Codierung des PSP

Der Projektstrukturplan (PSP) ist das zentrale Ordnungs- und Kommunikationsinstrument im Projekt. Die Projektleitung hat gemeinsam mit den CoC-Leitern den PSP entwickelt, um ein einheitliches Verständnis von Aufgaben und Vorgehensweise im Projekt zu erlangen.

Der PSP bildet somit die Grundlage zur Verteilung der Aufgaben und Verantwortlichkeiten und damit der projektinternen Auftragssteuerung. Er ist gleichzeitig die Basis für alle Projektcontrolling-Aktivitäten.

Jedes der im PSP enthaltenen Arbeitspakete ist genau einem CoC/Teilprojekt zugeordnet und steht somit unter der Verantwortung des CoC-Leiters. Das bedeutet auch, dass der CoC-Leiter das Arbeitspaket weiter detaillieren, in weitere Vorgänge zerlegen kann, wenn das für die Ablauf- und Terminplanung notwendig ist.

Arbeitspaketbeschreibung

Im Referenzprojekt wurde auch eine gewisse Formalisierung für die Beschreibung von Arbeitspaketen eingeführt. Im Folgenden soll ein Arbeitspaket exemplarisch vorgestellt werden. Es geht um die Analyse der Versicherungsprodukte, für die im Quellsystem „Versicherungsverträge" vorhanden sind. Im Ergebnis dieser Analyse ist zu entscheiden, welche Versicherungsprodukte auch für das Zielsystem Relevanz haben und demzufolge welche Verträge im Fokus der Migration liegen. Alternativ könnten ja auch Versicherungsprodukte vom Markt genommen werden, sodass man sich für die Kunden um Ersatzangebote Gedanken machen müsste (Änderungskündigung), aber den Migrationsaufwand einspart.

Arbeitspaketname: **Produkt konsolidieren**	PSP: **3.1**	**Blatt:** 1 von 1
Projekt: **Migration und Ausbau Sach**	Version: **1.0**	Datum:
Kostenstelle: 123456789	Status:	**freigegeben**

Leistungsbeschreibung:	verantwortlich: CoC-Leiter Produkt

Ermittlung aller Produkte und ihrer zugehörigen Tarifgenerationen im Quellsystem
 	
    Ermittlung der Anzahl an aktiven und ruhenden Verträgen zu den jeweiligen Produkten
 	
    Ermittlung des Umsatzvolumens an aktiven Verträgen zu den jeweiligen Produkten
 	
    Konsolidierungsmöglichkeit mit anderen Produkten bewerten
 	
    Zusammenstellen einer Übersicht, welche Produkte migriert werden und welche Verträge eine Änderungskündigung erhalten sollen	

Ergebnisse: Übersicht der konsolidierten Produkte

Voraussetzungen/notwendige Zulieferungen:
    Ladebestand mit allen Produktdaten aus dem Quellsystem
    Bereitstellen aller Tarifwerke

Beteiligte Mitarbeiter:	Kürzel:	Aufwand in PT:
Produktspezialist Mitarbeiter des Fachbereichs	PS FB	17 17

Geplanter Start:	geplantes Ende:

Abbildung 2: Arbeitspaketbeschreibung

III.2 Ablauf- und Terminplanung

Mit der Beschreibung der Arbeitspakete liegen also vor:

- Aufwand, Dauer, Beginn und Ende für ein Arbeitspaket
- Die erforderliche Ressourcenart (Kompetenzanforderung)

Wir gehen davon aus, dass eine Mitarbeiterkapazität (MAK) im Kalendermonat durchschnittlich 17 Personentage zu je acht Stunden leistet.

Eine „Goldene Regel" ist: Ein Arbeitspaket sollte bei Großprojekten nicht mehr als 80 Personentage Aufwand erfordern, da ansonsten die Vermutung nahe liegt, dass die betreffende Einheit nicht genau weiß, was sie an dieser Stelle tut – die Planung ist zu grob.

Eine weitere „Goldene Regel" der Planung: Für Projektleiter sollte es immer um die realistische Sicht gehen. In einer Planung des Projektleiters oder auch Teil-Projektleiters sollten

Preise und Politik zunächst keine Rolle spielen. Diese müssen gesondert vereinbart werden, da der Projektleiter ansonsten mit unrealistischen Zahlen im Plan kein anständiges Controlling durchführen kann.

Unabhängig von den zahlreichen Methoden zur Planung und Aufwandsermittlung (Function Point, COCOMO, Expertenschätzungen usw.) sollte man sich für bestimmte Projekte – hier Bestandsführungsprojekte – im Laufe der Jahre eine Frageliste erstellen, anhand derer man die Komplexität besser einschätzen kann. Für das Beispielprojekt konnte eine Checkliste eingesetzt werden, die mittlerweile einige Tausend Einzelfragen umfasst.

Hier einige Beispielfragen aus dieser Liste, deren Konkretheit zeigt, dass von deren Beantwortung nicht zu vernachlässigende Konsequenzen für den Umfang des Projekts abhängen:

- Gibt es gesetzliche Vorgaben oder Abhängigkeiten für das Projekt (z. B. VVG-Reform, Steuern, Datenlieferungen)?
- Gibt es Performancevorgaben für Batches, den Dialogbetrieb oder Suchfunktionalität?
- Wird der Druck extern vorgenommen oder wird intern auf einer Druckstraße gearbeitet?
- Wenn Beilagen zugesteuert werden sollen: Gibt es Einschränkungen bei der Seitenzahl eines neuen Versicherungsscheines?
- Soll die Schulung der Sachbearbeiter vom Projekt organisiert werden? Wer stellt hierfür eine eigene und stabile Umgebung zur Verfügung?
- Ist ein Lasttest erforderlich?
- Werden Aufgaben an den Außendienst oder an Kunden verlagert?
- Sind für neue Benutzergruppen neue Berechtigungssysteme/-prüfungen erforderlich?
- Gibt es Bündelprodukte mit eigenen Bedingungswerken oder eigenen Abrechnungsverfahren für unterschiedliche Kundengruppen und werden diese dynamisiert?
- Wie hoch soll der Automatisierungsgrad bei bestimmten Geschäftsvorfällen sein?

III.3 Einsatzmittel-/Kostenplanung

Einsatzmittelbedarf

Neben den Mitarbeiterkapazitäten benötigt ein Projekt auch Sachmittel, um die Arbeitsfähigkeit herzustellen (Arbeitsplätze mit geeigneter technischer Ausstattung u. a.). Dies wird aber hier nicht weiter betrachtet.

Die Ermittlung der Humanressourcen, gemessen in MAK oder FTE (full time equivalent), gestaltet sich im Vergleich zur Sachmittelplanung etwas aufwändiger. „Neben" den Kapazitäten ist natürlich die Bereitstellung im jeweils benötigten *Know-how-Profil* erforderlich.

Voraussetzung dafür ist, dass für jedes Arbeitspaket der benötigte Aufwand geschätzt wird. Mit Veröffentlichungen zu Schätzverfahren sind seit der Beschäftigung mit Software

Engineering ganze Buchregale gefüllt worden. Dazu soll und kann hier kein weiterer Beitrag folgen.

Im Beispielprojekt haben wir nach der Vorbereitung im Teilprojekt, federführend durch den CoC-Leiter, die Schätzung vorbereitet und dann jeweils in einer gemeinsamen Veranstaltung, die vom Projektleiter bzw. einen durch ihn Beauftragten moderiert wurde, im Gremium die Schätzung validiert. Der als fachlicher Architekt im Projekt tätige erfahrene Softwareingenieur war ebenfalls Teilnehmer dieser Runde.

Auf diese Weise wurden in folgenden Schritten die Aufwände der Arbeitspakete ermittelt:

1. Projektumgebung und Rahmenbedingungen definieren
2. Arbeitspakete erläutern
3. Schätzwert abgeben und begründen
4. Diskussion von kritischen Anmerkungen, Abweichungen, fachliche Beratung
5. Erneute Schätzung durchführen, ggf. neue Schätzveranstaltung ansetzen
6. Schätzwerte dokumentieren

Bei der Schätzung wird von einer bestimmten benötigten Qualifikation der Mitarbeiter (Know-how-Profil) ausgegangen. Sollte die MAK nicht adäquat besetzt werden können, so ist eine Korrektur bzw. Anpassung der Schätzung notwendig.

Auslastung der personellen Ressourcen

In großen Projekten, die auch über einen längeren Zeitraum laufen, gibt es über die Beschaffung der Mitarbeiter (Staffing) hinaus ein zusätzliches (Spezial-)Problem, nämlich die gleichmäßige Auslastung von Ressourcen. Das betrifft Mitarbeiter mit speziellem Know-how, die auch nicht „on demand" zur Verfügung stehen, sodass Leerlaufzeiten geeignet überbrückt werden. Es gilt also, bei diversen Kapazitäten Unter- oder Überdeckung zu erkennen und geeignet zu reagieren.

Dazu werden in der Regel Arbeitspakete in der Ablaufplanung so platziert, dass diese kapazitiven „Ausreißer" minimiert werden, z. B. durch

- Arbeitspakete parallel statt sequentiell abarbeiten bzw. andere Verschiebungen in der Reihenfolge
- Arbeitspakete an Mitarbeiter anderer Qualifikation abgeben (Überarbeitung der Mitarbeiterzuordnung)

Das heißt, zunächst wird versucht, innerhalb der Kapazitätsgrenzen des Projekts zu agieren. Oftmals besteht aber keine andere Möglichkeit, als über die geplanten Kapazitäten hinaus gehende Kapazitäten mit der gesuchten Qualifikation noch ins Projekt aufzunehmen.

Projektkosten

Entsprechend der Qualifikation werden bei der Ermittlung der Projektkosten unterschiedliche Kostensätze (Stundensatz) zum Ansatz gebracht. Gemäß der ermittelten Mitarbeiterkapazitäten je Monat und Qualifikation ergeben sich daraus die Aufwände in Euro.

IV. Erfolgsfaktor: Soziale Kompetenz

IV.1 Teamarbeit

Für den Projekterfolg ist ein funktionierendes und motiviertes Team die Voraussetzung. Deshalb muss der Projektleiter Kenntnisse über die Teambildung haben und effektiv einsetzen können.

Gemeinsame Zielfindung

Ein wichtiges Instrument der Teambildung ist die einvernehmliche Verständigung über die gemeinsamen Ziele. Dabei ist zu berücksichtigen, dass jedes Individuum zunächst einmal seine ganz persönlichen Ziele verfolgt. Es gilt nun zum einen diese Individualziele mit den Projektzielen in Einklang zu bringen und zum anderen die Ziele jedes Teammitgliedes für die Projektgruppe transparent zu machen.

Dabei ist zu vermeiden, dass unterschiedliche Interpretationen über die Projektziele entstehen, sodass jeder zwar meint „das Richtige zu tun", es aber trotzdem zu Konflikten kommt und die Ziele am Ende dann doch verfehlt werden. Des Weiteren muss berücksichtigt werden, dass jeder seine individuellen Bedürfnisse auch im Projekt verwirklichen möchte.

Aus diesen Gründen war es ein wesentliches Ziel bei dem bereits in seiner Wichtigkeit betonten Projekt-Kickoff, dass über die Zielsetzungen und Regeln der Zusammenarbeit in der Projektgruppe Einigkeit erzielt wird. Dazu wurden die Regeln zunächst gemeinsam erarbeitet. Diese wurden dann veröffentlicht und waren als eine Art Verhaltenskodex der Zusammenarbeit im Verlauf des Projekts auch einzuhalten.

Auszug aus diesen Regeln:

- Zieltermin ist bindend
- Zielsystem ist bindend
- Zukunftsfähige Lösungen produzieren
- Erfahrungen nutzen („lessons learned" – sammeln und dokumentieren)
- Persönlicher Kontakt vor Telefon und Mail
- Verbindlichkeit
- Respekt und Wertschätzung (Augenhöhe)

Problematisch zeigte sich dabei, dass die Fachbereichsmitarbeiter des Mutterunternehmens stärker ihre Vorstellungen, d. h. ihre Anforderungen an das Zielsystem einbringen wollten, als das im Zuge des Projektvorhabens möglich war. Im Projekt waren jedoch vor allem die Anforderungen des fusionierten Tochterunternehmens im Fokus. So galt es, dieses Ziel deutlich herauszuarbeiten. Im weiteren Projektverlauf hatte der Projektleiter darauf zu achten, dass der Fachbereich, der nicht alle seine Anforderungen durchsetzen konnte, (trotzdem) dauerhaft engagiert im Projekt mitarbeitete.

Zusammensetzung des Teams

Die Weichen für den Projekterfolg werden schon bei der Personenauswahl gestellt. Aufgrund der Projektdauer und der Tatsache, dass in jeder Phase ein spezielles Fachwissen aufgebaut wird, ist ein Austausch von Personen im Projektverlauf schwer möglich, ohne den Erfolg zu gefährden. Nicht Verfügbarkeit, sondern die vier Kompetenzsäulen Fach-, Methoden-, Organisations- und Sozialkompetenz sollten bei der Personenauswahl für das Projekt den Ausschlag geben.

Die erste Frage, die der Projektleiter beantworten muss, ist: „Was für ein Team will ich haben?" Da es in diesem Projekt darum ging, in einer relativ kurzen Dauer schon bekanntes Wissen auf eine neue Situation anzuwenden und anzupassen, wurde ein ausgeglichenes Team angestrebt. Ein ausgeglichenes Team ist schneller in der Lage Informationen zu sammeln und diese umzusetzen. Im Gegensatz dazu ist zum Beispiel ein Team, in dem die Mitglieder viele potenzielle Reibungspunkte haben, eher in der Lage, gänzlich neue Ideen zu entwickeln.

Die Projektgruppe setzt sich aus Mitarbeitern der beiden fusionierten Versicherungsunternehmen und des externen IT-Dienstleisters zusammen. Bei der Zusammenstellung der Gruppe wurde darauf geachtet, dass die Mitarbeiter die Kriterien

- Erfahrungen, Kenntnisse und Fähigkeiten,
- Einstellungen und Verhaltens- bzw. Arbeitsweisen

erfüllen.

Das Kriterium „Sympathie und Ähnlichkeiten" konnte bei der Gruppenzusammensetzung nicht Berücksichtigung finden, da die Mitarbeiter der drei Firmen sich untereinander nicht kannten. Umso wichtiger waren die Kriterien „Verhaltens- und Arbeitsweisen", denn Ausgeglichenheit und professionelles Auftreten helfen über so manche Antipathie hinweg.

Jeder hat Gewohnheiten, Probleme, Komplexe etc., die

- ihm/ihr nicht bekannt sind, jedoch die anderen bemerken
- ihm/ihr unbekannt sind, aber auch die anderen nicht verstehen
- ihm/ihr selbst zwar bekannt sind, aber den anderen verborgen bleiben sollen
- ihm/ihr bekannt und den anderen bekannt sind

Die Varianten der gegenseitigen Wahrnehmung unter den Teammitgliedern können im sog. Johari-Fenster dargestellt werden. Das Johari-Fenster visualisiert die Entwicklungsstationen der Teambildung durch Momentaufnahmen. Um die Gruppenbildung steuern zu können, sollte der Projektleiter sich zu Projektbeginn ein Bild vom Ist-Zustand seines Teams machen. Im Laufe der Teambildung prägen sich bestimmte Wahrnehmungsmöglichkeiten stärker aus, andere schwächen sich ab. Im Johari-Fenster werden die entsprechenden Fensterbereiche größer bzw. kleiner.

Die Aufgabe des Projektleiters ist es, das Ausmaß spontaner und freier Interaktion bei der Aufgabenrealisierung zu erhöhen, indem er den Interessen, Erwartungen, Zweifeln und

Ängsten der Mitarbeiter gegenüber aufgeschlossen ist. Hierbei kommt es zu Beziehungs-änderungen, die als gruppendynamische Prozesse bezeichnet werden.

Kriterien, die zu Projektbeginn herangezogen werden, um die Auswahl der Teammitglieder zu begründen, können später im Projektverlauf überprüft werden. So kann der Projektleiter erkennen, ob seine Maßnahmen zur Auswahl und zur Teamzusammensetzung richtig waren.

Für das Team im Projekt wurden fünf Personen ausgewählt: der Projektleiter, der fachliche Architekt, ein Mitarbeiter der Fachabteilung des Mutter-Unternehmens, ein Mitarbeiter des Fachbereichs der „Tochter" und ein Softwareentwickler des externen Dienstleisters. An-hand des Vier-Rollenmodells mit den Rollen Entscheider, Analytiker, Innovator und sozia-ler Kümmerer kann in der grafischen Darstellung die Ausgewogenheit des Teams erkannt werden.

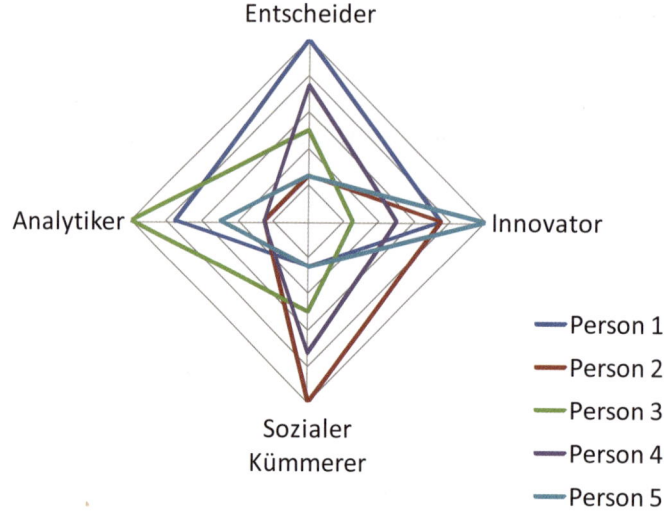

Abbildung 3: Grafische Darstellung des Vier-Rollenmodells

Ob ein Team funktioniert, hängt vor allem von der sozialen Kompetenz seiner Mitglieder ab. Der Begriff „soziale Kompetenz" beschreibt ein Sammelkonzept für Merkmale, unter denen sich menschliches Handeln in sozialen Situationen betrachten lässt. Deshalb ist bei der Teambildung auch der „soziale Kümmerer" ein wichtiger Bestandteil. Diese Erkennt-nisse wurden bei der Auswahl der Teammitglieder berücksichtigt.

Der fachliche Architekt, der in vielen Entscheidungssitzungen und Workshops mitwirkt, ist gleichzeitig der „soziale Kümmerer". Insofern kann er zeitnah Stimmungsbilder im Team aufnehmen und Störungen rechtzeitig erkennen und an die Projektleitung melden.

Gruppenentwicklung

Bei der Gruppenbildung gibt es vier aufeinander folgende Phasen:

- Auftauen und sich orientieren
- Gärung und Klärung
- Arbeitslust und Produktivität
- Ausstieg

Der Projektleiter hat aufgrund der begrenzten Projektlaufzeit darauf zu achten, dass die dritte, die produktive Phase, schnell erreicht wird. Er hat die Aufgabe mit dem Teambildungsprozess zu beginnen und dafür zu sorgen, dass

- sich die Teammitglieder mit der Projektaufgabe identifizieren
- sie mit den Projektzielen vertraut sind und diese akzeptieren
- schwelende Konflikte offengelegt werden
- eine positive Projektkultur entsteht

Dazu leitet er die Gruppenmitglieder an, sich im Projekt-Kickoff zielgerichtet kennen zu lernen. Gut geeignet ist dafür die „Methode der Visitenkarten", wonach jeder den jeweils anderen nach

- Heimatort/Adresse,
- Familie,
- Beruf,
- Hobbys und Neigungen

zu befragen hat. Unterstützt wird dieser Prozess später durch häufige Teammeetings und Teamabende. So wurde gleich in der zweiten Projektwoche ein Bowling-Turnier veranstaltet, bei dem sich die Projektmitglieder in ungezwungener Atmosphäre kennen lernen konnten.

Auch die zweite Phase soll so kurz wie möglich gehalten werden, indem der Projektleiter auch Diskussionen um „Kleinigkeiten" zulässt und ggf. unterstützt. Hierfür bietet sich die Zielfindung an. Dabei darf er nicht für die anderen entscheiden. Ihm muss auch bewusst sein, dass er häufig für Probleme dieser Phase verantwortlich gemacht wird. Für das Fördern des Verständnisses der Rollen und Funktionen des jeweils anderen dienen die zuvor aufgestellten Regeln der Zusammenarbeit.

Die Klärungsphase kann mitunter zu heftigen Auseinandersetzungen führen, wie dies auch zwischen zwei Projektmitarbeitern geschehen ist. Eine Mitarbeiterin des Fachbereichs und der zuständige Softwareingenieur hegten keine Sympathie füreinander. Die Arbeitsweisen waren völlig konträr und die zu erarbeitenden Ergebnisse wurden teilweise unabgesprochen gefertigt. Die Projektleitung diente in dieser Phase als Katalysator für die Spannungen zwischen den beiden Kollegen, sie ließ die Streitereien zu und nahm Beschuldigungen unkommentiert entgegen.

Ein Projekt ohne Konflikte ist kaum denkbar. Fast immer verbinden die verschiedenen Projektbeteiligten voneinander abweichende Erwartungen. Auch zwischenmenschliche Probleme können zu Konflikten führen. Deshalb muss der Projektleiter wissen, wie Konflikte entstehen und Konfliktmanagement betreiben. Dabei ist Konfliktmanagement die Kunst, Meinungsverschiedenheiten kreativ zu lösen.

So konnte das zwischenmenschliche Problem der beiden o.g. Kollegen gelöst werden, indem beide Kollegen, zwar gemeinsam und aufeinander angewiesen, aber an zwei unterschiedlichen und voneinander unabhängigen Ergebnistypen arbeiteten, die durch unterschiedliche Zielgruppen gewürdigt wurden. Da die Ergebnisse für unterschiedliche Zielgruppen erarbeitet wurden, konnte sich jeder der beiden Konfliktpartner in einem anderen Umfeld Anerkennung holen. Sie standen somit nicht in einer Konkurrenzsituation und konnten so entspannter mitarbeiten.

In der Phase der Produktivität kann der Projektleiter darauf vertrauen, dass die Gruppe Konfliktsituationen selbst löst. Trotzdem hat der Projektleiter darauf zu achten, dass die Gruppe die Regeln der Zusammenarbeit weiter beachtet.

Die Ausstiegsphase rückt erst gegen Projektende in den Fokus. Hier wird der Projektleiter als Coach fungieren (soweit er dies kann, da er sich normalerweise mitten im System befindet und somit nur bedingt als Coach tätig werden kann).

Um die positiven Effekte von Konflikten zu nutzen und die negativen zu mildern bzw. zu vermeiden, vereinbarte das Projektteam die folgenden Regeln und Vorgehensweisen zur kooperativen Konfliktregelung.

Die im Projekt-Kickoff gemeinschaftlich aufgestellte Werte-Guideline „Respekt und Wertschöpfung (Augenhöhe)" wurde folgendermaßen operationalisiert:

- Für alle Konflikte aus dem Team werden Lösungen im Team angestrebt.
- Alle Teammitglieder respektieren den anderen in seiner Andersartigkeit.
- Die grundsätzliche Annahme ist, dass alle beobachteten Handlungen anderer von diesen grundsätzlich zum Erreichen des gemeinsamen Projektziels getan werden.
- Jeder ist mit seinen Gefühlen und Gedanken autonom und daher in erster Linie für sich und seine Handlungen selbst verantwortlich.
- Störungen auf der persönlichen Ebene haben stets Vorrang vor der Sachebene. Eine weitere zielführende Zusammenarbeit ist bei latenten Konflikten praktisch unmöglich.
- Konflikte werden ausnahmslos angesprochen, weil ausgesprochene Konflikte stets auch Chancen für eine Verbesserung des Projekterfolges bieten, unterdrückte jedoch das Projekt akut gefährden. Daher gelten Teammitglieder, welche Konflikte thematisieren, nicht als Störer, sondern vielmehr als Förderer.

Um nun tatsächlich auf Augenhöhe kommunizieren zu können, müssen sich die Projektbeteiligten dazu bereit   erklären, Konflikte nachhaltig zu lösen.

Lösen von Konflikten

In einem konkreten Konfliktfall legen die Betroffenen ihre jeweiligen Interessen und Absichten offen und suchen dann gemeinsam nach einem Ausgleich. Gegebenenfalls bedienen sie sich der folgenden Checkliste.

1. Konflikt erkennen
2. Konfliktpartner identifizieren (WER)
3. Konflikt thematisieren (WAS)
4. Konflikt analysieren (WIESO, WARUM)
5. Konflikt einordnen (Beziehungs- oder Sachebene)
6. Lösungsvarianten sammeln, bewerten, auswählen und umsetzen

Sofern es den Konfliktbeteiligten nicht möglich ist, ihre Auseinandersetzung selbst zu lösen, wird ein Moderator eingeschaltet. Es ist die Aufgabe des Projektleiters, frühzeitig zu erkennen, wann dieser einzuschalten ist. Der Moderator wird dabei nach folgendem Schema vorgehen:

Phase 1: Einleitung
- Konflikthintergrund und -auslöser offenlegen
- Zu kooperativer Konfliktlösung motivieren
- Interaktionsregeln festlegen

Phase 2: Diagnose: Analyse des Ist-Zustandes
- Sichtweisen sammeln
- Teilkomponenten konkretisieren
- Konsens über Ist-Zustand herstellen

Phase 3: Entwicklung einer Lösung
- Lösungsalternativen erarbeiten
- Lösungsalternative festlegen

Phase 4: Sicherung des Erfolgs
- Konsequenzen der Lösung aufzeigen
- Erfolgskontrolle durchführen

Sollte die Erfolgskontrolle zeigen, dass der Prozess fehlgeschlagen ist, muss der Lenkungsausschuss über geeignete Maßnahmen zur Lösung des Konflikts entscheiden. Dies kann auch die Auswechslung störender Mitarbeiter bedeuten.

IV.2 Führung

Führung ist grundsätzlich als Verhaltensbeeinflussung zu verstehen, die der Führende beabsichtigt, um ein bestimmtes Ziel zu erreichen. Sie lässt sich nach sachbezogenen (z. B. Projektplanung) und personenbezogenen Funktionen – also Menschenführung – unterscheiden.

Im Beispielprojekt koordinierte der Projektleiter die verschiedenen Mitarbeiter bei der Erfüllung ihrer Aufgaben durch einen kooperativen Führungsstil. Das heißt, die Projektleitung erteilte nur die aus ihrer Sicht notwendigsten Vorgaben und vertraute auf die zielgerichtete Selbstbestimmung durch die CoC-Leiter und die Mitarbeiter. Die Entscheidungen liefen nicht alle über die Projektleitung, sondern erfolgten größtenteils im Team. Zum einen beschleunigte das die Entscheidungsprozesse und damit letztlich auch den Erstellungsprozess. Zum anderen hat das zur Motivation des Projektteams beigetragen und schaffte auch ein gewisses Zusammengehörigkeitsgefühl.

IV.3 Kommunikation im Projekt

Es hat sich als nützlich herausgestellt, ein paar allgemeine Kommunikationsregeln festzulegen, wie z. B.:

- Das persönliche Gespräch ist zu präferieren – vor dem Telefonat oder der E-Mail.
- Es gibt kein Treffen ohne konkrete Ergebnisse, d. h. ohne Ergebnisprotokoll und ggf. einer Liste von offenen Punkten.
- Ergebnisse oder Entscheidungen werden mit Begründung der Entscheidung im Entscheidungsbuch dokumentiert. Ggf. wird das über das Projektoffice veranlasst.
- Aufgaben werden in Aufgabenlisten verwaltet, wobei jedes Teilprojekt eine eigene Aufgabenliste führt.
- Wichtige E-Mail-Regeln
  - Verteiler bedenken
  - Keine Blindkopien
  - Aufforderungen im Betreff
  - Aufforderungen / Appelle werden konkret formuliert
- Information ist sowohl Hol- als auch Bringschuld.

Auch wenn diese Regeln teilweise banal erscheinen – in dem Moment, wo sie explizit beraten und festgeschrieben werden, gelangen sie in den Projektalltag.

V. Erfolgsfaktor: Changemanagement

Der Umgang mit Änderungsanforderungen ist im Großprojekt extrem wichtig. Ein entsprechender Prozess muss dokumentiert vorliegen und gelebt werden. Obwohl sich die Welt um das Projekt herum weiterentwickelt, muss verhindert werden, dass wir es mit einem beweglichen Projektziel zu tun haben. Genau deshalb haben wir am Anfang auf exakte, möglichst messbare Ziele eingewirkt. Aus Sicht der Kosten wird das ganz schnell auch nachvollziehbar: Es kann nicht sein, dass sich ständig die Anforderungen ändern, aber das Budget konstant bleibt.

Jeder Änderungsbedarf des Projektauftrags bzw. von bereits abgenommenen und umgesetzten fachlichen Anforderungen muss in einem Änderungsantrag beschrieben werden. Änderungen beziehen sich dabei stets auf den bei Projektbeginn vereinbarten Projektauftrag bzw. auf bereits abgenommene Ergebnisdokumente. Der Änderungsantrag wird zunächst von dem Projektleiter geprüft. Übersteigt eine Anforderung die Entscheidungsbefugnis des Projektleiters, wird eine Genehmigung über das Fachboard eingeholt. Für die

Änderungsanträge empfehlen sich der Entwurf und dann die Benutzung eines Formulars. Im Beispielprojekt bestand dieses Formular aus zwei Teilen:

- Teil A, in dem solche Informationen wie Auftraggeber, technische und fachliche Ansprechpartner, verantwortliche Kostenstelle, Termin sowie geschätzter Aufwand enthalten sind, und

- Teil B, in dem neben einer Begründung im Wesentlichen die fachlich-inhaltliche Beschreibung der Anforderung erfolgt und Implikationen auf den Test und ggf. andere Bereiche (z. B. Druck) angesprochen werden.

Wenn die Änderung akzeptiert ist, muss der Projektplan entsprechend angepasst werden. Neben der Annahme der Änderungsanforderung gibt es natürlich auch die Möglichkeit der Ablehnung oder es wird ein Auftrag zur Überarbeitung und erneuten Entscheidungsvorlage erteilt.

Mit dem Änderungsmanagement muss also sichergestellt werden, dass Änderungen

- identifiziert sind (Anlass der Änderung)
- inhaltlich und ablaufbezogen beschrieben sind
- klassifiziert sind bezüglich Folgeänderungen
- bewertet sind (Nutzen)
- genehmigt werden (Berechtigungs- und Ablaufkonzept mit Statusverfolgung der Änderung über Änderungsdatenbank)
- und letztlich durchgeführt werden (Termin-/Budgetvorgaben)

Der Prozess sollte elektronisch geeignet unterstützt werden. Im Beispielprojekt wurde ein entsprechender Lotus-Notes-Workflow eingerichtet. Damit sind die geordnete Weiterleitung, die Absicherung der Rechte – jeder sieht genau das, was er sehen muss und darf – und auch eine geeignete Auswertemöglichkeit über den Status der Bearbeitung möglich. Die Rückverfolgungsmöglichkeit über den Projektverlauf lässt es auch zu, diverse Statistiken zu erstellen. Unter anderem kann das eine wichtige Informationsquelle für eine abschließende Projektphase „lessons learned" sein.

VI. Berichtswesen und Projektdokumentation

Berichtswesen

Für ein erfolgreiches Projektmanagement ist die richtige Mischung aus einer standardisierten Berichterstattung und einem gelebten Informationsaustausch von Bedeutung. Bei beiden werden Informationen aufbereitet und weitergegeben, die den Projektfortschritt verdeutlichen. Wichtig für das Berichtswesen ist die Orientierung an der jeweiligen Zielgruppe. Ein Bericht sollte genau die Information enthalten, die vom Empfänger zur Lösung seiner projektspezifischen Aufgaben benötigt werden. Die Projektdaten müssen umso mehr verdichtet werden, je höher die Hierarchiestufe ist, an die berichtet wird.

Das Berichtswesen verfolgt also die Aufgaben:

- rechtzeitige Bereitstellung entscheidungsrelevanter Informationen
- Ermöglichen eines einfachen und schnellen Überblicks über den Projektstatus
- frühzeitiges Aufzeigen von Risiken und deren Auswirkungen sowie Aufzeigen von Maßnahmen, durch die diese Risiken minimiert werden können

Im Beispielprojekt wurden folgende Berichtsarten verwendet:

- Protokolle, um Inhalte und Beschlüsse aus Besprechungen und Gesprächen festzuhalten
- Statusberichte, die den aktuellen Stand des Projekts, den Entscheidungsbedarf und ggf. Problemfelder in Übersicht bringen. Zielgruppen sind dabei, neben dem Projektleiter, der stets den aktuellen Stand des Projekts im Auge behalten muss, das Programmmanagement und die Mitglieder des Lenkungsausschusses
- Arbeitspaketbericht für übergreifende Themen aus der Programmanalysematrix
- Abnahmeprotokolle, die die Bestätigung des Kunden sind, dass die Qualität der Leistung wie erwartet vom Auftragnehmer erbracht wurde
- Entscheidungsbuch, das alle wichtigen während der Projektlaufzeit gefällten Entscheidungen beinhaltet. Im Entscheidungsbuch wird die Ausgangslage eines Themas bzw. Problems, ggf. diskutierte Alternativen und die gefällte Entscheidung festgehalten. Dabei werden der Entscheiderkreis und das Datum der Entscheidung dokumentiert. Gibt es weiterführende Dokumente oder Protokolle, wird darauf verwiesen und der Pfad des Dokuments angegeben. Mitunter werden Ausschnitte aus dem Mailverkehr mit dokumentiert. Diesen Festlegungen und Regeln unterliegt eine Dokumentenmatrix.

Inhalt/Art	Protokoll	Arbeitspaket-bericht	Abnahme-protokoll	Entscheidungs-buch
Projektmeeting	Projektleiter	Verantwortlicher		Projektleiter
Programm-Jour-fixe	Programmmanager			Projektleiter
LA-Meeting	Programmmanager			
Meilenstein			Fachbereiche	
Analysematrix				Projektleiter CoC-Leiter
Fachkonzept				Projektleiter

Abbildung 4: Dokumentenmatrix

Vom Projektmanagement wird festgelegt, WER WELCHE Informationen WANN an WEN und WIE weitergeben soll (5 W's). Das Ergebnis wird *Berichtsplan* genannt. Mit ihm ist eine wirkungsvolle und systematische Informationsversorgung gesichert.

Mit der Erstellung eines Berichtsplans soll einerseits erreicht werden, dass möglichst keine Informationslücken bei der Projektberichterstattung auftreten. Andererseits soll sichergestellt werden, dass die Projektberichte nur derjenige bekommt, der sie im Rahmen einer erfolgreichen Projektabwicklung auch wirklich benötigt. Dabei ist zu vermeiden, dass Personen unnötig mit zu vielen Informationen belastet werden. So müssen die Projektdaten umso mehr verdichtet werden, je höher die Hierarchiestufe ist, an die berichtet wird.

Im Projektverlauf ergeben sich hauptsächlich zwei unterschiedliche Berichtskreise, welche zu bedienen sind:

- Berichterstattung innerhalb des Projektteams:
  Schwerpunkt ist der Austausch von Informationen zu Vorgehensweisen und Hemmnissen im Projektverlauf. Insbesondere der Stand der Arbeitspakete, erreichte Ziele in der Periodenrückschau und erwartete Ziele in der Periodenvorschau werden kommuniziert.
  Methodisch wird dieser Berichtskreis über wöchentliche Projektstatussitzungen bedient. Teilnehmer sind alle Teilprojekt-Leiter und die Projektleitung sowie die Projektassistenz. Über getroffene Vereinbarungen wird ein Beschlussprotokoll mit einer To-Do-Liste angefertigt.
  Die CoC-Leiter informieren in CoC-Sitzungen ihre Teammitglieder und erläutern die Inhalte des Protokolls, informieren über wichtige Entscheidungen und geben To-Dos an ihre Mitarbeiter weiter.

- Berichterstattung an das Programmmanagement:
  Inhalt der Berichterstattung sind der aktuelle Projektfortschritt und alle aktuellen Entscheidungen, welche durch das Fachboard getroffen wurden. Konnten Entscheidungen auf dieser Ebene nicht herbeigeführt werden, gehen zu treffende Entscheidungen auch über den Statusbericht an das Programmmanagement.
  Das Programm-Jour-Fixe findet zweiwöchentlich statt. Zwei Tage vor einem Meeting wird vom Projektleiter der Status und ggf. eine Entscheidungsvorlage an das Programmmanagement versendet. Die Ergebnisse der Sitzung werden in einem Beschlussprotokoll festgehalten.

Projektdokumentation

Im Beispielprojekt ist der Aufbau der Projektdokumentation wesentlich durch die fachlichen Anforderungen getrieben, die sich aus der Analyse des Zielsystems ergeben. Diese Anforderungen wurden detailliert beschrieben und dokumentiert. Jede Anforderung ist in einen Themenkomplex einzuordnen, an dessen Bearbeitung verschiedene Teilprojekte (CoC) beteiligt sind.

Aus dieser Systematik ergibt sich die Chance, einzelne Themen top-down verfolgen zu können, an dessen Ende die in den jeweiligen CoC erstellten detaillierten Fachkonzepte stehen.

Der Einstiegspunkt dafür ist die Analysematrix. Sie beinhaltet alle identifizierten Deltas des Quellsystems zum Zielsystem aus der Prozessanalyse und damit alle für eine zukünftige Vertragsverwaltung geforderten fachlichen Funktionalitäten.

Die folgende Abbildung zeigt einen Ausschnitt aus der Analysematrix.

Gesamtstatus	1 in Arbeit		1 in Arbeit		1 in Arbeit		1 in Arbeit		1 in Arbeit		1 in Arbeit		1 in Arbeit		1 in Arbeit		1 in Arbeit		1 in Arbeit	
	1		2		3		4		5		6		7		8		9		10	
THEMA Sparte/Projekt	Führung/Beteiligung		Dynamik		Beitragsanpassung		Bündel		Rückversicherung		Objekt-Erweiterung		GP2		Beitragsberechnung		Suche und Anzeige bisherige VSNR		Monatliche Zahlweise	
	Datum	Status	Datum	Status	Datum	Status	Datum	Status	Datum	Status	Datum	Status	Datum	Status	Datum	Status	Datum	Status	Datum	Status
Gebäude Inhalt	31.10.06	1			31.10.06	1	N				02.11.06	1	N							
Geschäftsgebäude	31.10.06	1			31.10.06	1	N				02.11.06	1	N							
Betriebsunterbrechung					31.10.06	1	N				02.11.06	1	N							
EC					31.10.06	1	N				02.11.06	1	N							
Sach Sonstige			03.11.06	1	31.10.06	1	N				02.11.06	1	N		03.11.06	1				
Geprüft von																				
CoC Kern Server																				
CoC Kern Client																				
CoC Text-Druck																				
CoC Produkt																				
CoC Schnittstellen																				
CoC Batch																				
CoC fachliche Themen																				
CoC Eingangsprozess																				
CoC Test																				

Abbildung 5: Auszug aus der Analysematrix

Die einzelnen Themen werden mit laufenden Nummern versehen, einem Datum, an dem die Information in die Matrix eingestellt wurde, und einem Status. Beim Status ist zu unterscheiden zwischen Gesamtstatus des Themas und dem Einzelstatus des Spartenzweigs, in die eine Sach-Sparte unterteilt wird (Gebäude Inhalt, Geschäftsgebäude etc.). Im unteren Teil der Matrix können die CoC eintragen, wann die Themen für die Bearbeitung geprüft wurden.

Sind Themen fachlich identifiziert und beschrieben, ist der PSP zu ergänzen und Arbeitspakte sind in die Projektplanung einzuphasen. Verantwortlich dafür sind die CoC-Leiter und der Projektleiter.

Neben den Fachkonzepten gibt es weitere Ergebnistypen, auch spezifische pro Teilprojekt. Für alle möglichen Ergebnistypen des Projekts ist definiert, ob der Ergebnistyp abnahmepflichtig ist. Wenn ja, so ist zusätzlich angegeben, welcher Personenkreis (Rollen) die Abnahme durchführt.

Die zur Abnahme an den Auftraggeber übergebenen Ergebnisse werden in einer Abnahmeübersicht dokumentiert. Alle Abnahmeverfahren für Zwischenschritte, bestimmte Ergebnistypen sowie die Abnahme der fertigen Ergebnisse zum Projektende wurden beim Projektstart festgelegt.

Die Abnahme ist ein entscheidender Meilenstein im Projektverlauf. Der Auftraggeber hat die Pflicht zur Abnahme innerhalb einer festgesetzten Frist nach Lieferung, im Beispielprojekt eine Woche. Der Auftragnehmer hat das Recht auf Abnahme, um auf sicherer Basis die weiteren Phasen zu beginnen und einen definierten Abschluss des Projekts zu erzielen.

Die Abnahme erfolgt in schriftlicher Form und wird in einem Abnahmeprotokoll festgehalten. Für die Endabnahme wird der Leistungsumfang des Zielsystems durch einen abgestimmten Testbestand bestimmt. Dieser muss fehlerfrei bearbeitet werden. Darunter fallen online bearbeitete Geschäftsvorfälle sowie die Übernachtverarbeitung vorab definierter Batchläufe.

VII. Schlussbemerkung

Das beschriebene Projekt war ein Erfolg. Die Gründe hierfür sind sicher vielschichtig. Vor allem aber lag es an den Projektmitarbeitern und deren Motivation.

Für mich ist es eine wesentliche Erkenntnis aus vielen Projekten: Der Mensch ist der maßgebliche Faktor für gute Projekte. Menschen, die gerne tun, was sie tun, die ein gemeinsames Ziel haben, über das entsprechende Wissen und über einen geeigneten Werkzeugkasten verfügen, haben mehr Spaß und Erfolg.

Die Motivation der Mitarbeiter und deren aufgabenrelevanter Reifegrad sollten deshalb der zentrale Gedanke eines Projektleiters sein. Wenn ein Projektleiter es schafft, die Loyalität seiner Mitarbeiter zu gewinnen, und sie bewegt, ihre Energien zu bündeln, ihre Handlungsfreiheiten zu nutzen und lösungsorientiert zu arbeiten, sodass sie gemeinsame Werte für einen gemeinsamen Erfolg leben, dann ist die Wahrscheinlichkeit sehr hoch, dass die Arbeit zu den gewünschten Ergebnissen führt. (Es gibt auch externe Störeinflüsse, die hier vernachlässigt werden.)

Ein Vorgehensmodell für Datenmigrationen

Gunter May

Abstract

Der Abschnitt beschäftigt sich mit dem Thema Datenmigration. Immer häufiger stehen die Unternehmen aufgrund von Zusammenschlüssen, bedingt durch den Einsatz neuer Technologien oder durch Einführung von Standardsoftware vor der Aufgabe, Datenbestände zu migrieren. Dieses Kapitel liefert quasi eine Anleitung, wie man es nachweislich sehr gut tun kann. msg hat ein ausgearbeitetes Vorgehensmodell für Datenmigrationen und setzt bestimmte Software-Tools ein, um den Migrationsprozess zu beschleunigen und die resultierende Datenqualität zu verbessern.

I   Datenmigration im Überblick

I.1   Migration als strategisches Thema

IT-Systeme werden aus vielerlei Gründen inhaltlich oder technisch erneuert oder vereinheitlicht:

- Die eingesetzte Basistechnologie wird nicht mehr gewartet bzw. unterstützt oder es gibt nicht genügend Know-how am Markt.

- Die IT-Systeme sind am Ende ihres Lebenszyklus angekommen. Eine Pflege und Wartung seitens des Herstellers wird nicht mehr garantiert.

- Eine veränderte Sicht auf die Geschäftsprozesse lässt sich in der bestehenden Technik oder den IT-Systemen nicht abbilden.

- Akquisitionen und Merger zwingen zu einer Konsolidierung der IT-Systemlandschaft.

➔Migration[1] im weiteren Sinne umfasst den gesamten Veränderungsprozess einer bestehenden in eine definierte neue bzw. veränderte ➔IT-Systemlandschaft. Ausgehend von der Analyse der Ist-Situation können alle Maßnahmen, die bestehende IT-Systemlandschaften an neue Zielvorgaben anpassen, unter dem Begriff Migration zusammengefasst werden.

Darunter können sowohl durch die eingesetzte Systemsoftware ausgelöste Migrationen – wie z. B. der Wechsel des Betriebssystems, der Middleware, der Programmiersprache oder des Datenbanksystems – subsumiert werden, wie auch ein eher grundlegender Wechsel in der Anwendungsarchitektur. So ist heute z. B. die Einführung von SOA-Prinzipien häufig auch ein Auslöser für Migrationsprozesse.

Migrationen sind daher Veränderungsprozesse, in denen kaum ein IT-Thema unberührt bleibt. Das wichtigste Unternehmens-Know-how, gespeicherte Daten und programmierte/ automatisierte Geschäfts-Prozesse dürfen bei der Überführung, d. h. Migration, in eine neue IT-Systemlandschaft unter keinen Umständen verloren gehen oder verfälscht werden.

All dies ist Grund genug, diesen unternehmenskritischen Migrationsprozess von Daten und/oder Software in neue IT-Systemlandschaften, der an sich keine unmittelbare Wertschöpfung bringt, effektiv und so effizient wie möglich zu gestalten.

Nach einer kurzen systematischen Einordnung unterschiedlicher Typen von Migrationen konzentriert sich dieser Beitrag auf den komplexesten Typ, die ➔Datenmigrationen, mit besonderem Blickwinkel auf (Vertrags-)Bestandsführungssysteme in Versicherungsunternehmen.

---

[1] *migratio*, lateinisch: Umzug, Auswanderung, alle Begriffe mit vorangestelltem ➔ werden im Glossar für die Verwendung in diesem Beitrag definiert.

I.2 Begriffsdefinition – Typen von Migrationen

Im Hinblick auf eine Migration, kann eine IT-Systemlandschaft in einem Schichtenmodell in fünf Schichten gegliedert werden (Abbildung 1):

1. Die Nutzer-Schnittstellen: direkte Unterstützung der Anwender zur Abwicklung der Geschäftsprozesse (Online, Batch).

2. Branchenspezifische oder Unternehmensindividuelle oder Standard-Anwendungen zur Verwaltung einzelner Themenkomplexe („Komponenten"); (z. B. individuelles Provisionierungssystem für den Versicherungsvertrieb oder die SAP-Insurance-Systems-Lösung FS-PM „Policy-Management").

3. Branchenneutrale oder systemnahe Anwendungen (z. B. SAP FS-CD, Mail-Anwendungen, Datenbank-Systeme).

4. Geräte-/Hardware- und Kommunikations-/Netzwerkinfrastruktur und deren Betriebssysteme; in diesem Zusammenhang sollten auch die für die Pflege der Anwendungen notwendigen Entwicklungsumgebungen bzw. -technologien beachtet werden.

Abbildung 1: Schichtenmodell einer IT-Systemlandschaft

5. Gespeicherte Daten zu Geschäftspartnern, vertraglichen Vereinbarungen und Geschäftsprozessen.

Diesen Veränderungsprozess einer bestehenden IT-Systemlandschaft, d. h. die Überführung ganzer Schichten oder Teile im beschriebenen Modell als ➔Quelle in ein festgelegtes (neues) ➔Ziel (-szenario) der IT-Systemlandschaft, können wir noch etwas klassifizieren bzw. differenzieren als

- **Redesign**, wenn Geschäftsprozesse (Ebene 1) neu strukturiert oder stärker integriert werden, wobei aber die darunter liegenden Schichten im Wesentlichen beibehalten werden sollen

- **Portierung**, wenn die Anwendungen erhalten bleiben (Ebenen 2 oder 3), die darunter liegende technische Infrastruktur (Ebene 4) sich aber ändert

- **Update/Upgrade**, wenn Anwendungen oder systemnahe Software auf neuere Versionen umzustellen sind (Ebenen 2, 3, 4)

- **Datenmigration**[2], wenn sich das logische bzw. physische Modell der gespeicherten Daten grundlegend ändert (d. h. stärker als im Zusammenhang mit einer neuen Anwendungsversion [Update/Upgrade] oder bei Einführung eines neuen Datenhaltungssystems [z. B. bei Einführung einer Ersatz-Anwendung])

---

[2] In der englischsprachigen Welt werden Datenmigrationen auch als „Data Conversion" bezeichnet.

I.3 Datenmigration und Integration

Dieses Kapitel konzentriert sich auf die Vorstellung von **Datenmigrationsprojekten** im definierten Sinne. Zu **Update/Upgrade**-Projekten wird meist eine Unterstützung bzw. Verfahrensanleitung des Herstellers der Anwendung/Software vorgegeben, sodass bei der Umsetzung nicht mehr viele Freiheitsgrade bestehen. **Portierungen** sind sehr stark auf reine IT-Probleme fokussiert (z. B. Quell-Code-Analyse, automatisierte Code-Umsetzung usw.) und haben deswegen einen sehr spezialisierten Interessenten- und Lieferantenkreis. **Redesign** muss sich sehr stark auch mit der Bewertung der Effizienz von Geschäftsprozessen und der dafür genutzten IT-Anwendungen beschäftigen und hat deshalb auch eine starke organisatorische bzw. betriebswirtschaftliche Komponente, was hier nicht im Fokus steht.

Erst mit der Migration der Daten in die neue IT-Systemlandschaft und dem Nachweis der Aufrechterhaltung des Gesamtbetriebs ist das Ziel der umfassenden Erneuerung der IT-Systemlandschaft erreicht. Dadurch sind Datenmigrationen meist mit einem großen Risiko behaftet und so komplex, dass es sich lohnt, allein dieses Thema hier ausführlich zu behandeln.

Die Gliederung des Kapitels orientiert sich an einem Vorgehensmodell für Datenmigrationen, welches in Kapitel II vorgestellt wird. Den einzelnen Phasen dieses Vorgehensmodells sind sog. **Migrationsaspekte** thematisch zugeordnet und werden dort diskutiert. Zum Abschluss folgen Abschnitte zu Spezialfragen (z. B. Migration von historischen Daten) oder zu übergreifenden Themen (z. B. Risikobewertung).

In Datenmigrationsprojekten spielen natürlich Fragen zu Daten(bank)technologie, Performance/Tuning, Testen, Test- und Projekt-Management eine große Rolle. Diese Fragestellungen werden hier allerdings nicht vertieft und die Darstellung beschränkt sich auf die rein migrationsspezifischen Aspekte dieser Themen.

Immer wieder werden dabei Themen angesprochen, die eher Integrationsfragen in der neuen IT-Systemlandschaft betreffen. Neue fachliche Primärschlüssel, neue Schnittstellen zwischen den Komponenten, Produktverwaltungssysteme an Stelle von Tariftabellen oder die neue Gestaltung von Beziehungen zwischen →Fachobjekten haben Auswirkungen auf die Komplexität der Datenmigration. Solche Aspekte werden bei der Erstellung des Bebauungsplanes für die neue IT-Systemlandschaft kaum berücksichtigt und die →Implementierungsprojekte haben in erster Linie die Funktionsfähigkeit für das Neugeschäft im Fokus. **Datenmigration** ist daher die scheinbar kleine, aber schwierige Schwester der komplexeren (→**IT-System-**) →**Integration**.

II   Die zehn Phasen einer komplexen Datenmigration

Die Themen komplexer Datenmigrationen lassen sich in zehn inhaltliche Blöcke gliedern, die im Wesentlichen nacheinander, aber doch mit großen zeitlichen Überlappungen abgearbeitet werden müssen. In Abbildung 2 .sind diese Blöcke im Sinne eines Phasen-/Vorgehens-Modells dargestellt.

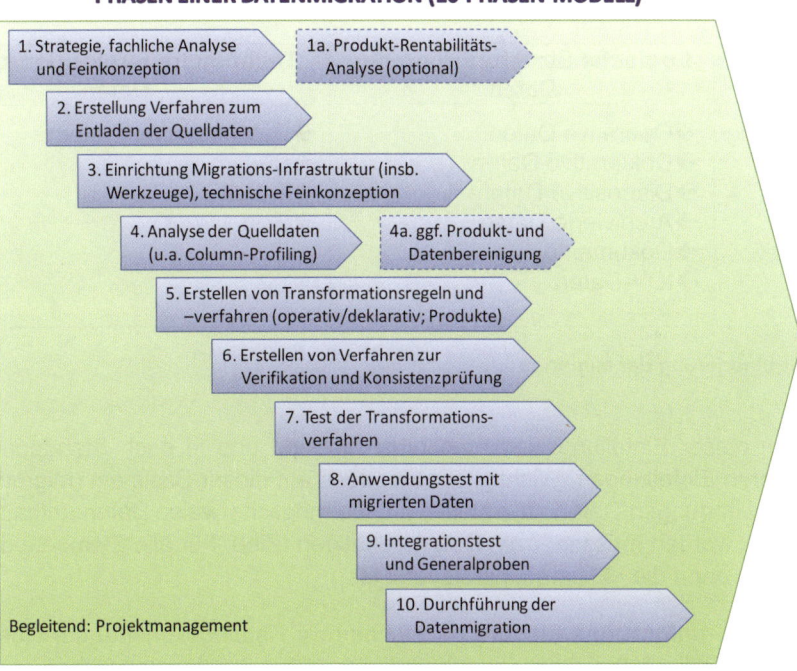

Abbildung 2: Phasen einer Datenmigration (Zehn-Phasen-Modell)

Jeder dieser Phasen ist im Folgenden ein eigener Abschnitt gewidmet.

II.1   Phase 1: Erarbeitung der Migrationsstrategie

Die Migrationsstrategie durchzieht alle nachfolgenden neun Phasen, da sie die wesentlichen Eckpunkte zum Vorgehen in diesen Phasen festlegt. Wir beschreiben hier nur diejenigen Elemente der Migrationsstrategie, die nicht in den Folgephasen besprochen werden.

Der Migrationsgegenstand

Gegenstand der Datenmigration sind Daten, die in unterschiedlichen Formaten und Speicherungsformen vorliegen. Entsprechend leiten sich auch unterschiedliche Migrationsstrategien und -verfahren ab.

Aus Datenmigrationssicht unterscheiden wir stets Quelle und Ziel der Migration. Sinnvoll ist auch die Einführung weiterer Gliederungskategorien:

Quelle/Ziel	Logische Strukturierung der Daten	Technische Strukturierung der Daten
→Anwendung	→Operative Daten →Deklarative Daten →Dispositive Daten →Archivierte Daten →Dokumente →IDV-Daten	→Datenhaltungssystem →Datei →Tabelle →Feld

Tabelle 1: Strukturierung der Migration

Die Grenzen dieser Einteilung sind manchmal fließend und je nach Standpunkt kommt man zu anderen Einteilungen. Wichtig ist aber, dass auf dieser Basis ein (Migrations-) Katalog aller Anwendungen/Daten zu erstellen ist, die möglicherweise Daten enthalten (Quelle), die migriert werden müssen, bzw. Daten benötigen (Ziel). Für alle Elemente dieses Katalogs legt man dann die →Migrationsrelevanz fest:

- Als **(Quell-)migrationsrelevant** bezeichnen wir Katalogelemente der Quelle, wenn sie Daten enthalten, die ins Ziel migriert/übertragen werden müssen.

- Als **(Ziel-)migrationsrelevant** bezeichnen wir Katalogelemente des Ziels, wenn sie mit Daten aus der Quelle gefüllt werden müssen (oder überhaupt gefüllt werden müssen, z. B. durch Default-Werte).

Dabei kann es durchaus vorkommen, dass z. B. ein Datenhaltungssystem migrationsrelevant ist, nicht aber alle in ihm enthaltenen Tabellen oder entsprechend nicht alle Felder einer migrationsrelevanten Tabelle migrationsrelevant sind. Abgesehen von der Kategorie „Feld" wird im Rahmen der Migrationsstrategie für alle Katalogelemente die Migrationsrelevanz festgelegt (für Felder passiert das erst im Zusammenhang mit der Erarbeitung der Transformationsregeln, siehe II.5).

Der **Migrationsgegenstand** umfasst alle migrationsrelevanten Katalogeinträge.

Die Migrationsschritte

Ein →Migrationsschritt ist eine logische Einheit des gesamten →Migrationsablaufs, in dem fachlich zusammengehörige Daten (z. B. die eines Fachobjekts) von den (migrationsrelevanten) Quell-Anwendungen in die Ziel-Anwendungen überführt werden. Beispiele sind die Migration von Geschäftspartner-Daten in einem ersten Migrationsschritt und die

Migration von Versicherungspolicen-Daten in einem zweiten. Ein Migrationsschritt ist grundsätzlich mehrstufig[3], siehe Abbildung 3.

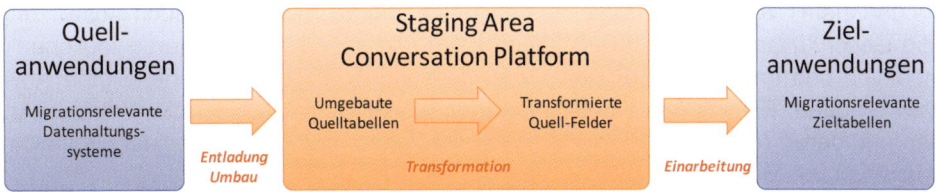

Abbildung 3: Migrationsschritt

In der ersten Stufe eines Migrationsschrittes werden die migrationsrelevanten Daten aus den Quell-Anwendungen **entladen** und in eine ➔Staging Area (Zwischenspeicher) der ➔Conversion Platform (Migrationsumgebung) überführt. Dabei werden die Daten nur selektiert und nicht verändert[4], allerdings in eine relationale Datenbank überführt[5] (siehe Kapitel II.3)

In der zweiten Stufe werden die Daten **transformiert**, d. h., es findet das ➔Mapping der Quell-Felder auf Ziel-Felder/Tabellen statt, die dem Zielsystem weitgehend entsprechen[6]. Ausführlich wird dieser Prozess – das Kernproblem von Datenmigrationen – im Abschnitt zu Phase 5 „Erstellen der Transformationsregeln" dargestellt.

In der dritten Stufe werden die transformierten Daten in die Ziel-Anwendungen **eingearbeitet**. Dies ist im Allgemeinen ein kompliziertes Verfahren, welches über einen einfachen Ladevorgang mit den Dienstprogrammen des DBMS hinausgeht, z. B. weil in der Zielanwendung bereits vorhandene Daten oder Schnittstellenrestriktionen beachtet werden müssen. Dieses wird ausführlicher im Abschnitt zu Phase 10 „Durchführung der Migration" beschrieben.

Formal entsprechen diese drei Stufen dem Prinzip „ETL" (Extract – Transform – Load), aber im Allgemeinen ist ein solcher Migrationsschritt komplexer („Umbau", „Einarbeitung").

Die gesamte Datenmigration besteht aus einem von den Quell-Datenhaltungssystemen ausgehenden, hin zu den Ziel-Datenhaltungssystemen gerichteten Netz von Migrationsschritten.

Innerhalb der Migrationsstrategie sind die einzelnen Migrationsschritte sowie deren Abarbeitungsreihenfolge während der Durchführung der Migration unter Beachtung möglicher Parallelisierungen festzulegen.

---

[3] In der Praxis setzen sich die Stufen aus mehreren technischen Einzelschritten zusammen
[4] Es gibt Ausnahmen, z. B. sollten gepackte Felder entpackt werden.
[5] Staging Area, Conversion Platform, Relationale Datenbanken werden im Abschnitt zu Phase 2 „Einrichtung der technischen Infrastruktur" ausführlicher beschrieben.
[6] Die Differenz zu den echten Strukturen des Zielsystems ergibt sich aus den unterschiedlichen Verfahren, diese Daten dann in das Zielsystem einzuarbeiten.

Integrative Aspekte der Datenmigration

Ein Datenmigrationsprojekt setzt voraus, dass eine →funktionale Delta-Analyse zwischen Quell- und Ziel-IT-Systemen erfolgt ist, sodass die Migrationsstrategie auch Auswirkungen auf die Geschäftsprozesse berücksichtigen kann, die sich aus den unterschiedlichen Datenmodellen und unterschiedlich gestalteten Geschäftsprozessen der beteiligten Anwendungen ergeben. Ein wichtiges Beispiel hierfür ist der Umgang mit rückwirkenden Änderungen und deren Auswirkungen auf die Abrechnungen im Inkasso oder der Provision bei der Migration von Buchungsdaten.

Am Beispiel der Migration von Buchungsdaten von Reserven-Konten (z. B. Reserven einer Lebensversicherung) wird dargestellt, dass die Transformation mehr ist als ein Mapping von Feldern (siehe Abbildung 4): während in der Quell-Anwendung der aktuelle Kontensaldo laufend in einem Konten-Kopf-Satz mitgeführt wird, muss er bei der Zielanwendung aus dem letzten Jahresabschluss und den danach erfolgten Buchungen ermittelt werden. Solche Unterschiede ergeben sich z. B. aus unterschiedlichen Lösungsansätzen zur Steigerung der Performance dieser Anwendungen.

Für die Datenmigration ergibt sich daraus aber, dass die Jahresabschlüsse vergangener Jahre durch die Migration vollständig nachgebildet werden müssen – und das geht weit über eine Transformation oder ein einfaches „Mapping" der Felder hinaus!

Quell-Anwendung		
Kopfsatz	**Saldo**	**+8.000€**
5. Einzelbuchung	Jan 2009	+3.000€
4. Einzelbuchung	Sep 2008	+1.000€
3. Einzelbuchung	Feb 2008	+2.000€
2. Einzelbuchung	Sep 2007	+1.000€
1. Einzelbuchung	Feb 2007	+1.000€

Ziel-Anwendung		
5. Einzelbuchung	Jan 2009	+3.000€
Jahresabschluss 2008	**Saldo**	**+5.000€**
4. Einzelbuchung	Sep 2008	+1.000€
3. Einzelbuchung	Feb 2008	+2.000€
Jahresabschluss 2007	**Saldo**	**+2.000€**
2. Einzelbuchung	Sep 2007	+1.000€
1. Einzelbuchung	Feb 2007	+1.000€

Saldo wird bei jeder Buchung mit aktualisiert und gespeichert.

Im Rahmen der Jahresabschlussarbeiten wird ein Jahresendsaldo ermittelt und gespeichert.

Abbildung 4: Unterschiedliche Logik in Quelle und Ziel

Ein weiteres, viel komplizierteres Beispiel ist die Migration der Daten einer Kranken-Leistung-Anwendung. Dort werden Konten und Salden in unterschiedlichen Tarif-, Selbstbehalts- oder Zeitraum-Gruppen geführt, was sehr eng mit der jeweiligen Tarifkalkulation zusammenhängt. Hier wird deutlich, dass in solchen Fällen für die Migration nicht nur das Verständnis für die jeweilige Semantik der Datenmodelle, sondern auch für die darauf aufsetzenden Geschäftsprozesse vorhanden sein muss, und zwar für Quell- und Ziel-Anwendung. Da dies durch einzelne Personen im Allgemeinen nicht geleistet werden kann, sind Datenmigrationsprojekte auch kommunikativ und organisatorisch anspruchsvolle Projekte. Oft müssen drei Parteien zusammengebracht werden: Kenner der Quell-Anwendung, der Ziel-Anwendung und der Migrationsspezialist. Allgemein kann gesagt werden, je redundanter die gespeicherte Information (z. B. in Form von Verdichtungen), desto komplizierter die Migration.

Im Rahmen der Migrationsstrategie müssen solche Unterschiede erkannt und entsprechende Lösungsstrategien skizziert werden.

Migration von deklarativen Daten

Die Migration der operativen Daten setzt die Migration der deklarativen (bzw. der →Stammdaten) voraus. Z. B. muss in der Zielanwendung der Kontenplan vorhanden sein, um Buchungen migrieren zu können, oder die Codierungstabellen für Produkt- oder Berufsbezeichnungen usw. müssen vorhanden sein, bevor Aufträge oder Verträge, die sich auf diese Produkte beziehen, migriert werden können. In diesem Kontext verstehen wir auch die Versicherungsprodukte, auch oft als Tarife bezeichnet, als deklarative Daten. Im Netz der Migrationsschritte stehen deshalb die Migrationen dieser Daten ganz am Anfang. Vielfach werden in der Zielumgebung bestimmte Teilsysteme erst als eigenständige Teil-IT-Systeme gestaltet, die es so im Quellsystem überhaupt nicht gegeben hat (Beispiele sind z. B. Produktsystem und Objektverwaltung).

Betrachten wir in der Versicherungswelt die Tarife, so werden diese allerdings meist „manuell" migriert, denn neben den beschreibenden Daten der Tarife sind i. d. R. auch die versicherungstechnischen Methoden neu zu programmieren, insbesondere, weil die Tarife oft in einer eigenen Komponente – dem Produktsystem – abgebildet werden bzw. ein solches System überhaupt erst in Betrieb genommen wird. Dies ist für sich betrachtet schon ein aufwändiges Thema und insofern kritisch, weil dies eben erledigt sein muss, bevor ernsthaft mit den Arbeiten zur Migration der operativen Daten begonnen werden kann. Danach kann auch erst getestet werden, ob die neu implementierten versicherungstechnischen Methoden in der Zielanwendung auf den migrierten Daten zu denselben Ergebnissen führen wie zuvor im Quell-System. Unvermeidbare Differenzen, z. B. aufgrund der Rundungsproblematik, führen dann zu weiteren Maßnahmen innerhalb der Migration, um diese Differenzen z. B. durch „Delta-Buchungen" auszugleichen. Hinzu kommt, dass der zu migrierende Vertragsbestand auf alten Tarifen basiert und nicht einfach auf neue Tarife umgestellt werden kann. Demzufolge muss die Strategie die Frage beantworten, wie diese alten Tarife im Produktsystem effektiv und mit vertretbarem Aufwand nachmodelliert werden können.

Weitere Elemente der Migrationsstrategie

Wie eingangs ausgeführt, soll die Migrationsstrategie die wichtigsten Elemente aller Projektphasen enthalten. Diese werden im Folgenden beschrieben (z. B. werden Fall-Back-Strategien im Kapitel zu Phase 10 „Produktive Migration" behandelt), sodass wir hier nur noch kurz die erfahrungsgemäß problematischsten Themen kurz ansprechen werden:

- Die Migration von historischen Datenbeständen (also z. B. die Daten, die zum Migrationszeitpunkt nicht mehr gültig sind) führt zu immensem Aufwand. Eine genaue Kosten-Nutzen-Betrachtung im Voraus ist aber selten möglich. Dieses Thema wird ausführlich in Kapitel III.2 behandelt.

- Die Neuvergabe von Ordnungsbegriffen (z. B. Kunden- oder Vertrags-Nummern) hat große IT-technische und organisatorische Konsequenzen, da über diese fachlichen Schlüsselbegriffe häufig die gesamte IT-Systemlandschaft mit allen verbundenen Rand- und Umsystemen integriert ist.

- Ein spezielles Integrationsthema ist auch der Umgang mit den Daten in den Data-Warehouses bzw. den Statistiksystemen der Quell- und Ziel-IT-Systeme. Hier hat man es mit massiv redundanten bzw. verdichteten und historischen Daten und den damit schon dargestellten Schwierigkeiten bei einer Migration zu tun. In der Konsequenz führt das aus Kosten-Nutzen-Überlegungen dazu, dass z. B. bei der Einführung eines neuen Bestandsverwaltungssystems das Data-Warehouse ab dem Migrationszeitpunkt nur mit den neu hinzukommenden Daten/Verträgen neu aufgebaut und alles andere im alten Data-Warehouse zurückgelassen wird.

- Ein weitreichendes Thema ist auch die Migration von Dokumenten, die in ganz unterschiedlichen Formen vorliegen können: z. B. im TIFF- oder im PDF-Format in einem Archivsystem oder auch nur als Auflistung verwendeter Textbausteine, abgespeichert bei der zugehörigen historischen Version des Geschäftsobjektes. Hier spielen dann auch die gesetzlichen Aufbewahrungspflichten in die Migrationsüberlegungen mit hinein. Generell ist zu bedenken, ob auch ausgelagerte Daten im Sinne der Aufbewahrungspflichten migriert werden müssen, z. B. wenn sie wegen der nicht mehr zur Verfügung stehenden Alt/Quell-Anwendungen nicht mehr reproduziert werden können.

- Abschließend sei noch das Thema „Umgang mit nicht-migrierten Daten" erwähnt. Wie schon dargestellt, werden oft aufgrund von Kosten-Nutzen-Überlegungen nicht alle Quelldaten in die Ziel-Anwendungen migriert. Aufgrund der benötigten Auskunftsfähigkeit müssen dann aber trotzdem preiswerte Lösungen gefunden werden, um diese Daten weiter in der Zielumgebung zur Verfügung zu haben – möglicherweise in einer funktional stark eingeschränkten Art und Weise.

II.2 Phase 2: Einrichtung der technischen Infrastruktur

Projekte zu Datenmigrationen sind gut strukturier- und formalisierbar. Aus der Migrationsstrategie sind z. B. Migrationsschritte, Tabellen und Felder bekannt sowie benötigte Informationen über Reihenfolge und Abhängigkeiten, Migrationsrelevanz oder Datentypen. Wie wir später noch sehen werden, gilt das auch für weitere benötigte Informationen, insbesondere die →Transformationsregeln. Datenmigrationen können daher gut durch entsprechende Werkzeuge unterstützt werden. Die benötigte technische Infrastruktur teilt sich auf in

- Werkzeuge („Tools") zur Unterstützung des methodischen/konzeptionellen Vorgehens bei Datenmigrationen und der Entwicklungs- und Projektarbeit

- Systemumgebung zur Entwicklung und Durchführung des (produktiven) Migrationsablaufs

Werkzeuge für Datenmigrationsprojekte

Betrachten wir den in Kap. II.1 eingeführten Migrationsschritt aus methodischer und technischer Sicht, begegnen wir einer Reihe von Themen (in kursiver Schrift in Abbildung 5), die toolgestützt bearbeitet werden sollten.

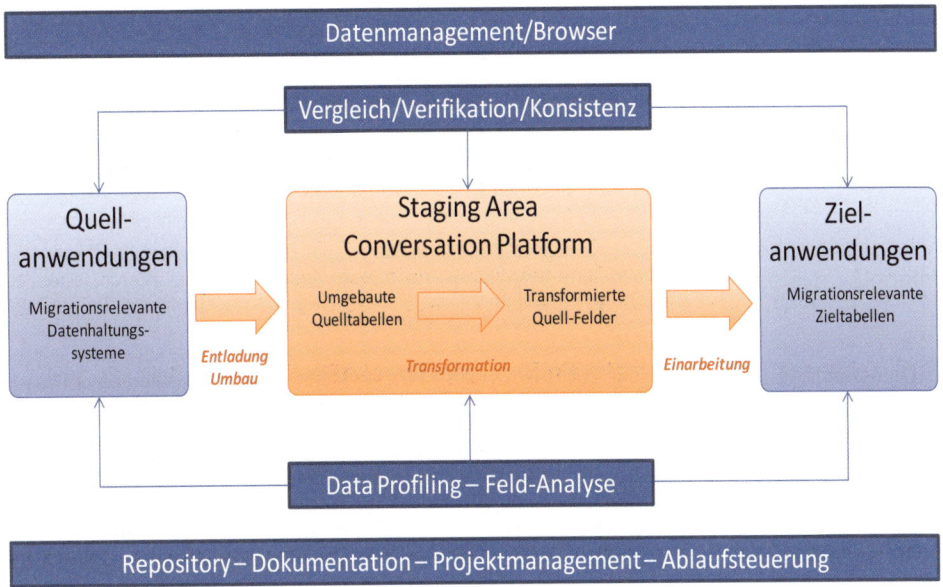

Abbildung 5: Themen rund um einen Migrationsschritt

Im Idealfall werden alle angesprochenen Themen und Anforderungen durch ein integriertes „Datenmigrationstool" abgedeckt[7]. Im Normalfall werden aber mehrere spezialisierte und Hersteller-spezifische Werkzeuge verwendet werden („Toolbox"). Gerade aus Sicht einer unabhängigen Verifikation ist es auch sinnvoll, für dieses spezielle Thema gesonderte Werkzeuge zu verwenden. Die geeignete projektspezifische Kombination aller verwendeten Werkzeuge ist ein weiteres Thema der Migrationsstrategie (siehe Kapitel II.1).

---

[7] Der Autor empfiehlt das Migrationstool „nag-migrate" der Firma nag, Basel, in welches viele der in dieser Abhandlung behandelten Themen und Anforderungen eingeflossen sind.

Thema (siehe Abbildung 5)	Hauptaufgaben und Anforderungen an ein unterstützendes Werkzeug
Repository/ Dokumentation/ Projektmangement/ Ablaufsteuerung	Das Migrationsrepository nimmt alle Informationen auf, die für das konkrete Projekt der Datenmigration relevant sind. So z. B. den Migrationsgegenstand (siehe Kapitel II.1), also Meta-Informationen über Quell- und Zieldaten, die Migrationsregeln (siehe Kapitel II.5) und vieles andere. Insbesondere werden in ihm auch Statusinformationen bzgl. des Projektfortschritts verwaltet (z. B. Migrationsregel wurde „erfasst", „qualitätsgesichert", „programmiert", „getestet", „freigegeben/eingefroren"). Die aufbereiteten Informationen aus dem Repository sind somit auch Hilfsmittel für das Projektmanagement. Weiter werden alle Daten, die der Dokumentationspflicht unterliegen, dort gespeichert. Ferner ist dieses Repository dann auch Basis zur Generierung der Programme, die die eigentliche Datenmigration ausführen (oder Skripte zur Datenbank-Generierung usw.). Schließlich verwaltet das Repository auch die Ergebnisse aller Test- und Produktiv-Migrationsabläufe. Auf diese Weise kann der Status jedes zu migrierenden Fachobjektes auf seinem Weg von der Quelle ins Ziel verfolgt werden.
Daten-Profiling Feld-Analyse	Werkzeuge zur Datenanalyse können Metadaten-Informationen aus Datenhaltungssystemen auslesen und verallgemeinert leicht lesbar aufbereiten und darstellen. Ferner untersuchen sie die enthaltenen Daten: z. B. werden je Feld die tatsächlich enthaltenen Werte ermittelt (und gegen Soll-Wertebereiche verglichen), die Datenformate und -typen ermittelt, Redundanzen aufgedeckt usw. Kurz: es werden alle Informationen ermittelt, um die Daten kennenzulernen, zu beurteilen und die Sachverhalte in der Datenmigration berücksichtigen zu können. Zusammenfassend spricht man von „Data-Profiling". Nebenbei können dann auch Aussagen zur Datenqualität im Quellsystem abgeleitet werden. Eventuell unterstützt solch ein Werkzeug auch Maßnahmen zur Datenbereinigung („Data-Cleansing"). Die Datenanalyse ist aber nicht nur für die Quelldaten interessant, sondern auch in den Staging Areas und Ziel-Daten zur Überprüfung der Ergebnisse der Datenmigration. Inhaltlich wird dieses Thema in Kapitel II.4 behandelt.
Entladung Umbau	Das Entladen der Quelldaten (siehe auch Kapitel II.3) und auch das Laden der transformierten Daten erfolgt üblicherweise mit Utilities der Hersteller der verwendeten Datenhaltungssysteme. Mit ihnen können aber meist nur sehr einfache Transformationsregeln abgebildet werden, sodass sie in den seltensten Fällen bei komplexen Datenmigrationen ausreichen, sondern mindestens mit spezifischer Programmierung ergänzt werden müssen. Manchmal sind ETL-Tools hilfreich. Beispielsweise aber bei objektorientierten Systemen mit interner gekapselter Schlüsselvergabe und objektrelationalem Mapping in der Persistenzschicht sind diese Werkzeuge alleine kaum einsetzbar. Auf jeden Fall müssen solche Tools mit unterschiedlichen Datenformaten und Zeichensätzen umgehen können (EBCDIC, ASCII …).
Transformation Mapping	Werkzeuge, die auch die Erfassung und Umsetzung komplexer Transformationsregeln unterstützen, werden hier als Mapping-Tools bezeichnet. Die Transformation ist das Kern-Thema und -Problem einer Datenmigration. Es wird im Kapitel II.5 vertieft behandelt. Ein solches Werkzeug sollte mindestens sowohl ➔Instantiierungsregeln als auch ➔Mappingregeln verwalten können.

Einarbeitung Business-Loader BAPI Load	Oftmals bieten die Zielsysteme bereits spezifische **BAPIs** (Business Application Programming Interface) an, die durch die Datenmigration zu bedienen sind (z. B. ist dies für einige SAP-Anwendungen der Fall). In diesen Fällen transportiert die Datenmigration die Quelldaten also nicht direkt in das Datenhaltungssystem der Ziel-Anwendung. Sie werden durch zielsystemspezifische Import-Programme (bei SAP-System als BAPI implementiert) abgeholt und weiterverarbeitet. Sie können dann auch als „Utility" interpretiert werden. Ähnlich arbeiten „**Business-Loader**", die als grundsätzliche Alternative (im Sinne der Migrationsstrategie) zum direkten Mapping der Quell-Daten in die Strukturen der Zielanwendung angesehen werden können. Hier werden Funktionen bzw. Methoden benutzt, die die Zielanwendung zur Verfügung stellt, um die Daten in die Zielsystem-Datenhaltung zu transportieren. Im Gegensatz zur BAPI-Methode folgen aber keine vorhandenen Zielsystem-spezifischen Import-Utilities, sondern der „Business-Loader" ist als Migrationsprogramm, welches diese Funktionen/Methoden nutzt, datenmigrationsprojektspezifisch zu erstellen.
Vergleich Verifikation Konsistenz	Hier sind Werkzeuge gemeint, die das Testen der Migrationsverfahren unterstützen. Migrationsspezifisch interessant sind z. B. Werkzeuge, die Datenmengen aus Quelle und Ziel (und auch den Staging Areas) miteinander vergleichen und auf Abweichungen untersuchen. Diese Vergleiche sind auf verschiedenen Ebenen interessant: vom Vergleich einzelner Quell- und Ziel-Felder bis hin zum Vergleich von verdichteten oder summarischen Informationen wie Zähler und Summen. Diese Werkzeuge unterstützen also die Verifikation der Migration (siehe Kapitel II.6), d. h. den Nachweis, dass die Daten vollständig und richtig migriert wurden. Darüber hinaus ist die Konsistenz der Daten im Zielsystem zu überprüfen, d. h. deren Zusammenpassen mit den im Zielsystem auf Datenhaltungsebene implizit festgelegten Geschäftsregeln.
Browser Daten-Beauskunftung Daten-Management	Mit diesem Themenbereich sind Werkzeuge gemeint, die einen sehr einfachen Zugang zur Ansicht und Manipulation von gespeicherten Daten erlauben, ohne dass die entsprechende Anwendung zur Verfügung stehen muss. Dies sind z. B. komfortable SQL-Umgebungen oder Tools, die auf Basis von Datenbank-Metadaten „generisch" HTML-Oberflächen erzeugen, um z. B. die Daten in den Staging Areas anzuzeigen. Das ist weiter dann interessant, wenn nicht alle Daten migriert werden (z. B. veraltete, historische Daten), diese aber zu Dokumentations- und Auskunftszwecken weiter den Anwendern zur Verfügung stehen sollen. Aus Wirtschaftlichkeitsgründen lohnt es sich dafür meist nicht, eine komfortablere Anwendung zu erstellen.

Tabelle 2: Hauptaufgaben und Anforderungen an ein unterstützendes Werkzeug

Systemumgebung für den Ablauf von Datenmigrationen

Quell- und Ziel-IT-Systemlandschaft existieren mit ihren jeweiligen Entwicklungs-, Test- und Produktionsumgebungen. Es ist vorteilhaft, die Migration in einer davon abgetrennten „Conversion Platform", bestehend aus einem oder mehreren Servern, durchzuführen (Abb. 6).

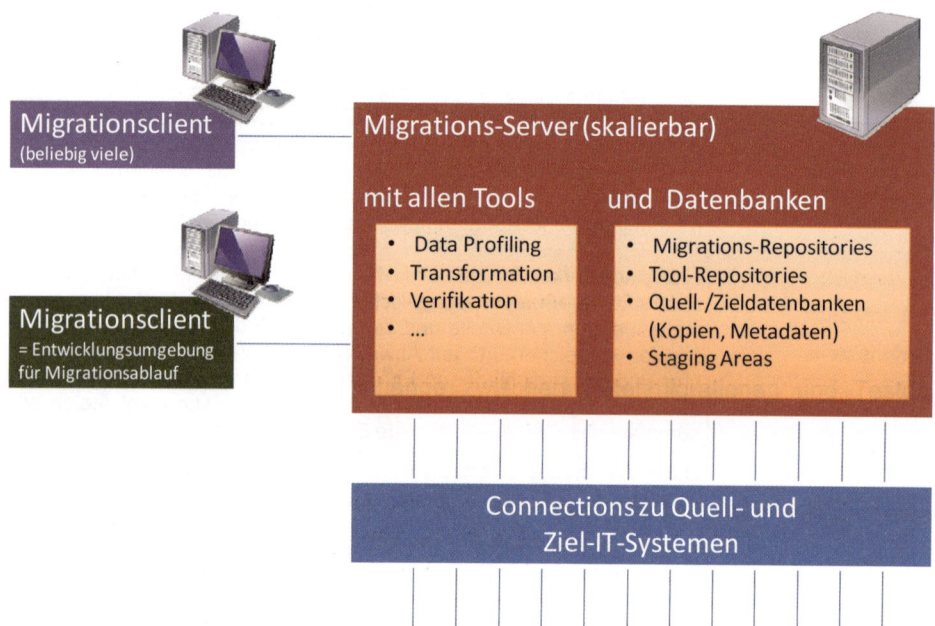

Abbildung 6: Conversion Platform

- Die „Einmal-Aufgabe" Migration stört so kaum den „Normalbetrieb" in Quell- und Ziel-IT-Systemen.

- Die verwendeten Werkzeuge können unabhängig von bestehenden Konventionen installiert und benutzt werden, evtl. sogar vom Migrationsdienstleister zur Verfügung gestellt oder betrieben werden, ggf. auch remote.

- Die Flexibilität gerade hinsichtlich des notwendigen Speicherbedarfes („Staging Areas") ist höher.

- Die Flexibilität bzgl. Skalierung des Durchsatzes der Transformation ist höher.

- Entlade- und Einarbeitungs-Verfahren bleiben im Quell- bzw. Ziel-IT-System. Die Datenübergaben mit der Conversion Platform erfolgen über eine relativ einfach zu konzipierende und zu betreibende Schnittstelle.

Datenmigrationen müssen sehr aufwändig getestet werden (siehe Kap. II.8 ff.). Insbesondere werden sehr viele Daten bewegt und damit sind die Anforderungen an das Daten-Management hoch (Speicherplatz, Rücksetzen von Datenbanken, Verwaltung von Release-Ständen usw.). Da eine Migration in derselben Zielumgebung nicht ohne weiteres wiederholbar ist (Schlüsselverletzungen), ist es auch sinnvoll, eine vollständige Kopie der Integrationstestumgebung der Ziel-Anwendungs-Plattform ausschließlich für Tests der Migration zur Verfügung zu stellen (Abb. 7), um jederzeit den Datenbestand der Testumgebung zurücksetzen zu können. Bewährt hat sich in SAP-Umgebungen beispielsweise eine eigene Zielinstanz mit zwei Mandanten. Durch eine Mandantenkopie konnte durch wenig Aufwand immer wieder derselbe initiale Stand der Zielumgebung bereit gestellt werden.

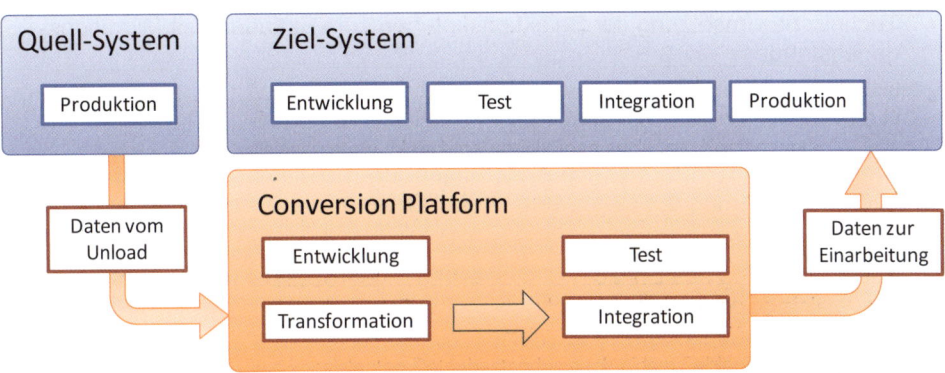

Abbildung 7: „Bypass" Conversion Platform mit eigenständiger Integrations-/Test-Umgebung

Die gesamte Entwicklung und die Tests der Migrationsverfahren hinsichtlich der Einarbeitungsverfahren laufen dann auf dieser Umgebung, der Migrations-Integrationstest-Umgebung. Nicht zuletzt ist dies für die abschließenden Generalproben sehr hilfreich. Aus Risiko-Gesichtspunkten muss diese Integrationstestumgebung so ähnlich wie irgendwie möglich der Produktionsumgebung sein, im Idealfall eine Kopie der Produktionsumgebung.

II.3 Phase 3: Erstellen der Verfahren zum Entladen der Quelldaten

In der ersten Stufe eines Migrationsschrittes werden die migrationsrelevanten Daten aus den Quell-IT-Systemen entladen und in eine Staging Area (Zwischenspeicher) der Conversion Platform (Migrationsumgebung) überführt. Dabei werden die Daten nur selektiert und nicht verändert[8], allerdings in eine relationale Datenbank überführt[9]. Die Quell-Tabellen werden dabei strukturell so umgebaut, dass sie mit relationalen Mitteln weiterverarbeitet werden können. Zum Beispiel werden in einem Quell-Datensatz enthaltene Tabellen (z. B. „occurs-clauses") im Sinne einer 1:n-Beziehung aufgelöst. Ein anderes wichtiges Beispiel ist die Verteilung von mittels „redefines"-Techniken strukturierten Datensätzen auf verschiedene Tabellen.

---

[8] Es gibt Ausnahmen: Z. B. sollten gepackte Felder entpackt werden; allgemein: Änderungen der technischen Formate sind erlaubt, nicht aber Beseitigung von Anomalien (Numerische Felder für Datumsangaben).
[9] Wenn die Quelldaten bereits in einer passenden relationalen Datenbank vorliegen, kann das Entladen technisch z. B. auch in Form eines Datenbank-Backups/Exports erfolgen.

In diesem Schritt des Migrationsablaufs kann es auch sinnvoll sein, die Quell-Daten mit Daten anzureichern, die nicht abgespeichert in den Quell-Anwendungen zur Verfügung stehen, sondern erst berechnet werden müssen, Beispiele hierfür sind Gewinnanteile oder Reserven, die nicht in der Form vorliegen, wie sie zur Migration benötigt werden, z. B. weil zeitliche Abgrenzungen hinsichtlich des Migrationszeitpunktes notwendig sind.

Die wichtigsten konzeptionellen Festlegungen und Ergebnisse in dieser Phase sind also:

- Technische Umsetzung der Selektionskriterien zum Entladen des Migrations- gegenstandes

- Konzeption zur strukturellen Vereinfachung und relationalen Darstellung der Quell-Daten des Migrationsgegenstandes

- Umformatierung (nur Datentyp-Änderungen) der Quelldaten, in Ausnahmefällen auch Anreicherung der Quelldaten um benötigte und evtl. neu zu berechnende Daten.

- Automatisierung des Entlade- und Übertragungsprozesses in die Migrations- Umgebung (Conversion Platform)

II.4 Phase 4: Datenanalyse und Data-Cleansing

Auf die nach dem Entladen in der Staging Area befindlichen Quell-Daten werden nun die tool-gestützten automatischen Daten-Profiling-Verfahren angewendet.

Anschließend werden die Ergebnisse aus technischer Sicht bewertet (Schlüsselbegriffe, Formate, Wertebereiche, Integritäten). In Workshops mit Datenmodell-Experten und Business-Experten des Quellsystems werden die Profilingergebnisse aus fachlicher Sicht bewertet und ggf. verfeinert. Mittels der verfügbaren Werkzeuge sollte dabei jederzeit ein Live-Zugriff auf die Daten möglich sein. Alle Auffälligkeiten werden im Migrationsrepository gesammelt. Als Nebenergebnis entsteht so eine aktuelle Dokumentation des Quelldatenmodells, mindestens soweit es aus Migrationsgesichtspunkten erforderlich ist.

Während dieser Workshops werden auch alle Felder als „migrationsrelevant ja/nein" eingeordnet (in der Strategiephase wurde das nur bis auf Tabellen-Ebene gemacht). Nicht migrationsrelevante Tabellen oder Felder werden im weiteren Verlauf des Migrationsprojektes nicht mehr beachtet. Dieses – wie auch alle anderen Festlegungen und Regeln – werden im Migrationsrepository dokumentiert.

Ein Datenanalysebericht fasst alle nicht schnell zu klärenden Punkte zusammen und zeigt Handlungsperspektiven für das ggf. notwendige Data-Cleansing auf. Darin werden Vorschläge erarbeitet, an welcher Stelle im Migrationsprozess die Probleme am einfachsten zu beheben sind (entweder noch im Quell-System, beim Entladen, beim Laden in die Staging Area während der Transformation oder erst im Zielsystem).

Zu dieser Phase gehört abschließend auch die Analyse des Zieldaten-Modells und dessen Abbildung im Migrationsrepository bzw. in der Staging Area.

Analyse der Produkt/Tarif-Daten und Produkt-Bereinigung

Ein wesentliches Merkmal moderner Architekturen für Versicherungsanwendungen ist die Verwaltung der Versicherungsprodukte, also der Tarife, durch eine eigenständige Komponente – ein Produktmanagementsystem. Dort werden auch alle versicherungstechnischen Methoden abgebildet. Diese sind von besonderer Komplexität in der Lebensversicherung, gefolgt von der Krankenversicherung und den Sachversicherungen. Darüber hinaus greift diese Komponente aber auch (gewollt) aktiv in die Bestandsverwaltung (also die Verwaltung der operativen Daten zu Versicherungsverträgen) ein, weil im Idealfall der gesamte Verwaltungsprozess von der Antragserfassung über die Geschäftsprozesse der Bestandsführung bis hin zu den Leistungsprozessen durch das Produkt gesteuert, ja geradezu parametrisiert werden soll. Aus Sicht der Migration sind Produkte/Tarife also deklarative Daten, die unbedingt als Erstes migriert werden müssen, da dies Voraussetzung für die Migration der operativen Daten ist. Migration der Produkte/Tarife heißt aber fast immer manuelle Einrichtung dieser Produkte/Tarife im Produktmanagementsystem. Dies erfordert unter anderem auch mathematisch-versicherungstechnischen Skill und hat, wie dargestellt, erhebliche Implikationen auf die operativen Systeme. Dies sind aber nur einige Gründe, weshalb der Einrichtung der Produkte/Tarife im Ziel-Produktmanagement-System höchste Aufmerksamkeit und Priorität geschenkt werden sollte.

Die weiteren Gründe sind versicherungstechnischer Natur. Wir behandeln das Thema am Beispiel der Lebensversicherung. Die Ermittlung aller versicherungstechnischen Werte (Beiträge, Versicherungssummen, Garantiewerte, Überschüsse, Kosten) muss im Zielsystem zu denselben Ergebnissen führen wie im Quell-System. Dies zieht im Rahmen der Migration massive Verifikations- und Testaufwände nach sich. Ein Beispiel dafür ist, dass die Abgangsbilanz im Quellsystem dieselben Werte ausweisen muss wie die Eröffnungsbilanz im Zielsystem.

Oft unterschätzt wird der Aufwand für die Implementierung geschlossener Tarife im Neusystem. Die Analyse des Altbestands zeigt typischerweise eine Häufung der Verträge in wenigen Tarifen sowie eine Vielzahl von Tarifen mit nur wenig Bestand. Hier ist anlässlich der Migration auch an eine Bestandsbereinigung zu denken. Dennoch werden einige Altbestände bestehen bleiben, deren Produktabbildung in voller Ausprägung aus Aufwandsgründen nicht sinnvoll ist. Grundlage hierfür kann eine Auswertung der Änderungshäufigkeit im Altsystem nach Tarifen und Generationen sein, wodurch Entscheidungsgrundlagen geliefert werden. Hier kann eine Modellierung von Alttarifen mit manueller Tarifierung und „generischen" Produktbestandteilen den Aufwand verringern.

Diese Überlegungen und überhaupt eine anzustrebende Verschlankung der zukünftigen Prozesse legen es nahe, die Migration auch als Anlass für eine Überprüfung der Produkt-Tarife-Vielfalt zu nehmen und ggf. Tarife zu schließender Verträge in andere Tarife zu überführen. Oft sind schließlich 90% der Versicherungsverträge mit nur 10% der Produkte/Tarife hinterlegt. Eine 1:1-Abbildung der Produkte/Tarife von Quelle auf Ziel würde dazu führen, dass

- die „Altlasten" („alte" Tarife mit sehr kleinen Beständen) nachhaltig weitergeführt werden
- ein entsprechend hoher Aufwand in der Implementierung des Zielsystems entsteht

- die Aufwände und Risiken in der Migration entsprechend höher sind

Dem gegenüber stehen die Aufwände der aktuariellen Arbeiten zur Erstellung eines „Migrations-Geschäftsplanes" sowie ggf. für die Genehmigungsprozesse und die erforderliche Kundenkommunikation.

Zusammenfassend lässt sich sagen, dass gerade die Migrationen von Personenversicherungen auch vielfältige und komplexe aktuarielle Fragestellungen aufwerfen.

II.5 Phase 5: Erstellen der Transformationsregeln

Die Gliederung des Migrationsablaufs u. a. in Migrationsschritte, Entladung, Transformation und Einarbeitung ermöglicht es nun, die Kernaufgabe der Datenmigration isoliert zu beschreiben: Die Transformation der gespeicherten Information, dargestellt im Quelldatenmodell, in die Darstellung des Zieldatenmodells[10].

Gegenstand der Transformationsregeln sind dabei Fachobjekte – nicht nur einzelne Tabellen. Ein Fachobjekt ist z. B. ein Geschäftspartner oder ein Versicherungsvertrag. Die Definition der Fachobjekte liefert also einen „Schnitt" der Migrationsschritte.

Anhand von Abbildung 8 wird die Transformation erläutert. Die Informationen zu einem Fachobjekt setzen sich im Allgemeinen zusammen aus Feldinhalten mehrerer Zeilen unterschiedlicher Tabellen, hier angedeutet durch die unterschiedlichen Längen der Zeilen. Im Zieldatenmodell (oder im Modell der Import-Schnittstelle des Zielsystems) wird das Fachobjekt (völlig) anders dargestellt werden: natürlich sind die Tabellen andere, aber auch die Anzahl der Tabellen, die Anzahl der benötigten Zeilen und natürlich die Verteilung der Quell-Attribute auf die Ziel-Attribute ist eine ganz andere.

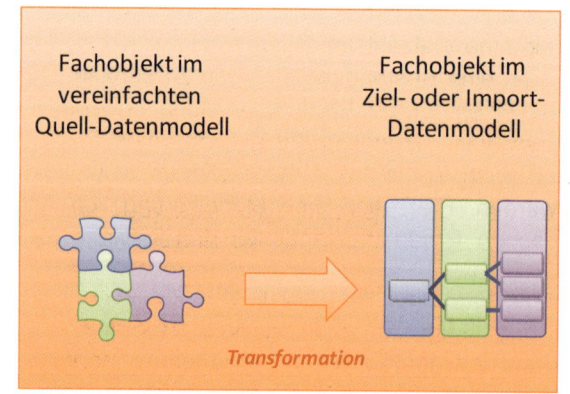

Abbildung 8: Transformation eines Fachobjektes

---

[10] Bzw. in das Datenmodell der Importschnittstelle des Einarbeitungsverfahrens.

Die Transformation beschreibt also die Umsetzung der Daten eines Fachobjekts vom Quell- in das Zieldatenmodell. Dabei gibt es zwei Typen von Regeln:

- Instantiierungsregeln
- Mapping-Regeln (Attribut-Transformations-Regeln, Befüllungsregeln)

Die Instantiierungsregeln beschreiben, unter welchen Bedingungen überhaupt eine Zeile in einer Ziel-Tabelle zu erstellen ist.

Die Mapping-Regeln definieren für Ziel-Attribute die Regeln, wie diese Attribute zu befüllen sind. Diese Regeln können auch Bedingungen unterworfen sein.

Wir unterscheiden das ➜**Push-Prinzip** und das ➜**Pull-Prinzip**. Beim Push-Prinzip ist der Anstoß der Transformation das zu migrierende Element im Quellsystem. Beim Pull-Prinzip ist der Anstoß das zu erstellende Element des Zielsystems. Das Push-Prinzip garantiert, dass alle migrationsrelevanten Informationen tatsächlich in das Zielsystem überführt werden, während das Pull-Prinzip garantiert, dass alle erforderlichen Elemente des Zielsystems auch gefüllt werden. Wie die Verteilung der beiden Prinzipien im konkreten Projekt organisiert wird, ist von Projekt zu Projekt unterschiedlich. Favorisiert wird eine Vorgehensweise, die beide Prinzipien kombiniert: Zuerst Erarbeitung der Instantiierungsregeln nach dem Push-Prinzip und in einem zweiten Teil die Ergänzung der Regeln nach dem Pull-Prinzip.

Das „Herauspräparieren" des Migrationsschrittes mit den zugehörigen Fachobjekten, das Abtrennen von Entlade- und Einarbeitungsverfahren, die Konzentration auf Quell- bzw. Ziel-Darstellung des Fachobjektes machen es möglich, sich ausschließlich auf die genannten Transformationsregeln zu konzentrieren. Alle Regeln werden strukturiert, d. h. in einem Regelbaum im Migrationsrepository abgelegt. So macht man sich auch weitgehend unabhängig von der späteren Implementierung dieser Regeln in einem ablauffähigen Programm. Im Idealfall wird dieses generiert.

Das Ablegen der Transformationsregeln in einem Repository erlaubt darüber hinaus, wichtige Sichten auf den Projektfortschritt zu erstellen, die sowohl aus Entwicklungs- als auch aus Projektmanagement-, Test- oder Revisionssicht wichtig sind:

- Gibt es zu jedem (migrationsrelevanten) Ziel-Feld eine Befüllungsregel? In welchem Status befindet sie sich (angelegt, im Test, freigegeben)?
- Werden alle (migrationsrelevanten) Quell-Felder verwendet?
- Die Daten welcher (migrationsrelevanter) Quell-Felder werden ausschließlich zur Formulierung von Regel-Bedingungen verwendet? Die Daten welcher Quell-Felder des Migrationsgegenstandes fließen tatsächlich in Ziel-Felder?

Typen von Feld-Transformations-Regeln (Mapping-Regeln)

Die Mapping-Regeln selbst lassen sich typisieren und je Regeltyp lassen sich Hilfestellungen für die Regelerfassung vorgeben. Erfahrungswerte über die Häufigkeitsverteilung der Verwendung dieser Regeltypen lassen Prognosen für die Komplexität von Migrationen zu.

Regel-Typ	Beschreibung
„1_Direkt"	1:1-Übernahme der Daten eines Quell-Attributs in ein Ziel-Attribut. Typ-Konvertierungen („Cast") werden dabei automatisch durch das Migrationstool abgewickelt (z. B. TT.MM.JJ => JHJJMMTT). Solche rein technischen Aspekte sollten die Regelformulierung nicht belasten bzw. die Anzahl der Regeltypen nicht künstlich aufblähen.
„2_Konstant"	Füllung eines Zielattributes mit einem konstanten Wert.
„3_LookUp"	Der Wert eines Ziel-Attributes ergibt sich aus dem eines Quell-Attributes durch einfache Umsetzung mittels einer „Look-up-Tabelle"
„4_Formel"	Ein Zielattribut wird durch eine Formel aus den Inhalten ggf. mehrerer Quell-Attribute zusammengesetzt (z. B. String-Operationen). Wichtig hierbei ist, dass in dieser Formel keine „versteckten" Bedingungen enthalten sind – solche müssen explizit außerhalb der Mapping-Regel definiert werden. Eine Formel in diesem Sinn kann auch ein Programmstück sein.
„5_Generat"	Generierung des Inhalts eines Zielattributs, wobei die Generierungsregeln nicht unmittelbar von Quell-Daten abhängen. Ein Beispiel ist die Vergabe von technischen (Primär-)Schlüsseln in den Ziel-Tabellen.
„9_Sonstige"	Platzhalter für alle Mapping-Regeln, die nicht in die genannten Typen fallen. Hier muss dann genauer analysiert werden, welches strukturelle Problem vorliegt. Es könnte z. B. sein, dass die Entlade-Struktur des Fachobjektes ungünstig gewählt wurde, oder es könnte ein „Integrations-Thema" wie in Kapitel II.1 dargestellt vorliegen.

Tabelle 3: Mapping-Regeln

II.6 Phase 6: Erstellen der Verfahren zur Verifikation und Konsistenzprüfung

Unter ➔Verifikation verstehen wir die Überprüfung der Migration auf Vollständigkeit und Richtigkeit. Unter ➔Konsistenz verstehen wir, dass die migrierten Daten den im Zielsystem geltenden Business Rules entsprechen.

Die Ergebnisse dieser Prüfungen sind Grundlage für die Freigabe der Migration zur Aufnahme des Produktivbetriebes mit den migrierten Daten im Zielsystem.

Dieses Thema wird im Allgemeinen neben der Business-Verantwortung begleitet von der Revision oder von den Wirtschaftsprüfern. Ggf. ist sogar ein gesonderter aktuarieller Migrationsgeschäftsplan zu erstellen. Zusammen mit dem Auftraggeber werden die zu verifizierenden Kennzahlen festgelegt (Anzahl der migrierten Business-Objekte im einfachsten Fall, vollständige Abgangs-/Zugangs-Bilanzen im aufwändigsten Fall).

Für die festgelegten Kriterien werden möglichst automatisierte Abgleich-Verfahren erstellt. Wert wird darauf gelegt, dass dabei nicht die Transformationsverfahren verwendet werden, um dort ggf. vorhandene Fehler nicht implizit zu wiederholen. Im Idealfall können für beide Systeme erprobte und abgenommene Auswertungsprogramme genutzt werden. Liegen diese nicht vor, dann sind die Verifikationsverfahren selbst Gegenstand einer gesonderten Abnahme.

II.7 Testen im Überblick

Entsprechend unserem Prinzip, hier nur migrationsspezifische Fragestellungen zu diskutieren, lässt sich das Thema Testen kurz abhandeln. Es gelten prinzipiell dieselben Testprinzipien und Testverfahren wie für jede andere Softwareentwicklung auch. Typisch ist nur, dass sich drei verschiedene inhaltliche Schwerpunkte von Datenmigrationstests herausheben lassen, die entsprechend auch in den Phasen 7, 8 und 9 des Vorgehensmodells abgebildet sind und im Folgenden kurz beschrieben werden. Zudem gibt es interessante Zusammenhänge zwischen Datenmigrationen und Testdatenbeständen, die in einem eigenen Kapitel (siehe III.3) behandelt werden.

II.8 Phase 7: Testen des Migrationsablaufs

In dieser Phase wird der technische Migrationsablauf getestet mit Schwerpunkt auf dem Test der definierten Transformationsregeln. Es wird überprüft, ob die Ziel-Felder regelgerecht gefüllt werden. Das Ziel-IT-System selbst wird dabei (noch) nicht beachtet. Bei diesen Tests werden bereits die definierten Verifikations- und Konsistenzprüfungsverfahren benutzt.

II.9 Phase 8: Testen der Geschäftsprozesse mit migrierten Daten

Hier geht es darum, die Geschäftsprozesse der Ziel-IT-Systeme mit den migrierten Daten zu testen. Dies ist wichtig, weil im Allgemeinen bis zu diesem Zeitpunkt unklar ist, ob das oft neu entwickelte Ziel-IT-System mit allen migrierten Datenkonstellationen des Quell-IT-Systems umgehen kann. In solchen Fällen liefert die Migration der Implementierung eine Vielzahl von Testkonstellationen, wie sie in einer Neuentwicklung nicht vorkommen. Diese Tests sollten durch die Anwender des neuen Systems durchgeführt werden. Sie erfordern aber die Begleitung durch das Migrationsteam, um auf erkannte Fehler schnell reagieren zu können.

II.10 Phase 9: Durchführen von Integrationstests und Generalproben

Integrationstests betreffen das Zusammenspiel der Migration mit allen anderen parallelen Projekten bzw. mit den Auswirkungen der Migration auf alle Teile des Ziel-IT-Systems (z. B. die ausgelösten Veränderungen in Richtung Data-Warehouse, In-/Exkasso-System usw.). Im Gegensatz zu Objekten, die im Neusystem angelegt worden sind, bauen die migrierten Objekte auf eine schon bestehende Datenhaltung in den Nachbarsystemen auf. So hat ein Vertrag immer schon ein Versicherungsobjekt im In-/Exkasso-System oder einen Provisionsverlauf im Provisionssystem. Hier ist die nahtlose Fortsetzung der Geschäftsprozesse für migrierte Daten Gegenstand eines Tests, der durch die Migration getrieben ist.

Generalproben führen den gesamten Migrationsablauf mit allen Beteiligten so aus, wie es für die produktive Migration vorgesehen ist. Es sollten (mindestens) zwei Generalproben durchgeführt werden. Dabei ist entscheidend, dass die Generalproben tatsächlich vollständig und unter den Bedingungen ablaufen müssen, die bei der produktiven Migration zu erwarten sind. Dies geht so weit, dass auf den beteiligten Systemen die identischen Softwarestände wie in Produktion zu verwenden sind und sogar die Systemuhren auf den geplanten produktiven Migrationszeitpunkt eingestellt werden sollten.

II.11 Phase 10: Durchführung der Migration

Diese Phase beginnt mit der →Frozen Zone für Entwicklungen in Quell- und Ziel-IT-System und den Abschlussarbeiten im Quellsystem (z. B. letztmalige Durchführung eines Monatsabschlusses oder Durchführung einer letzten Datensicherung). Nach der eigentlichen Migration endet die Phase mit den Nacharbeiten im Quell- und Ziel-IT-System (z. B. Deaktivierung der Verträge in der Quelle, ggf. Nachfahren von Geschäftsvorfällen im Ziel).

Der Kern dieser Phase ist also der produktive Einsatz der in den Vorphasen entwickelten und getesteten Verfahren. Der gesamte Prozess wird streng nach dem „Cut-over-Drehbuch" abgearbeitet, welches alle Aktivitäten – einschließlich der „manuellen" und organisatorischen – und deren Abhängigkeiten enthält. Im Vorfeld wurden diese Aktivitäten mit allen Beteiligten abgestimmt. Das Drehbuch dient dann während des produktiven Ablaufs auch zur Kommunikation und Information (z. B. kann der aktuelle Status der einzelnen Aktivitäten auf dieser Basis im Intranet veröffentlicht werden).

Wir nutzen dieses Kapitel um einige Themen vorzustellen, die im Zusammenhang mit der Produktiv-Migration stehen und regelmäßig im Zusammenhang mit der Migrationsstrategie diskutiert werden:

- Durchlaufzeit der Migrationsverfahren (oft auch als „Performance" bezeichnet)
- Risikobewertung und Fall-Back-Szenarien

Optimierung der Durchlaufzeit – Performancefragen

Der Wechsel auf ein neues IT-System soll natürlich mit möglichst wenigen Einschränkungen für die Anwender verbunden sein. Gerade der gesamte Prozess der Datenmigration von den Vorbereitungsarbeiten im Quell-IT-System (Abschlussverfahren, Sicherungen …) über die Transformation, die Einarbeitung bis hin zur Freigabe der Nutzung (Abschluss-Tests/Verifkationen) des Ziel-IT-Systems mit den migrierten Daten kann aber langwierig sein (vgl. Abbildung 9). Eine Umstellung auf einen Schlag (→Big Bang) ist aber nicht nur eine unter zeitlichen Gesichtspunkten große technische Herausforderung, sondern kann auch ein organisatorisches Problem und Risiko für die nutzenden Anwender und Geschäftsprozesse sein.

Diesen Problemen wird sowohl mit organisatorischen als auch technischen Maßnahmen begegnet. Da Datenmigrationen typische Massenverarbeitungen identischer Art sind, lassen sich leicht Parallelisierungs- und Skalierungs-Techniken einsetzen.

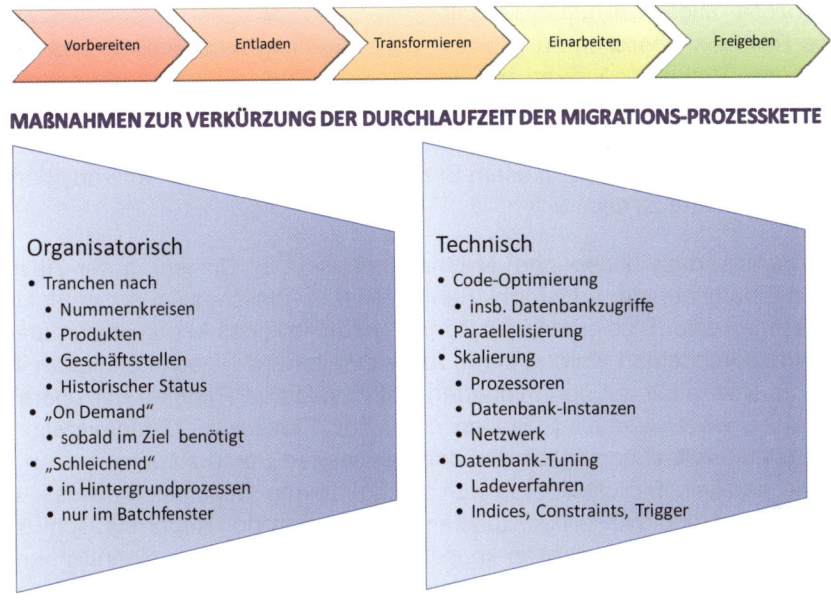

Abbildung 9: Verkürzung der Migrations-Prozesskette

Schwieriger ist es, den Einarbeitungsprozess in die Ziel-Datenbank zu tunen, da dort oft technische Einschränkungen zu beachten sind. Das können sein: die Menge der definierten Indizes, zu beachtende Constraints (Fremdschlüsselbeziehungen), zu nutzende Trigger, die Notwendigkeit zur Weiterverwendung vorhandener technischer Beziehungen, das zu verwendende Ladeverfahren usw. Hier bedarf es tiefer technischer Analysen und Bewertungen und Tests von Alternativen, um die Durchlaufzeit möglichst niedrig zu halten.

Sind alle diese technischen Möglichkeiten ausgeschöpft bzw. erscheint das Big-Bang-Risiko zu hoch (z. B. wegen der drohenden Überforderung der Anwender-Organisation), werden organisatorische Maßnahmen eingesetzt (siehe Abb. 9), um den Migrationsgegenstand in kleinere Pakete („Tranchen") aufzuteilen und diese getrennt zu unterschiedlichen Zeitpunkten zu migrieren. Aber auch dies zieht neue Herausforderungen und Risiken nach sich. Angesichts der hohen Komplexität des Prozesses können keine pauschalen Empfehlungen gegeben werden, außer der folgenden:

Auch wenn Migration zunächst nur eine einmalige Aufgabenstellung ist, lohnt es sich, diese nach bewährten IT-Prinzipien zu konzeptionieren und zu implementieren (siehe technische Maßnahmen in Abb. 9, z. B. Modellierung der Migrationsschritte, Prozess-Zerlegung, Modularisierung, Isolierung der Datenbank-Zugriffe etc.), um dadurch dann möglichst flexibel auf die dargestellten Probleme reagieren zu können.

Risikobetrachtung und Fall-Back-Szenarien

Datenmigrationen bewegen eines der wichtigsten Güter eines Unternehmens: die Daten und Informationen über den gesamten Geschäftsbetrieb. Deswegen sollte man den Umstellungsprozess einer Risikoanalyse unterziehen, um geeignete Gegenmaßen für den Eintritt des Risikos vorbereiten zu können. Es ist wichtig, dass „Risiko" begrifflich abgegrenzt wird von „Problem": Risiken beschreiben mögliche Ereignisse mit negativen Auswirkungen, die noch nicht eingetreten sind und höchstenfalls mit einer gewissen Wahrscheinlichkeit deutlich kleiner als 100% eintreten werden. Dann werden sie aber zum Problem. Risikovorsorge heißt in diesem Sinne, geeignete Maßnahmen vorzubereiten, um im Problemfall gerüstet zu sein.

Wir setzen voraus, dass „klassische" Maßnahmen wie z. B. Sicherung der Zieldatenbanken vor dem Einarbeiten der transformierten Daten und Ähnliches bei der produktiven Migration vorgesehen sind. Dies erlaubt ein Zurücksetzen, falls das Migrationsverfahren selbst nicht fehlerfrei durchgeführt werden kann. Andererseits wird – nach definierten Tests und Freigabe – im Normalfall auf den migrierten Daten sofort im Rahmen der operativen Geschäftsprozesse weitergearbeitet. Sollten dann erst Fehler der Datenmigration erkannt werden, erscheint es fast unmöglich, auf den gesicherten Stand zurückzusetzen. Der Aufwand für die parallele Protokollierung der durchgeführten Geschäftsprozesse, um diese ggf. auf andere Art und Weise nachzuholen, stellt sich in der Regel als nicht umsetzbar heraus. Führt man diesen Gedanken konsequent zu Ende, gibt es eigentlich keine „Fall-Back-Szenarien": die Migration muss erfolgreich sein, einen Rückfall auf gesicherte Stände darf es nicht geben!

Das hier beschriebene Vorgehen im „Zehn-Phasen-Vorgehensmodell" ist natürlich schon eine risikobegrenzende Maßnahme an sich, gerade weil die Themen Testen und Verifikation explizit vorgesehen sind. Beides sind die Mittel der Wahl, um Überraschungen vorzubeugen. Ferner sollte das gesamte Migrationsverfahren von Beginn an so konzipiert und eingerichtet werden, dass eine Migration in Tranchen möglich ist. Diese kleine Investition lohnt sich auf jeden Fall, um später flexibel auf Risiken reagieren zu können. Ebenso sollte die technische Infrastruktur, die „Conversion Platform", leicht „aufrüstbar" und damit skalierbar sein. Bei absolut kritischen Geschäftsprozessen sollte sie sogar doppelt vorhanden sein. Beides ist dank der aktuellen Server-Technologie leicht zu erreichen.

Welche migrationstypischen Risiken bleiben dann überhaupt noch und wie ist ihnen zu begegnen? Unseres Erachtens bleiben dann keine unkalkulierbaren Risiken mehr, wenn die letzte Phase des vorgestellten Vorgehensmodells absolut ernst genommen wird: die Durchführung von (mindestens) zwei Generalproben unter produktiven Bedingungen.

III   Datenmigration: „Conversion is more than Copy"

Die Nutzer von IT-Systemen und damit oft die Entscheidungsträger und Geldgeber für IT-Vorhaben sehen natürlich in erster Linie die Funktionalität und die Benutzerfreundlichkeit der IT-Systeme und erwarten bei einer Umstellung auf neue IT-Systeme Verbesserungen genau in diesen Aspekten. Die darunter liegende im Allgemeinen notwendig werdende

Transformation der gespeicherten Daten ist für sie nicht ohne weiteres erkennbar und ein Mehrwert leitet sich daraus ja auch nur indirekt ab. Deswegen werden Datenmigrationen bzgl. ihrer Komplexität und des zu ihrer Durchführung benötigten Aufwandes meistens vollkommen unterschätzt.

Die im Abschnitt II.1 dargestellten Beispiele sollten deutlich machen, dass Datenstrukturen im semantischen Zusammenspiel mit den Anwendungen sehr komplexe Transformationsprozesse nach sich ziehen können, denen durch rechtzeitigen Start des Datenmigrationsprojektes begegnet werden muss.

Ein weiterer Grund zum frühzeitigen Starten des Migrationsprojektes ist, dass im Falle der Entwicklung oder Einführung von neuen Zielsystemen meist nur auf diese Weise aussagekräftige Daten zum Testen der Neusysteme beschafft werden können, denn die Vielfalt der tatsächlich existierenden Datenkonstellationen kann durch Erzeugung künstlicher („synthetischer") Testdaten nicht mit angemessenem Aufwand erreicht werden. Analyse der Daten der Quellsysteme, Analyse der damit verbundenen Geschäftsprozesse und Testen der neuen Anwendungen mit migrierten Daten liefern daher wichtige Hinweise für die Anforderungen an die Entwicklung der neuen (Ziel-)Anwendungen.

III.1 Die gefährlichsten Stolpersteine und Risiken

Vorstehend wurden alle wichtigen Themen in Datenmigrationen dargestellt. Hier sollen die gefährlichsten Stolpersteine nochmals zusammengefasst werden:

- *IT-technische Implementierung der (Versicherungs-) Produkte:* Die Versicherungsprodukte sind Basis für alle Geschäftsprozesse und insbesondere für die Versicherungsverträge. Darüber hinaus werden die Berechnungsmethoden bei der Datenmigration zur Neuberechnung/Verifikation benötigt. Die frühzeitige Konzeption und die IT-technische Implementierung der Versicherungsprodukte im Zielsystem ist eine entscheidende Voraussetzung für ein reibungsloses Migrationsprojekt (aber auch für das Implementierungsprojekt selbst!). Vielfach übersehen wird dabei, dass auch alle im Bestand vorhandenen alten Tarife im Neusystem vorhanden sein müssen. Eine komplette Bestandsbereinigung (Umstellung auf neue Produkte) vor Migration ist meistens aus vielerlei Gründen nicht möglich.

- *Migration von historischen Vertragsständen:* Nur der jeweils jüngste/aktuellste Zustand eines Vertrags (aktiv oder storniert) sollte migriert werden. Migration von historischen Zuständen erhöht Komplexität und Aufwand in der Regel um den Faktor 2 bis 3. Die Gründe dafür sind in Kapitel III.2 dargestellt.

- *Das Daten-Mapping, d. h. die Transformationsregeln:* Die Regeln zur Transformation der Daten sind der thematische Kern eines Datenmigrationsprojektes. Hier ist eine möglichst toolgestützte Systematik dringend geboten.

- *Migration ist oft auch Integration:* Wenn Daten aus mehreren oder in mehrere IT-Systeme zu migrieren sind oder die IT-Systeme mit den ihnen eigenen Logiken verschiedene oder andersartige Datenstrukturen verwalten, geht die Komplexität der

Migration über die Ebene „Formulierung von Transformationsregeln" deutlich hinaus. Allgemein ist dies der Fall, wenn Schnittstellen aufgrund der Migration nicht mehr in gleicher Weise bedient werden können. Erheblicher Aufwand entsteht insbesondere immer dann, wenn die Fachobjekte im Rahmen der Migration neue fachliche Schlüssel (Vertragsnummer, Partnernummer) erhalten und damit grundlegende Elemente des Unternehmensdatenmodells verändert werden. Hier müssen dann die Grundprinzipien der beteiligten Geschäftsprozesse verstanden werden, um die Daten entsprechend zu transformieren.

- ***Integrativer Test der Geschäftsprozesse mit migrierten Daten:*** Testen ist die entscheidende Risikovorsorge in Datenmigrationsprojekten. Auf ausführliche Tests der Geschäftsprozesse im Zielsystem auf migrierten Daten und auf produktionsnahe Generalproben kann unter keinen Umständen verzichtet werden.

III.2 Migration von Historien

IT-Systeme sollten ihre Daten so speichern, dass einerseits deren Gültigkeitszeitraum abgebildet, andererseits die Veränderung der Daten bzgl. des Durchführungszeitpunktes der Änderung nachvollzogen werden kann. Dies ist gerade bei der Verwaltung von Versicherungsverträgen ein absolutes Muss, da z. B. durch den Gültigkeitszeitraum der Versicherungsschutz definiert wird und andererseits dessen Änderungen auch in die Zukunft oder die Vergangenheit („rückwirkend") möglich sein muss.

Diese Anforderungen führen dazu, dass die verwendeten Datenmodelle um zeitliche Aspekte erweitert werden müssen. Im Allgemeinen benötigt man zwei Zeit-Dimensionen um: a) die Gültigkeit (Wirksamkeit der Änderung) der Daten zu beschreiben und b) den Durchführungszeitpunkt von Änderungen zu dokumentieren. Dies führt zu sogenannten „bitemporalen" Datenhaltungssystemen, die in den seltensten Fällen umfassend und vor allen Dingen in den Quell- und Ziel-IT-Systemen verschieden implementiert sind.

In den letzten Jahren war gerade die Anforderung der bitemporalen Historienführung im IT-System selbst und nicht in Archivtabellen, die für die Bearbeitung nicht verfügbar waren, einer der Treiber für die Einführung eines neuen Bestandssystems und damit Anlass für die Migration.

Ein Fachobjekt, also z. B. ein Versicherungsvertrag, liegt bedingt durch seine zeitliche Entwicklung im Quellsystem in mehreren Zuständen, oft auch Versionen oder Garnituren genannt, vor. Diese Zustände werden durch die Festlegung der Zeitpunkte „Gültig wann" (Gültigkeitsdimension) und „Aus Sicht von" (Durchführungsdimension) festgelegt. Der „aktuelle" Zustand aus Sicht des Migrationszeitpunktes ist z. B. die Version mit dem jüngsten Gültigkeitsbeginn.

Die fachliche Anforderung an eine Migration ist es meist, alle diese historischen Zustände zu migrieren. Aus Anwendersicht ist das natürlich plausibel, da er keine Information verlieren will. Gerade, wenn das neue System eine vollständige historische Bearbeitung eines Vertrages ermöglicht, wird auch für die Altbestände und deren Historie diese Funktion „im

Nachhinein" gefordert. Leider erhöhen sich dadurch die Komplexität und der Aufwand für eine Datenmigration deutlich, dafür gibt es einige Gründe:

- Die Qualität der Daten wird mit zunehmendem Alter der Zustände schlechter (und damit wird der Korrekturbedarf mindestens in den Migrationsverfahren größer), („Migration von Historien ist wie angewandte Archäologie: jede Schicht fördert neue Erkenntnisse zu Tage").

- Die Semantik der Daten in älteren Zuständen ist manchmal eine andere als in neueren, was den Analyseaufwand dieser meist undokumentierten Sachverhalte erhöht.

- Die Analyse der Implementierung der bitemporalen Historienführung in den beteiligten Systemen ist notwendig, und darauf aufsetzend ist die historisch passende Extraktion auf dem Quell-Zeitmodell schwieriger. Entsprechend schwieriger ist auch die Einarbeitung in das Ziel-Zeitmodell. Hier sind meist ausgefeilte Algorithmen notwendig, die weit über eine regelbasierte Transformation hinausgehen.

- Für die historischen Zustände müssen im Zielsystem auch die passenden Stammdaten, z. B. die Produktinformationen, zur Verfügung stehen. Wie dargestellt, ist die Implementierung allein der aktuellen Produkte und ihrer Berechnungsmethoden im Zielsystem oft schon schwierig und aufwändig.

So schwergewichtig diese Argumente auch sind, so schwierig ist es auch, den Mehraufwand für die „historische Migration" plausibel zu quantifizieren und einer Nutzen-Kosten-Bewertung zu unterziehen. Meist tauchen die Probleme erst während der Projektlaufzeit auf und die ausufernden Kosten führen dazu, dass nur der aktuelle Zustand migriert wird und die übrigen Zustände unverändert in ein beauskunftbares Archiv überführt werden, wo sie nicht mehr zur Nutzung in den Anwendungsgeschäftsprozessen zur Verfügung stehen. Dies ist allerdings dann doch an einigen Punkten unbefriedigend. Dies wird am Beispiel der Abbildung 10 erläutert, es stellt drei Zustände (H0, G0, G1) eines Versicherungsvertrages dar:

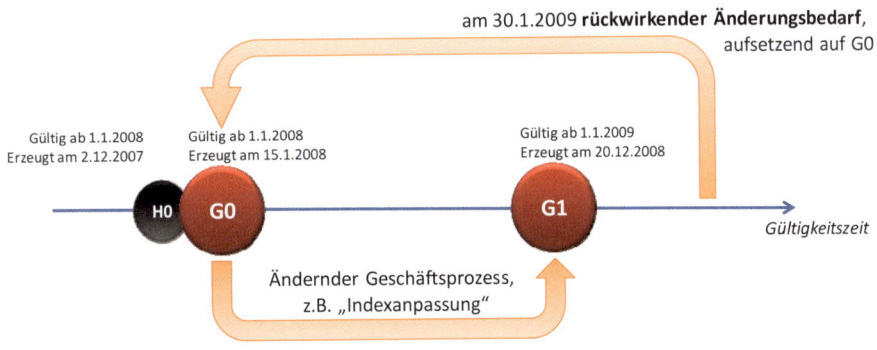

Abbildung 10: Minimal-Konstellation des „Historien-Problems"

G0 und G1 beschreiben aus Sicht des Migrations-Zeitpunktes[11] die Gültigkeitshistorie des Vertrages: G0 ist die im Gültigkeits-Zeitverlauf erste gültige Version, und zwar von Vertrags-Beginn 1.1.2008 bis zum Gültigkeitsbeginn 1.1.2009 der nächsten Version G1, die dadurch entstanden ist, dass auf G0 eine „Index-Anpassung" erfolgt ist.

H0 ist eine Version, die aus Sicht des Migrationszeitpunktes nicht mehr gültig ist: Sie ist die allererste Version des Vertrages im System (seit 2.12.2007), die aber durch eine Änderung am 15.1.2008 „überschrieben" wurde.

Problem „Rückwirkende Änderungen möglich?"

Wenn nur die aktuelle Version, d. h. G1 mit Gültigkeitsdatum 1.1.2009, migriert wird, sind im Zielsystem möglicherweise keine Änderungen mit Gültigkeit vor diesem Zeitpunkt (also „rückwirkend vor 1.1.2009") möglich. Um überhaupt eine Änderung durchführen zu können, muss eine Version mit jüngerem (oder gleichem) Gültigkeitsbeginn vorhanden sein, auf der „aufgesetzt" werden kann.

Problem „Aufrollen von Geschäftsvorfällen"

Wenn neben G1 auch G0 migriert wird, um Problem A zu beseitigen, sollte auch ein „Aufrollen" oder „Nachholen" der Geschäftsvorfälle im folgenden Sinne maschinell unterstützt werden:

Wenn aufsetzend auf G0 tatsächlich eine rückwirkende Änderung zum 1.1.2008 durchgeführt wird, sollte danach der Geschäftsprozess „Index-Anpassung" möglichst vollmaschinell wieder ausgeführt werden und entsprechend zu einer angepassten Version führen, die die Version G1 ab dem 1.1.2009 ersetzt.

Ein Datenmigrationsprojekt muss sich diesen Problemen stellen, weil es eben manchmal doch gute Gründe gibt, historische Zustände zu migrieren, z. B. wenn dies Voraussetzung dafür ist, in der Zielanwendung rückwirkende Änderungen durchzuführen, die eine entsprechende Datengrundlage benötigen. Ein Beispiel dafür ist die Rücknahme einer Dynamik-Anpassung eines Lebensversicherungsvertrages. In solchen Fällen bieten sich dann mehrere Strategien an, die aber im Detail einer Kosten-/Nutzen-Betrachtung unterzogen werden müssen:

- Migration von historischen Zuständen nur in einem beschränken Zeitraum vor dem Migrationszeitpunkt

---

[11] Den Migrationszeitpunkt kann man sich irgendwann in 2010 denken; Im Migrationskontext sind insbesondere zwei Zeitpunkte wichtig, die in diese unterschiedlichen Zeit-Dimensionen fallen:
- Der **Migrationszeitpunkt** legt den Zeitpunkt der tatsächlichen Durchführung der Migration fest, er ist somit Teil der Zeitdimension „Durchführung".
- Der **Migrationsstichtag** legt den Gültigkeitszeitpunkt fest, zu dem in der Quelle vor Migration eine Abschluss- und im Ziel nach Migration eine Eröffnungsbilanz erstellt werden, die zusammen passen müssen (siehe Kapitel „Verifikation"). Er gehört zur Zeitdimension „Gültigkeit".

- Beschränkung auf Zustände unmittelbar vor dem aktuellen Zustand (in der Gültigkeitszeitdimension), ggf. auch nur für ausgewählte Geschäftsvorfälle wie die erwähnte Dynamik-Anpassung

- Verzicht der Migration von aus Sicht des Migrationszeitpunktes nicht mehr gültigen Zuständen („rechtsunwirksame Historie")

Die Komplexität bleibt dann aber nicht auf die Migration der ausgewählten historischen Zustände beschränkt. Ggf. müssen auch dazugehörige Bewegungsdaten wie z. B. Abrechnungs-, Inkasso- oder Provisionsbuchungen migriert werden. Diese Daten müssen dann alle technisch und fachlich konsistent im Zielsystem vorliegen um ggf. rückwirkende Änderungen richtig durchführen zu können. Und schließlich muss dies dann alles auch getestet werden. Leider stellt sich in der Praxis immer wieder heraus, dass diese Komplexität nicht effizient zu bewältigen ist. Der Übergang in eine neue IT-Systemlandschaft bedeutet also oft auch den mutigen Abwurf von historischem Datenballast.

III.3 Datenmigration und Test: „Smarte" Testdatenbestände

Im Rahmen des vorgestellten Zehn-Phasen-Modells für Datenmigrationsprojekte entfallen allein drei Phasen auf das Testen (siehe Kapitel II.8, II.9, II.10). Dies reflektiert die Bedeutung des Testens, gerade wenn eines der wichtigsten Assets eines Unternehmens, der Datenbestand, so massiv bewegt und umstrukturiert wird. Eine besondere Schwierigkeit dabei ist, dass mit sehr großen Datenvolumina gearbeitet wird. Eine ähnliche Problemstellung ergibt sich bei der Entwicklung und Pflege von Anwendungssoftware, wenn deren Test auf den Produktivdatenbeständen erfolgen muss, weil keine geeigneten Testdatenbestände zur Verfügung stehen. Beide Probleme treffen sich sogar, wenn ein Datenmigrationsprojekt parallel zu einem Softwareentwicklungsprojekt des IT-Zielsystems läuft. Es bestehen aber noch mehr Berührungspunkte zwischen Datenmigrationen und Testdatenbeständen, als auf den ersten Blick ersichtlich ist. Was soll unter einem „smarten" Testdatenbestand verstanden werden? Er soll

- repräsentativ bzgl. ausgewählter Datenkonstellationen und Kriterien sein

- konsistent bzgl. logischer und technischer Datenreferenzen sein

- klein/handhabbar im Verhältnis zum produktiven Datenbestand sein

- spezifische Testfälle enthalten bzw. leicht um diese erweiterbar sein

- produktionsnahe, aktualisierbare Daten enthalten bzw. das Extraktionsverfahren aus den produktiven Daten soll einfach wiederholbar sein

- nachhaltig sein bzgl. der gewählten Testfälle, d. h., diese sollen bei Aktualisierungen erhalten bleiben

- zusammenpassen mit Testdaten-Beständen von Nachbarsystemen bzw. sogar systemübergreifend zur Verfügung stehen

- ggf. auch historische Datenstände enthalten

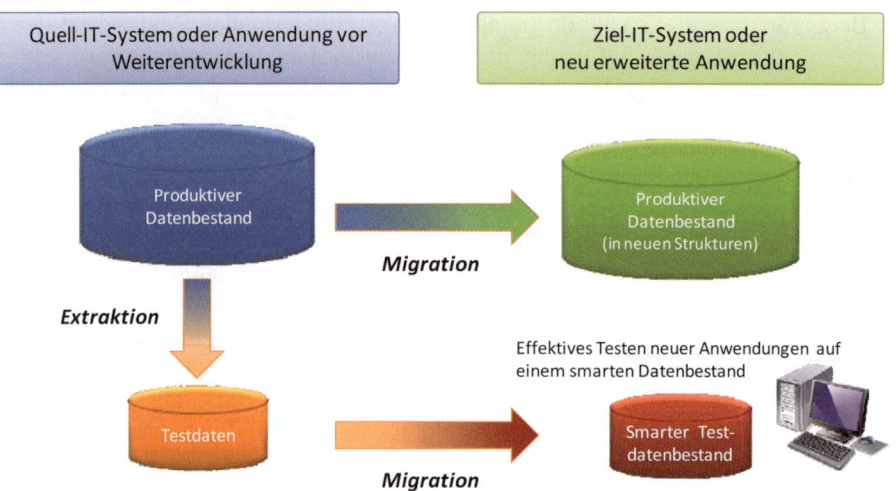

Abbildung 11: Zusammenhang Migration/Testdaten-Extraktion

Damit werden folgende Zusammenhänge zwischen Datenmigrationen und Testdaten-Extraktionen ersichtlich:

a) *Datenanalyse:* Die Auswahl von Testdaten aus Produktionsdaten bedarf einer detaillierten Datenanalyse (strukturell und semantisch); diese ist auch wie dargestellt eine Voraussetzung für eine effiziente Datenmigration.

b) *Datenauswahl und -konsistenz:* In beiden Fällen müssen die genauen Beziehungen zwischen den Daten bekannt sein, um vollständige Fachobjekte migrieren zu können bzw. konsistente Testdatenbestände herstellen zu können.

c) *Datentransport:* In beiden Fällen sind Daten zu extrahieren und effizient in andere IT-Systemlandschaften oder Testumgebungen zu transportieren.

d) *Datenhistorie:* Datenmigrationen werden wesentlich komplizierter, wenn historische Datenstände zu migrieren sind; entsprechend anspruchsvoll ist die Alterung von Testdatenbeständen (d. h. ihre zeitliche Weiterentwicklung durch auf ihnen ablaufende Geschäftsprozesse) um darauf aufsetzende Geschäftsprozesse umfassend testen zu können.

e) *Vorgehen:* Die sachlogisch notwendige Extraktionsreihenfolge bei der Zusammenstellung von Test-Fachobjekten entspricht der bei der Migration von Fachobjekten.

Es lohnt sich also, die Themen Migration und Testdatenbestände im Zusammenhang zu sehen und werkzeugtechnisch zu unterstützen. Im weitesten Sinne kann jede Weiterentwicklung eines IT-Systems als Migration betrachtet werden und die Verfügbarkeit von „smarten" Testdatenbeständen ist ein Erfolgsfaktor für eine effektive und effiziente Anwendungsentwicklung.

IV Glossar

Hier werden Begriffe aufgelistet, die im Zusammenhang mit Datenmigrationen eine Rolle spielen. Die Erläuterung bezieht sich auf diesen Kontext und den Verwendungssinn im vorstehenden Beitrag.

Begriffe mit einem vorangestellten ➜ sind in diesem Glossar zu finden.

Begriff	Erläuterung/Bedeutung in diesem Beitrag
Anwendung	Anwendungen sind nach fachlichen Gesichtspunkten abgrenzte Teile des ➜IT-Systems, z. B. die Vertrags-Verwaltung, das Inkasso- oder das Provisionssystem. Manchmal spricht man auch von „Komponenten". Nicht zu den Anwendungen zählen die Teile eines IT-Systems, die zu den Schichten (vergl. Abb.1) Technische Infrastruktur (Schicht 4) und Daten (Schicht 5) gehören.
Archivierte Daten	Im hier dargestellten Zusammenhang ist mit Archivierung **nicht** eine Datensicherung („Backup") gemeint, deren Zweck die Wiederherstellung eines konsistenten Datenbestandes nach einem Fehler im Betrieb eines IT-Systems ist („Recovery"). Archivierte Daten sind solche, die einerseits für den alltäglichen Geschäftsbetrieb nicht mehr benötigt werden, aber andererseits zur Ressourcenschonung (Kosten, Speicherplatz, Performance) oder aus Gründen der Aufbewahrungspflicht (oder -notwendigkeit) auf ➜Datenhaltungssysteme ausgelagert wurden, auf die die dazugehörigen Anwendungen keinen unmittelbaren Zugriff mehr haben. Wenn die zugehörigen Anwendungen stillgelegt werden sollen und damit nicht mehr zur Sichtbarmachung der archivierten Daten zur Verfügung stehen, muss die ➜Migrationsrelevanz solcherart archivierter Daten gesondert analysiert und bewertet werden.
BAPI	Business Application Programming Interface; die SAP liefert spezielle BAPIs aus, die zur Einarbeitung transformierter Daten in die SAP-Systeme verwendet werden müssen.
Big Bang	Durchführung des Migrationsverfahrens, zeitlich zusammenhängend für den gesamten ➜Migrationsgegenstand.
Conversion Platform (Migrationsumgebung)	Exklusiv für eine Datenmigration bereitgestellte technische Infrastruktur zu Aufnahme der ➜Staging Areas, der Werkzeuge/Tools, auch zur Durchführung des ➜Migrationsablaufs. Siehe auch II.2.
Datenhaltungs-system	Als Datenhaltungssystem bezeichnen wir hier alle systemtechnisch bzw. physikalisch abgrenzbaren Einrichtungen zur Speicherung von Daten. Das können Instanzen in relationalen Datenbanken sein, konkrete hierarchische Datenbanken, Mengen von Flat-Files, VSAM-Cluster usw.

Datei	Organisationseinheit logisch zusammengehöriger Daten, die durch das Dateiverwaltungssystem bzw. Betriebssystem eines →IT-Systems verwaltet wird. Aus Datenmigrationssicht interessant ist das Format der darin gespeicherten Daten, z. B. „csv", „pdf", „html" usw.
Datenmigration	Eine spezielle →Migration, die dadurch charakterisiert ist, dass eine neue →IT-Systemlandschaft bereits vorhanden (oder definiert) ist, die benötigten Daten (oder Teile davon) aber noch in einer anderen IT-Systemlandschaft verwaltet werden und deshalb in die neue im Rahmen eines Projektes überführt werden sollen. Dies ist z. B. notwendig, wenn sich das logische bzw. physische Modell der gespeicherten Daten grundlegend ändert (d. h. stärker als im Zusammenhang mit einer neuen Anwendungsversion, z. B. oft bei Einführung einer Ersatz-Anwendung). Siehe auch I.2 Siehe auch: http://en.wikipedia.org/wiki/Data_migration
Deklarative Daten	Unter deklarativen Daten (manchmal auch als „Stammdaten" bezeichnet) werden Daten verstanden, die bei den täglichen Geschäftsprozessen keinen Änderungen unterliegen. Dies können beispielsweise Tariftabellen, Währungstabellen, Produkte, Textbausteine, Dokumentenmuster, aber auch Berechtigungen sein. Solche Daten werden zwar auch von Zeit verändert bzw. ergänzt, allerdings geschieht dieses in gesondert angeordneten unternehmensinternen Prozessen zu vorab definierten (Durchführungs- und Wirksamkeits-) Zeitpunkten und nicht bei den täglichen Arbeitsvorgängen, die i. Allg. durch Kunden und andere Akteure außerhalb eines Unternehmens ausgelöst werden. Sie werden oft in Datenhaltungssystemen gespeichert, die abgesetzt von den operativen Datenhaltungssystemen liegen, z. B. in gesonderten Tabellensystemen, sie werden sogar oft über spezifische Anwendungen mit eigenen Datenhaltungen für die Daten gepflegt. Deklarative Daten haben oft einen (relativ) kleinen Umfang, sodass maschinelle Migrationen nicht immer erforderlich sind (z. B. kann ein Kontenplan mit nur einigen Dutzend Einträgen auch manuell im Zielsystem eingerichtet werden). Betrachtet man z. B. die Tarife einer Versicherung als Beispiel für deklarative Daten, wird deutlich, dass solche Daten im Rahmen einer Migration auch besonderen Analysen und Bereinigungsverfahren unterliegen, sodass deren Migration auch fachliche Fragestellungen auslösen.
Dispositive Daten	Dispositive Daten sind Daten dispositiver Systeme. Hierunter versteht man berichts- und auskunftsorientierte Systeme, deren Ergebnisse Datenaufbereitungen bzw. -abzüge sind. Dispositive Daten treten häufig bei Auswertungs- und Statistikvorgängen bzw. Kontroll- und Vergleichungsvorgängen (Gegenüberstellung von Plan- und Ist-Daten) auf. Dispositive Daten werden i. Allg. als (bereinigte und spezielle aufbereitete) Kopien der →operativen Daten gespeichert bzw. aus diesen abgeleitet, eventuell auch verdichtet, sodass die Einzelinformationen aus den opera-

	tiven Daten gar nicht mehr vorliegen. Werden z. B. spezielle Data-Warehouse-Anwendungen eingesetzt, sind die Daten dann in deren ➜Datenhaltungssystemen gespeichert.
	Zwischen operativen und dispositiven Daten besteht also ein vielfältiger logischer Zusammenhang (Aktualität, Konsistenz, Reproduzierbarkeit). Sollen im Rahmen eines Projektes beide Datenkategorien migriert werden (z. B. weil die jeweiligen Anwendungen stillgelegt werden sollen), entstehen sehr komplexe Fragestellungen, die mit entsprechend hohem Aufwand analysiert und gelöst werden müssen.
Dokumente	Unter Dokumenten verstehen wir IT-technisch erstellte Schriftstücke, deren elektronische Darstellung zur ➜Archivierung gespeichert wird. Die Archivierung erfolgt neben der grundsätzlichen Dokumentation von Geschäftsvorgängen insbesondere auch wegen der gesetzlichen Aufbewahrungspflichten nach Handels- und Steuerrecht, vor allem, wenn keine gesonderten Papierakten zur Ablage von Kopien mehr geführt werden.
	Dokumente werden in unterschiedlichsten Formaten gespeichert (von Rohdaten über MS-Word bis hin zu PDF- oder TIFF-Formaten). Neben der Mikrofilm-Archivierung kommt insbesondere die Speicherung auf optischen Platten, aber zunehmend auch auf den immer billiger werdenden Festplatten in Frage. Zur Verwaltung kommen dann Dokumentenmanagement-Systeme zum Einsatz, die zusätzlich die Indizierungs-Informationen zu den Dokumenten (die oft mit den operativen Anwendungen verknüpft sind) verwalten und speichern.
	Wenn solche Dokumenten-Management-Systeme stillgelegt werden sollen, stellt sich auch hier die Frage nach der „Dokumenten-Migration", die ganz andere Vorgehensweisen als die Migration operativer Daten erfordert. Wegen der oft riesigen Datenmengen (Millionen von Dokumenten bzw. viele Terabytes) sowie der eingesetzten langsamen (weil billigen) Speichermedien, sind hier z. B. Migrationszeiträume von Monaten nicht außergewöhnlich und erfordern eine entsprechende Planung.
Drehbuch	Detaillierte Beschreibung aller Vorgänge und Prozessschritte des ➜Migrationsablaufs. Insbesondere werden auch die Abhängigkeiten, die Zeitplanung, die Verantwortlichkeiten der handelnden Personen usw. aufgelistet.
Fachobjekt	Fachobjekte sind Instanzen von Entitäten/Klassen (im Sinne der E/R- oder UML-Modellierung), die Gegenstände aus der realen Welt in den IT-Systemen repräsentieren. Beispiele in der Versicherungswelt sind (Versicherungs-)Verträge/Policen, Schäden, Vermittler, versicherte Objekte.
Feld	Feld bezeichnet die kleinste Informationseinheit in ➜Tabellen, die ein definiertes physikalisches Format hat. Dies sind z. B. Columns in relationalen Datenbanken. Logisch kann darin – insbesondere bei nicht typgebundenen ➜Datenhaltungssystemen – durchaus noch weiter strukturierte Information vorliegen.
Frozen Zone	Die Frozen Zone bezeichnet den Zeitraum vor einer Datenmigration in der keine Änderungen an Quell- oder Ziel-IT-Systemen mehr durchgeführt werden dürfen, um die Migrationsverfahren nicht zu gefährden. Dies gilt insbesondere für Veränderungen an den beteiligten Datenstrukturen.

Funktionale Delta-Analyse	Im Rahmen einer funktionalen Delta-Analyse zwischen →Anwendungen des Quell- bzw. des Ziel-IT-Systems wird untersucht, wie sich die fachlichen Funktionalitäten zwischen den Anwendungen unterscheiden. Im Rahmen von →Datenmigrationen spielt dies insofern eine Rolle, als Daten zu Quell-Funktionalitäten nur dann sinnvoll migriert werden können, wenn sie in der Zielanwendung entsprechend bearbeitet werden können. Ein Ergebnis einer Delta-Analyse ist deshalb die Spezifikation des Ausbaubedarfs der Ziel-IT-Systeme, der vor der Durchführung der Datenmigration erfolgt sein muss.
IDV-Daten Individuelle Datenverarbeitung	IDV steht abkürzend für Individuelle Datenverarbeitung. Damit sind Anwendungen bzw. deren Datenbestände gemeint, die nicht unter der zentralen Kontrolle der IT-Abteilung stehen, sondern in Verantwortung der Fachabteilung aufgebaut wurden und gepflegt werden. Dies sind z. B. MS-Office-Anwendungen unter Access und Ähnliches. Die Datenbestände sind meist klein, aber i. Allg. sehr vielfältig und noch schlechter organisiert oder dokumentiert als die Daten der zentralen IT-Systeme. Daraus ergeben sich dann die besonderen Herausforderungen für ein Datenmigrationsprojekt.
Implementierungs(projekt)	Implementierung beschreibt die Herstellung und/oder Inbetriebnahme eines neuen IT-Systems. Sie beinhaltet nicht die Übernahme vorhandener Daten aus anderen (alten oder abzulösenden) IT-Systemen in die IT-System-eigene Datenhaltung (dafür sind →Datenmigrationen zuständig) und auch nicht die →Integration des neuen →IT-Systems in die übrige →IT-Systemlandschaft.
Instantiierungsregel	Regel, die beschreibt, unter welchen Bedingungen während der →Transformation der (Quell-)Daten eine neue Zeile einer Zieltabelle zu erstellen ist.
Integration	Integration umfasst die Herstellung und/oder Inbetriebnahme von Schnittstellen zwischen →IT-Sytemen.
IT-System (-landschaft)	Ein IT-System ist die Gesamtheit aller IT-Einrichtungen, die einem bestimmten betriebswirtschaftlichen Zweck dienen (z. B. In- oder Exkasso). Es setzt sich aus vielerlei Teilen wie z. B. Datenbanken oder Anwendungsprogrammen usw. zusammen, siehe I.1. Alle IT-Systeme eines Unternehmens zusammen stellen dessen IT-Systemlandschaft dar.
Konsistenz	Im Zusammenhang mit einer Datenmigration bedeutet Konsistenz, dass die ins Zielsystem migrierten Daten den dort geltenden Business-Rules entsprechen.
Mapping(regeln)	Die Abbildungsvorschriften, mit denen Daten aus Quell-Feldern in Ziel-Felder überführt werden. Oder auch umgekehrt: die Regeln, nach denen Ziel-Felder mit Daten (aus Quell-Feldern) befüllt werden.

Migration	migratio, lateinisch: Umzug, Auswanderung.
	Überführung einer →IT-Systemlandschaft in einen definierten neuen Zustand. Die Migration wird in Form von einem oder mehreren Projekten abgewickelt.
	Eine spezielle Form der Migration ist die →Datenmigration.
Migrationsgegenstand	Siehe II.1
Migrationsrelevanz	Die Bedeutung dieses Begriffes ist Kontext-abhängig. Im Zusammenhang mit dem →Migrationsgegenstand siehe II.1 .
Migrationsschritt	Ein logisch und IT-technisch abgrenzbarer Teil des →Migrations-ablaufs.
Migrationsablauf	Die Gesamtheit aller Vorgänge und Prozessschritte zur produktiven Durchführung der Datenmigration; diese werden dargestellt im →Drehbuch.
Operative Daten	Operative Daten sind Daten von IT-Systemen, die unmittelbar zur Abwicklung des operativen Geschäfts (mit den Kunden oder anderen Geschäftspartnern eines Unternehmens) dienen. In einem Versicherungsunternehmen also z. B. Vertrags- und Schaden-Daten. Historische Daten gehören insofern dazu, wie sie zur Dokumentation von Veränderungen benötigt werden.
	Operative Daten werden üblicherweise über den Anwender-Dialog-Transaktions- oder Batch-Betrieb gepflegt und in kommerziellen Datenbanksystemen (DB2, ORACLE, ADABAS ...), seltener im Filesystem (VSAM) gespeichert.
	Operative Daten stehen meistens im Fokus von Datenmigrationsprojekten, die anderen Kategorien (→Deklarative Daten, →Dispositive Daten, →Archivierte Daten, →Dokumente, →Daten der individuellen Datenverarbeitung) müssen aber zumindest auf →Migrationsrelevanz analysiert werden.
	Operative Daten sind „Massendaten", die eine maschinelle Datenmigration erforderlich machen.
Portierung	siehe I.2
Pull-Prinzip	Ausgangspunkt zur Erstellung der Transformationsregeln: Beim Pull-Prinzip wird ausgehend von den Feldern des Zielsystems überlegt wie diese mit Daten (aus den Quell-Feldern) befüllt werden müssen.
	Beim Push-Prinzip geht man umgekehrt von den Feldern des Quell-Systems aus und legt fest, in welche Zielfelder deren Daten überführt werden sollen.
Push-Prinzip	→Pull-Prinzip
Quelle	Im Kontext von →Datenmigrationen alle im Rahmen der Eingrenzung des →Migrationsgegenstandes festgelegten Anwendungen und Datenhaltungen der zu verändernden →IT-Systemlandschaft, die →migrationsrelevante Daten enthalten.

Redesign	siehe I.2
Stammdaten	→ deklarative Daten
Synonym	Verschiedene Namen für eine Entität mit derselben Bedeutung
Staging Area	Zwischenspeicher (für Daten auf dem Weg von Quelle ins Ziel) (Leo Dictionary: Bereitstellungsraum, Sammelpunkt)
Source	→ Quelle
Tabelle	Wie bei dem Begriff → Datenhaltungssystem auch verwenden wir Tabelle als verallgemeinerte Bezeichnung für tabellarisch darstellbare Datenstrukturen. Das können Tabellen in relationalen Datenbanken sein, aber auch Datensätze in Flat-Files oder Records in IMS-Datenbanken derselben Struktur (oft als „Satzarten" bezeichnet) ohne Wiederholungsgruppen.
Target	→ Ziel
Transformation	Transformation ist die Ausführung der → Instantiierungs- und → Mappingregeln.
Transformationsregel	Sammelbegriff für → Instantiierungs- und → Mappingregel
Update/Upgrade	siehe I.2
Verifikation	Überprüfung einer Datenmigration auf Vollständigkeit und Richtigkeit.
Ziel	Im Kontext von → Datenmigrationen alle im Rahmen der Eingrenzung des → Migrationsgegenstandes festgelegten Anwendungen und Datenhaltungen der neuen → IT-Systemlandschaft, die mit Daten (im Wesentlichen aus der → Quelle) befüllt werden müssen. Im engeren Sinne sind dies die als → migrationsrelevant festgelegten Datenstrukturen der neuen IT-Systemlandschaft.

Die Einführung eines Produktmanagementsystems

Michael Linsmaier

Abstract

Eine zunehmende Bedeutung hat in der Versicherungswirtschaft der Umgang mit den Versicherungsprodukten im Rahmen eines definierten Produktmanagementprozesses. Dafür ist eine Softwareunterstützung in Form eines Produktmanagementsystems „State of the Art". msg selbst bietet als Produkt ein solches Produktmanagementsystem an – aber: Das Kapitel soll keine Werbebroschüre für dieses Produkt werden, sondern es wird vielmehr über Erfahrungen bei der Einführung eines solchen Tools berichtet. Diese reichen von der Gestaltung der Prozesse bis hin zu Anbindungsmöglichkeiten an verschiedene operative Systeme.

I.   Einführung

Was ist ein Produkt?

Würde man dies zwei Personen, die hauptsächlich im Bereich Versicherungen und Versicherungs-IT arbeiten, fragen, würde man sicherlich verschiedene Antworten bekommen. Da dieser Artikel aber von einer bestimmten Sicht auf das Thema Produkt ausgeht, sollen zuerst die Begriffe und Facharchitekturkomponenten eingeführt werden, wie sie sich aus Sicht des Autors aus seiner Projektpraxis heraus darstellen.

Das Produkt

Kommen wir also noch einmal auf die Frage zurück „Was ist ein Produkt?". „Nach Kotler und Armstrong ist ein Produkt alles, was in einem Markt zum Gebrauch oder Verbrauch angeboten werden kann, das einen Wunsch oder ein Bedürfnis befriedigt."[1] Nun sind Versicherungsprodukte immaterieller Art, d. h., es werden keine gegenständlichen Waren verkauft, sondern Leistungsversprechen und versicherungsnahe Dienstleistungen. Werden immaterielle Produkte durch IT-Systeme verwaltet? Die Antwort ist: „Ja, das ist die Aufgabe von Bestandssystemen". Diese verwalten z. B. das Leistungsversprechen eines Versicherungsunternehmens an den Versicherungsnehmer Herrn Müller, ihm im Falle des Erlebens eines bestimmten Alters eine Rente zu zahlen. Im folgenden Artikel interessieren allerdings mehr die Strukturen, Berechnungsvorschriften, Regeln etc., kurz alles, was ein Produkt bzw. gleichartige Produkte ausmacht. Diese Beschreibungen eines

---

[1] http://de.wikipedia.org/wiki/Produkt_(Wirtschaft), Stand 29.06.09.

Produktes sind Gegenstand einer Produktkomponente. Im Folgenden soll daher der Begriff „Produkt" synonym mit „Produktbeschreibung" verwendet werden und nicht für das „ausgeprägte" Produkt, den Vertrag/Antrag und seine Bestandteile wie beispielsweise die Deckungen und Leistungsvereinbarungen.

Die Fachkomponente Produkt

In aktuellen Versicherungsarchitekturen stellt die Fachkomponente Produkt (im folgenden FK Produkt genannt) eine eigenständige Komponente dar. Die FK Produkt wird meist gleichbedeutend mit dem Begriff „Produktserver" gesehen. Werden allerdings Standard-produktmanagementsysteme[2] genutzt, so stellen diese lediglich den Kern der FK Produkt dar. Dieser „Kern" wird genutzt, um darauf die eigentlichen fachlichen Services der FK Produkt basieren zu lassen. Von einer eigenen Fachkomponente Produkt verspricht man sich, dass unter der Oberhoheit des Fachbereichs und ohne größere Mitarbeit der IT-Abteilungen neue Produkte entwickelt und freigegeben werden können.

Die folgende Grafik soll die Unterkomponenten der FK Produkt veranschaulichen.

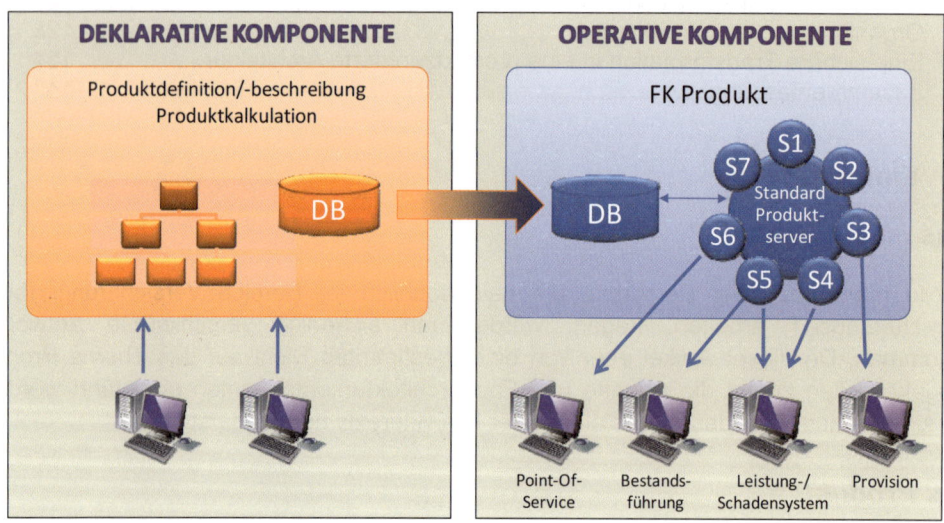

Abbildung 1: Schematischer Aufbau eines Produktsystems

Die FK Produkt besteht aus einer deklarativen und einer operativen Komponente. Die deklarative Komponente stellt dabei den sog. Produktentwicklerarbeitsplatz dar, wo in Fachbereichshoheit Produkte und Produktkomponenten definiert, verwaltet und wiederverwendet werden können. Die operative Komponente stellt die Produktservices bereit, die von Bestand, Leistung etc. benötigt werden, um deren Prozesse auszuführen.

Welche Produktinformationen/-regeln werden nun typischerweise in einer FK Produkt verwaltet?

---

[2] msg.PM (msg systems AG); VP/MS(CSC) etc.

In Versicherungsanwendungsarchitekturen ohne eine explizite Produktkomponente sind die Produktinformationen und Produktfunktionalitäten meist breit gestreut. So besitzen z. B. sowohl das Bestandssystem als auch das Außendienstsystem typischerweise eigene Produktdatenbestände. In beiden wird ebenfalls wieder eine Tarifierungslogik enthalten sein. Die Textkomponente besitzt Konfigurationen, welches Produkt bzw. welche Produktgruppe mit welchen Dokumentenbausteinen assoziiert werden soll. Das Leistungssystem selbst verwaltet die Beschreibung der eigentlichen Deckungen, auf die im Bestand nur verwiesen wird. Kurzum, um ein Produkt in IT-Systeme zu überführen, müssen viele Produktaspekte betrachtet und leider auch unterschiedlich gepflegt werden. In unserem Szenario legen wir aber eine FK Produkt zugrunde, welche zentral für alle Systeme das Thema Produkt abhandeln soll.

Die zu verwaltenden Produktinformationen lassen sich in folgende Aspekte einteilen.

- Bestandsverwaltung
- Angebot/Antrag
- Schaden/Leistung
- Steuer
- Abrechnung
- Korrespondenzmanagement
- Provision
- Rückversicherung
- Benutzer- und Rechteverwaltung
- Prozesssteuerung
- Objektverwaltung
- Dokumentenmanagement
- Dienst- und Serviceleistungen
- Statistik

Welche dieser „Produktaspekte" nun wirklich durch die Komponente Produkt verwaltet werden sollen, wird im Folgenden erörtert. Selten müssen komplett alle Aspekte eines Produktes erfasst und zur Verfügung gestellt werden – es sei denn, man möchte einen kompletten Produktmanagementprozess unterstützen.

II. Die produktzentrierte Facharchitektur

Aus obiger Definition und Aufzählung der Produktaspekte lässt sich einfach eine produktzentrierte Facharchitektur ableiten, wenn man davon ausgeht, dass Produktinformationen redundanzfrei verwaltet und zur Verfügung gestellt werden sollen.

Eine idealtypische Facharchitektur könnte schematisiert etwa wie folgt aussehen:

Abbildung 2: Prozessaspekte um Produkt: Beratung & Verkauf, Verwaltung und Steuerung

Die Fachkomponente „Produkt" stellt den umliegenden Komponenten Informationen über originäres Produktwissen zur Verfügung. Dieses originäre Produktwissen beschreibt den Leistungsumfang und die Leistungsgrenzen des Produktes und definiert den Rahmen (rechtlich und konsistent) des zu erstellenden Vertrages und die darauf abzuwickelnden Geschäftsfälle.

Dieses originäre Produktwissen kann durch andere Komponenten

- **fachlich spezialisiert** werden,
  z. B. im Kontext einer bestimmten Sparte; dieses speziellere Produktwissen bleibt originäres Produktwissen

- **fachlich ergänzt** werden,
  z. B. um einen Einbettungsaspekt wie Rückversicherungsregeln in der Erstversicherung

- **fachlich überschrieben** werden,
  z. B. im Berechtigungs- oder Multi-Channel-Umfeld

Wenn Produktdaten fachlich ergänzt oder fachlich überschrieben werden, so stellen diese Ergänzungen oder Überschreibungen sog. Produktaspekte dar. Siehe auch „Konfigurierende Systeme" weiter unten.

Aber in welcher Qualität nutzen die aufgeführten Komponenten die Fachkomponente Produkt? In der folgenden Grafik werden die „Beziehungen" der einzelnen Systeme / Komponenten zur Produktkomponente etwas näher beleuchtet.

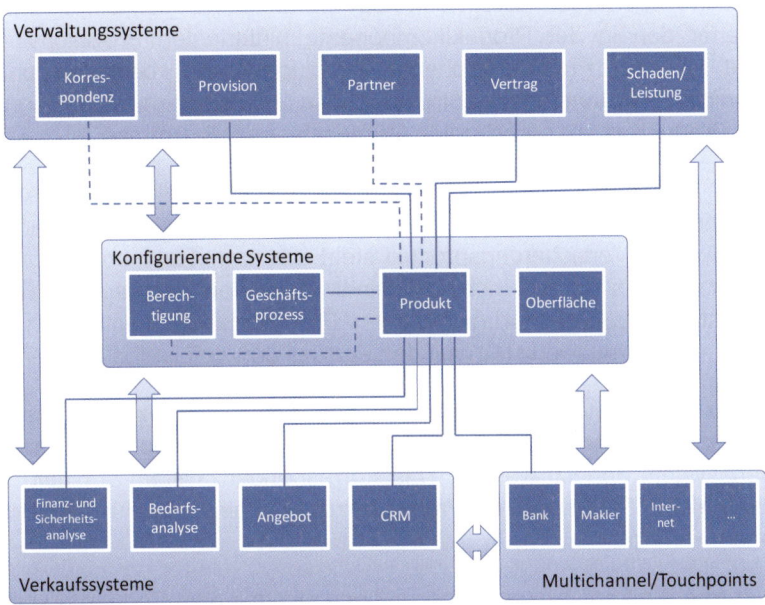

Abbildung 3: Produktgetriebene Facharchitektur

Bemerkung: Die gestrichelten Linien bedeuten, dass (statische) Produktinformationen genutzt werden, wohingegen die durchgehenden Linien zusätzlich das Benutzen von produktspezifischen Diensten resp. Prozessen darstellen.

Verwaltungssysteme

Als Verwaltungssysteme werden alle Systeme/Komponenten bezeichnet, die sich im weiteren Sinne mit der Verwaltung der verkauften oder ausgeprägten Produkte (Verträge, Leistungszusagen, Provisionsverträge etc.) beschäftigen:

Die Vertragskomponente. Das Vertragssystem ist die klassische Domäne eines Produktmanagementsystems. Die dortigen Geschäftsprozesse wie etwa Folgesoll/Vertragsfortschreibung, technische Änderungen etc. werden mit Hilfe von Produktinformationen, aber auch mit ganzen in die Produktkomponente ausgelagerten Teilprozessen unterstützt.

Schaden/Leistung. Der Aspekt Schaden/Leistung wurde bisher nur selten mit Hilfe eines ganzheitlichen Produktansatzes implementiert. Die hier gemachten Erfahrungen haben aber gezeigt, dass in einer Produktkomponente sowohl die Beschreibungen von

Leistungsversprechen (wie z. B. Gefahrtyp, Ereignistyp, Schadentyp, Leistungstyp) zur Deckungsprüfung gut hinterlegt als auch ganze Schadenteilprozesse in die Produktkomponente ausgelagert werden können. Als Beispiele für solche Schadenteil-prozesse können z. B. eine erweiterte (algorithmische) Deckungsprüfung oder die Ermittlung der Leistungshöhen (unabhängig von den aktuellen Leistungskonten) angeführt werden.

Provision. Auch Provisionen sind (teilweise) produktabhängig. Ein Provisionssystem sollte sich daher den in der Produktkomponente hinterlegten Provisionsinformationen (z. B. Produkt ist dem Provisionsschema XY zugewiesen) bedienen und weiterhin produktabhängige Provisionsregeln aufrufen. Diese Provisionsregeln basieren wiederum auf durch das Produktsystem berechneten Grundzahlen (z. B. Prämie).

Partner. Auch ein Partnersystem kann die in der Produktkomponente hinterlegten Produktinformationen nutzen. Das ist genau dann der Fall, wenn ein Partner in einer bestimmten Rolle zum Versicherungsprodukt steht und er im Rahmen dieser Rolle Träger von Risikomerkmalen ist (z. B. Hobby mit einer möglichen Ausprägung „Extremsport"). Das Partnersystem interpretiert dabei die im Produktmanagementsystem hinterlegten Partnertypen (z. B. Vertragswerkstatt) mit den speziell dort definierten Partnerattributen.

Korrespondenz. Mindestens im Rahmen der Geschäftsprozesse, die technische Änderungen zur Folge haben, sowie im Rahmen der Angebotserstellung muss das Korrespondenzsystem genutzt werden. Das Korrespondenzsystem ermittelt mit Hilfe der Produktdaten welche Textbausteine, Produktbezeichnungen usw. für den Druck genutzt werden können.

Verkaufssysteme. Verkaufssysteme beschäftigen sich mit dem Vertrieb und dem Verkauf von Produkten. Die Spannweite reicht hier von Customer Relationship Management über Bedarfsermittlung bis hin zu Angebotsregeln.

Finanz- und Sicherheitsanalyse. Finanzanalysesysteme klären den individuellen Kundenbedarf an Versicherungen und Finanzprodukten (auch durch Projektionen in die Zukunft). Die Ergebnisse von Finanzanalysesystemen werden z. B. in Beratungspro-zessen oder im Rahmen der Bedarfsanalyse verwendet.

Finanzanalysesysteme können entweder in eine Produktkomponente integriert werden (z. B. als finanzmathematischer Rechenkern) oder es können die entsprechenden finanz-mathematischen Regeln auch direkt mit Hilfe der Produktkomponente erfasst und zur Verfügung gestellt werden.

Sicherheitsanalysesysteme ermitteln Risiken für Versicherungs- und Finanzunternehmen wie etwa ein Kreditausfallrisiko, Risiko für Elementarschäden etc. So können z. B. mit Hilfe des elektronischen, wettbewerbsneutralen „Zonierungssystem für Überschwemmung, Rückstau und Starkregen" – kurz ZÜRS genannt – einzelne Risikoadressen oder ganze Adressdateien Gefährdungs-Klassen zugeordnet werden. Im Rahmen eines Angebots-prozesses können nun Sicherheitsanalysesysteme durch die Produktkomponente genutzt (siehe oben „ZÜRS") oder aber entsprechende Regeln selbst hinterlegt werden. Des Weiteren kann in den Produktinformationen hinterlegt werden, ob eine Sicherheitsanalyse erforderlich ist.

Bedarfsanalyse. Die Bedarfsanalyse geht dem Angebot im Angebotsprozess voraus. Hier kann auch auf Ergebnisse der Finanzanalyse zurückgegriffen werden. Durch fachlich ergänzende Produktdaten wie z. B. Zielgruppenzuordnung, Kategorisierung der Produkte bzgl. Leistungsabdeckung etc. kann die Bedarfsanalyse unterstützt werden. Auch können in der Produktkomponente algorithmische Bedarfsermittlungsregeln hinterlegt werden, wenn diese durch „statische" Produktinformationen nicht mehr abbildbar sind.

Angebot. Das Anwendungsgebiet Angebotssysteme ist eines der Schwerpunkte einer Produktkomponente. Neben den Produkten mit all ihren Informationen und Services (z. B. Tarifierung) können auch spezielle Angebotsregeln wie z. B. vertriebskanalspezifische Produktausprägungen genutzt werden.

Customer Relationship Management Systeme. Ähnlich wie beim Partnersystem werden strukturelle Beschreibungen genutzt, mit deren Hilfe ein CRM-System flexibel auf die Anforderungen eines sich schnell ändernden Versicherungsumfelds reagieren kann. Dies können z. B. Metainformationen über Daten für die Bedarfsermittlung oder aber Annahmerichtlinien sein. Zum Beispiel könnte das Hobby „Bergsteigen" im Umfeld Unfallversicherungen zum Anbieten spezieller Zielgruppenpolicen führen, aber auch zum Aussteuern von Risikopolicen.

Konfigurierende Systeme. Die konfigurierenden Systeme ermöglichen es, ohne explizite Programmierung die nutzenden Systeme an neue Anforderungen, Prozesse, Produkte etc. anzupassen. Die Produktkomponente ist dieser Kategorie zuzuordnen. Weitere konfigurierende Systeme sind z. B. „Berechtigung", „Geschäftsprozesse", „Oberflächen" etc.

Produktaspekte und produktfremde Informationen in den konfigurierenden Systemen. Selbst bei aktuellen fortschrittlichen Versicherungsarchitekturen gibt es meist nur ein explizites konfigurierendes System, nämlich die Produktkomponente. Das ist der Grund, weswegen diese meist missbräuchlich auch zur Steuerung von anderen Aspekten verwendet wird, die eigentlich durch andere konfigurierende Komponenten zu verwalten wären. Wie ist nun die Abgrenzung zwischen dem oben beschriebenen „originären Produktwissen", den Produktaspekten und den produktfremden Informationen? Hierzu gibt es folgende einfache Faustregel:

„Werden Produktdaten und Produktverhalten von anderen Systemen beeinflusst bzw. benötigen diese anderen Systeme Informationen und Services, die abhängig von Produkten sind, so handelt es sich um Produktaspekte. Produktaspekte müssen von der Produktkomponente mit berücksichtigt werden." „Für alle anderen Konfigurationsinformationen wie Oberflächendesign, Geschäftsprozesssteuerung und reinen Berechtigungsinformationen gilt: Diese sind nicht in der Produktkomponente zu verwalten!"

Unsere Erfahrungen in der Vergangenheit zeigen, dass eine Nichtbeachtung dieser Regel unweigerlich zu unwartbaren (Produkt-)Beschreibungsdaten und organisatorischem Durcheinander führen wird.

III. Organisatorische Auswirkungen

Die organisatorischen Auswirkungen zwischen IT- und Fachabteilung wurden teilweise schon bei der Einführung eines Produktmanagementsystems vorweggenommen. Das folgende Kapitel befasst sich mit den Rollen und Verantwortlichkeiten innerhalb des interdisziplinären Produktteams und zeigt anhand von Best Practices auf, wie ein erfolgreiches Zusammenarbeiten etabliert werden kann.

Die Produktüberführung ist ein Teil des Produktmanagementprozesses. Natürlich existierten schon vor dem Aufkommen von Standardproduktmanagementsystemen fest definierte oder zumindest etablierte, gelebte Produktmanagementprozesse. Diese fassen das Aufgabengebiet „Produkt" viel weiter. Denn die eigentliche Aufgabe eines Produktmanagementsystems als Softwarekomponente ist lediglich, die Überführung der IT-relevanten Produktinformationen in die IT-Anwendungslandschaft einfacher und redundanzfreier zu gestalten. Nicht mehr, aber auch nicht weniger.

Ein Produktmanagementprozess hingegen umfasst den gesamten Produktlebenszyklus, angefangen bei der Produktidee über die Kalkulation bis hin zum Produktcontrolling und der Stilllegung des Produktes. Die Produktüberführung in die IT-Systeme stellt dabei nur einen kleinen (aber wichtigen) Teil dar. Aus dem Missverständnis heraus, den gesamten Produktmanagementprozess unterstützen zu müssen, wird teilweise versucht, möglichst vollumfängliche Produktinformationen zu erfassen und zu verwalten, egal ob diese nun von IT-Systemen benötigt oder ob sie bereits in anderen etablierten Formen wie etwa in Tabellenkalkulationen, Worddokumenten etc. vorliegen.

Wie im Abschnitt „Einführung" bereits erwähnt, soll eine Fachkomponente Produkt unter anderem ermöglichen, dass der Fachbereich möglichst ohne Mitwirkung der IT-Abteilungen eigenständig Produkte entwickeln und freigeben kann. Dies ist übrigens nicht mit dem unhaltbaren Versprechen zu verwechseln, dass neue Produkte vollständig ohne „technisches IT-Wissen" umgesetzt werden können.

Der Kontrakt ...

... oder das Kontraktmodell. Wenn nun Produkte allein unter der Hoheit des Fachbereichs umgesetzt werden sollen, stellt sich die Frage, wie die technischen Restriktionen und Möglichkeiten der Umsysteme von Anfang an berücksichtigt werden können. Die Antwort ist wiederum eine technische, aber eine sehr einfache: Es wird ein Kontrakt in Form eines Schnittstellenmodells zwischen der Produktentwicklung einerseits und den Anwendungen anderseits definiert, das sog. Kontraktmodell. Dieses Kontraktmodell beschreibt die gemeinsamen Strukturen, die ausgetauscht, und die Funktionalitäten, die aufgerufen werden können. In der Produktkomponente – wie auch in den aufrufenden Komponenten – können natürlich weitergehende Strukturen/Attribute etc. genutzt werden. Diese haben jedoch keinen Einfluss auf die Zusammenarbeit der Anwendungen mit der Produktkomponente.

Die folgende Abbildung soll die Rolle des Kontraktmodells veranschaulichen:

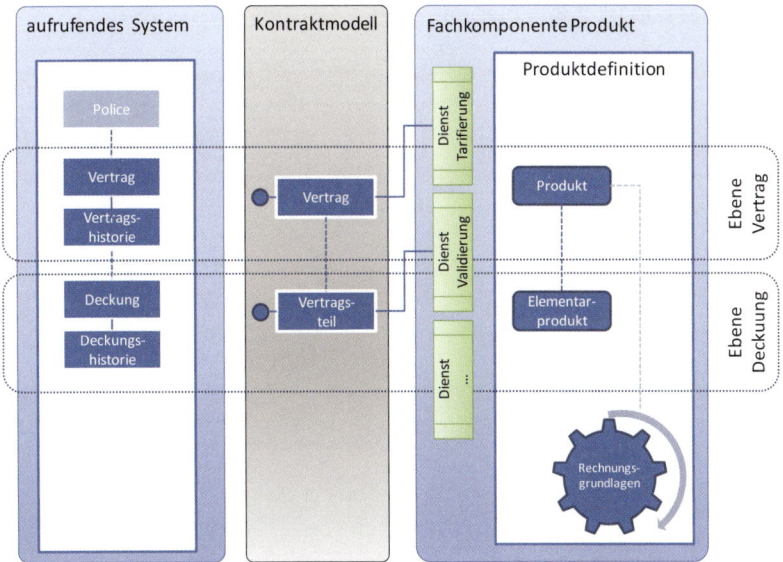

Abbildung 4: Kontraktmodell

Das Kontraktmodell stellt nun gleichsam das Bindemittel, den "Kleber" zwischen dem Fachbereich und der IT-Abteilung dar. Wurde der Kontrakt geschlossen, der die Möglichkeiten der IT-Systeme und der Produktmodellierung beschreibt, stellt sich die Frage, welche Organisation um diesen herum etabliert werden soll. Im Laufe mehrerer Einführungsprojekte hat sich folgendes Vorgehen als Best Practice herauskristallisiert.

Das Drei-Phasen-Modell

Die Organisation eines Einführungsprojektes lässt sich nach unserer Erfahrung am besten um ein Drei-Phasen-Modell herum aufbauen. Es entspricht übrigens im Wesentlichen auch der späteren Organisation, nachdem das Einführungsprojekt erfolgreich abgeschlossen wurde. Doch dazu später mehr.

Das aus den Best Practices abgeleitete Modell besteht aus den drei Hauptphasen

- Initialisierung
- Konfiguration
- Konkretisierung

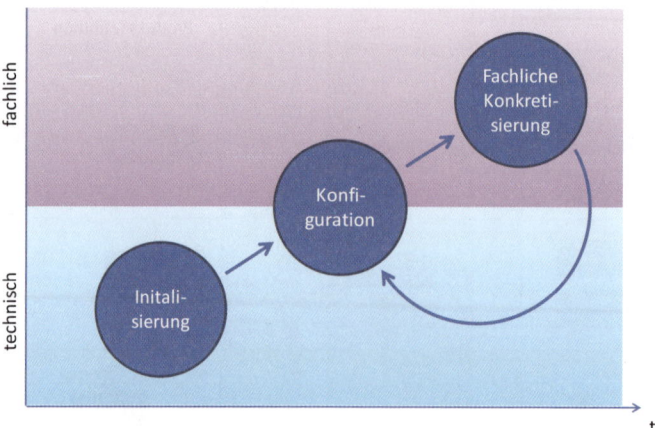

Abbildung 5: Das 3-Phasen-Modell

- *Initialisierung*: Dies ist im Wesentlichen die Phase, in der die einführungs-spezifischen Tätigkeiten wahrgenommen werden. Zuerst wird auf Basis der vorhandenen Modelle und der relevanten Prozesse das Kontraktmodell festgelegt. Auf Basis des Kontraktmodells kann dann mit der Entwicklung der Systemanbindungen begonnen werden. Um die Anbindungsaktivitäten zu unterstützen, werden in dieser Phase schon technisch funktionsfähige, aber nicht notwendigerweise fachlich vollständige Produktdaten erstellt. Auch kann hier schon die Etablierung eines Produktüberführungs- und Auslieferungsprozesses erfolgen.

- *Konfiguration*: Ist die Schnittstelle in Richtung der aufrufenden Systeme geklärt, kann mit der Entwicklung von Produktinhalten begonnen werden. Um nicht bei jedem Produkt oder jeder Produktvariante von vorne beginnen zu müssen, werden nun sog. „Halbfertigprodukte" erstellt. Dies geschieht aus der Erkenntnis heraus, dass neue „Produkte" eher Variationen und Kombinationen aus bereits bestehenden Produkten darstellen und daher keine wirklichen „Innovationen" sind. Produktlinien, die gleich oder ähnlich aufgebaut sind, werden daher in Form von Halbfertigprodukten zur Verfügung gestellt. In diesen sind bereits alle Algorithmen, Geschäftsregeln, Tabellenstrukturen etc. enthalten, die für funktionierende konkrete Produkte benötigt werden. Um diese eher technischen Basiskomponenten zu entwickeln, werden entsprechende spezielle Kenntnisse und Fähigkeiten benötigt.

- *Konkretisierung*: Sollen nun konkrete Produkte erstellt werden, so werden die in der Konfiguration erstellten Halbfertigprodukte vervollständigt, ergänzt und neu zusammengestellt. Dies geschieht durch Parametrisierung und Komposition der Halbfertigprodukte. Dies sind Tätigkeiten, die keinerlei umfangreiche Kenntnisse erfordern und deswegen auch schnell und einfach vorgenommen werden können.

Welche Rollen sind nun in einem solchen Umfeld notwendig? Im Folgenden werden diese beispielhaft aufgeführt. Dabei ist zu beachten, dass die Rollen nicht unbedingt durch unterschiedliche Mitarbeiter wahrgenommen werden müssen.

Rolle	Beschreibung
	Rollen in der Phase Initialisierung
Produktarchitekt	Aus dem Fachbereich *Aufgaben*: • Eine tragfähige Grundarchitektur der Anbindung erstellen • Eine tragfähige Grundarchitektur der Produktdaten erstellen • Ist Ansprechpartner bei Erweiterungen, Ansprechpartner für IT-Anbindungsentwickler und Produktdatenentwickler Qualifikation • Softwareingenieur / Datenmodellierer • Produktkenntnisse • Kenntnisse der Umsysteme
Komponentenverantwortlicher Produkt	Aus der IT-Abteilung *Aufgaben*: • Eine tragfähige Grundarchitektur der Anbindung erstellen. Qualifikation • Softwareingenieur / IT-Architekt • Kenntnisse der Umsysteme
Produktadministrator	Aus dem Fachbereich *Aufgaben:* • Customizing der Werkzeuge • Stellt die Einhaltung des Produktentwicklungsprozesses sicher • Ansprechpartner für Produktdatenentwickler Qualifikation • Tiefe Kenntnisse der eingesetzten Werkzeuge
Fachlicher Entwickler	Aus dem Fachbereich *Aufgaben:* • Erstellung und Test der verkaufbaren Produkte *Qualifikation:* • Kenntnisse des eingesetzten Werkzeuge • Tiefe Kenntnisse des abzubildenden Produktes
IT-Entwickler	Aus der IT-Abteilung *Aufgaben:* • Implementieren der Anbindung *Qualifikation:* • Arbeiten mit Metadaten • Tiefe Kenntnisse der Programmierschnittstelle der Fachkomponente Produkt
	Rollen in der Phase Konfiguration
Technischer Entwickler	Aus dem Fachbereich *Aufgaben:* • Erstellung und Test der Halbfertigprodukte • Erstellung der Algorithmen für Tarifierungs- und Geschäftsregeln *Qualifikation:* • Programmierkenntnisse • Tiefe Einsicht in die interne Funktionsweise der Produkte
Produktadministrator	Siehe oben

Produktdatendeployer	Aus der IT-Abteilung
	Aufgaben:
	  • Deployment/Verteilung der Produktdaten
	  • Konfigurieren der aufrufenden Systeme
	Qualifikation:
	  • Kenntnisse des Auslieferungsprozesses und der Zielsysteme

Rollen in der Phase Konkretisierung	
Fachlicher Entwickler	Siehe oben
Produktadministrator	Siehe oben
Produktdatendeployer	Siehe oben

Tabelle 1: Die Rollen in den Einführungsphasen

Aktivität	Rolle
Aktivitäten in der Phase Initialisierung	
Abstimmung der Schnittstellen	Produktarchitekt, Komponentenverantwortlicher Produkt
Aufbau Kontraktmodell	Produktadministrator
Implementieren der Anbindung	IT-Entwickler
Aktivitäten in der Phase Konfiguration	
Erstellen der Halbfertigprodukte	Technischer Entwickler
Testen der Halbfertigprodukte	Technischer Entwickler
Testen der Halbfertigprodukte in den Zielsystemen	Technischer Entwickler
Freigabestatus setzen	Technischer Entwickler[3]
Produktdaten zusammen- und zur Auslieferung bereitstellen.	Produktadministrator
Produktdaten zu den Zielsystemen transportieren und bereitstellen	Produktdatendeployer
Aktivitäten in der Phase Konkretisierung	
Erzeugen neuer Produkte	Fachlicher Entwickler
Testen neuer Produkte (auch in Zielsystemen)	Fachlicher Entwickler
Produktdaten zusammenstellen und zur Auslieferung bereitstellen	Produktadministrator
Produktdaten zu den Zielsystemen transportieren und bereitstellen	Produktdatendeployer

Tabelle 2: Die Aktivitäten in den Einführungsphasen

Nachdem das Einführungsprojekt abgeschlossen ist, stellt sich die Frage, wie nun die Aktivitäten und Prozesse organisiert werden sollen. Die Antwort ist: „Im Prinzip genauso; der Unterschied liegt darin, dass sich der Schwerpunkt der Arbeiten auf die Phase 3, die Konkretisierung verschiebt". Dies heißt aber nicht, dass die Phasen 1 und 2 vollkommen abgeschlossen sind. Sollen neue Produktlinien, Produktinnovationen eingeführt werden, für die noch keine Halbfertigprodukte existieren, so müssen diese mit Hilfe des technischen Entwicklers neu erstellt werden. Wird gar das Kontraktmodell verletzt, so müssen die Anbindungen, aber auch die aufrufenden Systeme selbst angepasst werden. Das bedeutet, dass wieder Teile der Aktivitäten der Phase 1, der Initialisierungsphase, durchlaufen werden müssen. Während der Initialisierungsphase können meist schon die

---

[3] Im Sinne eines Vier-Augen-Prinzips sollte dies allerdings nicht der eigentliche Entwickler sein.

Produkterstellungs- und Produktauslieferungsprozesse definiert werden. Diese sollten wenn möglich schon in der Einführungsphase gelebt und damit auch getestet werden. Spätestens aber nach dem Einführungsprojekt sollten diese Produktüberführungsprozesse schlüssig in den Produktmanagementprozess eingebettet worden sein.

Wie ist nun im Gegensatz zum Produktüberführungsprozess der Produktmanagement-prozess einzuordnen? Der Produktüberführungsprozess stellt einen kleinen, aber wichtigen Teil des Produktmanagementprozesses dar. Während sich der Produktüber-führungsprozess nur um die IT-relevanten Aspekte der Produkte kümmert, wird im Produktmanagementprozess der komplette, auch nicht-technische Produktlebenszyklus betrachtet.

Die folgende Abbildung soll die Zusammenhänge darstellen:

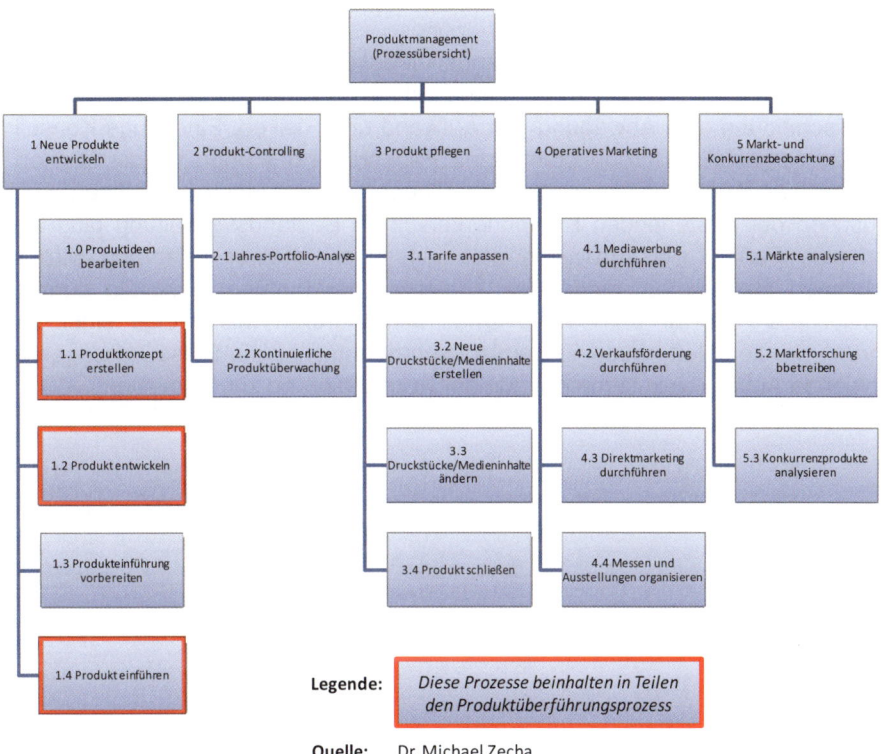

Abbildung 6: Der Produktmanagementprozess

Die roten Rahmen beim Teilprozess „Neue Produkte entwickeln" heben hervor, dass dort einige Aktivitäten des Produktüberführungsprozesses eingebettet sind. Werden keine weiteren Werkzeuge (wie z. B. für das Profittesting) eingeführt, sind die umfangreichen Teilprozesse „Produktcontrolling", „Produkte pflegen", „Operatives Marketing" und „Markt- und Konkurrenzbetrachtung" nicht von Belang. Im Rahmen eines Einführungsprojektes für ein Produktmanagementsystem sollte man sich, um Missverständnisse zu vermeiden, immer vor Augen halten, was ein Fachbereich unter einem Produktmanagementprozess versteht und wie er ihn lebt. Nur dann ist es möglich, die neuen IT-Komponenten für das Versicherungsunternehmen optimal in deren Architektur und Prozesse zu integrieren.

IV. Eine sichere Transformation in eine produktzentrierte Architektur

Nur in den seltensten Fällen können alle Fachkomponenten im Sinne einer „optimalen produktzentrierten Facharchitektur" auf der „grünen Wiese" neu entwickelt werden. In den Versicherungsunternehmen bestehen vielmehr bereits funktionsfähige Anwendungs-landschaften, deren Funktionsfähigkeit, die in sie getätigten Investitionen und deren operativer Betrieb nicht in Gefahr gebracht werden dürfen. Diese bestehenden Archi-tekturen müssen daher in sicheren kleinen Schritten in eine neue produktzentrierte Facharchitektur überführt werden. Die schrittweise Transformation wird nachfolgend behandelt.

Abbildung 7 zeigt die beiden grundlegenden Möglichkeiten, die ein Versicherungsunter-nehmen hat, um eine neue Zielanwendungsarchitektur zu erreichen. Selbstverständlich ist diese Entscheidung eine Abwägung von Aufwand und Risiken. Eine kluge Konsolidierung hin zu der vorgestellten produktzentrierten Facharchitektur begrenzt die Risiken dieses Transformations-/Migrationsprozesses im Gegensatz zu einem sofortigen kompletten Austauschen der bestehenden Komponenten (z. B. Bestandsverwaltung plus Leistungs-system plus Partner plus Provision plus …). Nach unserer Erfahrung wird sich ein Unternehmen eher für ein moderates Ansteigen der Einführungskosten durch längere Projektlaufzeiten als für das Risiko eines viel teureren Misserfolgs einer Big-Bang-Einführung der komplett neuen Systemlandschaft entscheiden. Diese Aussagen fasst die nachfolgende Abbildung zusammen: „Mit der Konsolidierung zur Innovation!"

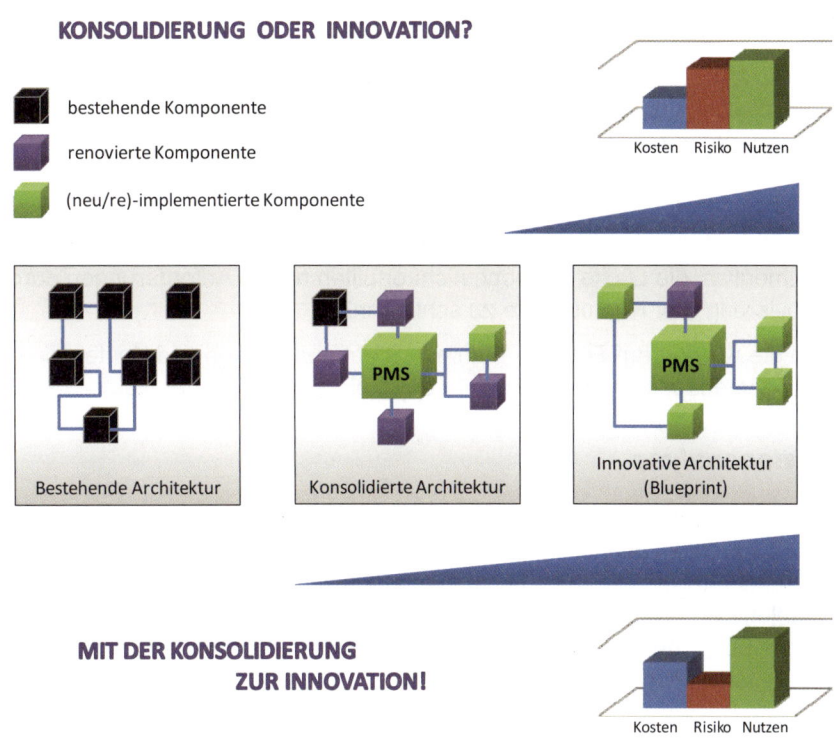

Abbildung 7: Kosten, Risiken und Nutzen der Basisansätze

Die nachfolgende Abbildung zeigt die wichtigsten Schritte hin zu einer neuen produkt-zentrierten Architektur:

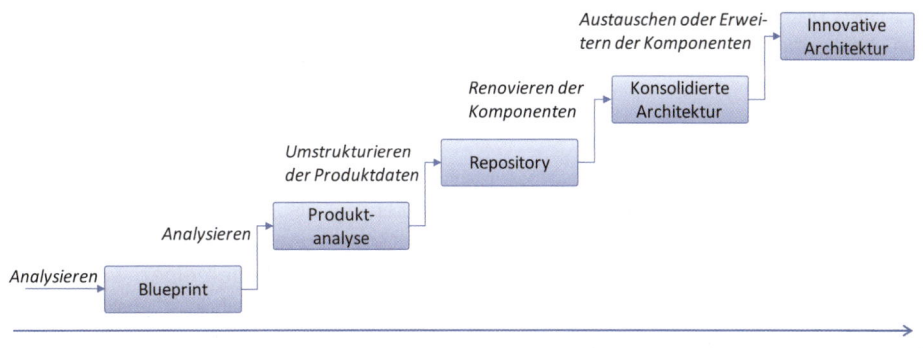

Abbildung 8: Die fünf Meilensteine und Aktivitäten der Konsolidierung

Blueprint

Der Blueprint, also die Blaupause der zukünftigen Architektur, beschreibt die unternehmensspezifische Auslegung einer produktzentrierten Zielarchitektur. Liegt eine fertige Blaupause vor, so müssten für jede der dort beschriebenen Komponenten folgende Fragen beantworten worden sein:

1. Muss die Komponente in der neuen Zielarchitektur (unbedingt) beibehalten werden?

2. Ist es möglich, die Lücke der noch nicht erfüllten neuen Anforderungen durch eine „Renovierung" der Komponente zu schließen?

3. Wenn die Antwort auf Frage 2 "nein" ist: Steht den Risiken und Kosten eines Komponentenaustausches („make or buy") ein angemessener Nutzen gegenüber?

Produktdatenanalyse

Die Erkenntnisse, die im nächsten Meilenstein gewonnen werden, sind die Grundvoraussetzung, um die Transformation in die neue Zielarchitektur beginnen zu können. In der Produktdatenanalyse werden die in der aktuellen Architektur enthaltenen Produktaspekte katalogisiert und analysiert. Solche Produktdaten oder Produktaspekte sind normalerweise über mehrere Datenbanken respektive Datenbanktabellen sowie unterschiedliche Stellen im Programmcode verteilt.

Die Produktdaten, die in Datenbanksystemen enthalten sind, beinhalten meist Produktbausteininformationen wie Produktnamen und Produktverkaufszeiträume sowie Tarifierungssätze oder einfache, in Tabellen abgebildete Regeln etc.

Im Programmcode selbst sind Metadaten (z. B. grundlegende Produktstrukturen) sowie ausführbare Regeln enthalten. In der Vergangenheit wird man sich entweder aus Komplexitäts- oder aus Performancegründen dazu entschieden haben, diese Informationen nicht als (zu interpretierende) Daten abzulegen. Einige Teile des Programmcodes bestehen auch aus Rechenkernen/Rechenmodulen. Ist dieser Programmcode gut modularisiert und beinhaltet vollständige, gut erprobte fachliche Funktionalität, so kann es sinnvoll sein, diesen mit Hilfe des neuen Produktmanagementsystems wiederzuverwenden.

Repository

Dieser Meilenstein steht sowohl bei der Konsolidierung als auch bei einem Big-Bang-Ansatz mit am Anfang. Ein Repository ist die Grundvoraussetzung, um die vorher verstreuten Produktdaten an einer Stelle zu verwalten. Im Allgemeinen wird sich die Struktur des Repositorys nach der geplanten zukünftigen Zielarchitektur ausrichten. Aber wie soll diese Struktur des Repositorys, das Produktmodell festgelegt werden?

Redesign des Produktmodells?

Nach unserer Erfahrung neigen Produktexperten und Datenmodellierer dazu, endlos über das nach ihrer Meinung optimale, flexible, allspartenfähige Produktmodell zu diskutieren.

Nach unserer Ansicht sollten allerdings nur die konkret vorliegenden Anforderungen bestimmen, wie ein Produktmodell auszusehen hat. Wenn in den nächsten drei bis fünf Jahren die angestrebte Zielarchitektur mit „Renovierung" der Anwendungslandschaft erreicht werden kann, dann sollte man sich an dem Datenmodell des bestehenden Bestandsmodells orientieren. Ist dies nicht der Fall, dann sollte auf Basis aktueller allgemeiner Standards, z. B. dem VAA-Produktmodell, versucht werden, die bekannten zukünftigen Anforderungen in ein Modell für die nächsten zehn oder mehr Jahre zu überführen.

Alles, was zwischen diesen beiden Varianten liegt, ist ein Kompromiss oder eine Übergangslösung. Allerdings zeigt die Erfahrung, dass nichts so lange lebt wie eine Übergangslösung. Und so muss man auch hier abwägen, denn aus nicht zusammenpassenden Modellen resultieren komplexe Schnittstellen samt Mappings und sie bergen daher die Gefahr von Performanceproblemen in großen Batchläufen. In der Vergangenheit mussten wir tatsächlich immer wieder feststellen, dass ein beträchtlicher Teil der Performanceprobleme auf Aufrufe des Produktmanagementsystems respektive der Rechenkerne zurückzuführen war. Anstelle eines „faulen Kompromisses" wäre folgende Strategie zielführender:

- Erstellen eines Produktmodells auf Basis der konsolidierten (bestehenden) Architektur

- Erstellen eines zukünftigen „Wunschproduktmodells", das alle zukünftigen Anforderungen erfüllen kann.

- Gegenüberstellen der beiden Modelle, um die Unterschiede herauszuarbeiten. Diejenigen Produktmodellbestandteile des „Wunschmodells", die nicht im „konsolidierten Produktmodell" enthalten sind, können beibehalten werden, da sie die bestehende Architektur nicht beeinflussen. Aktuelle Anforderungen, die im Wunschmodell nicht erfüllt werden können, könnten durch kleine „Workarounds" z. B. als Tabelle oder Regel in das Zielmodell integriert werden. Des Weiteren kann eine Modellierungsrichtlinie sicherstellen, dass mit dem neuen Zielmodell nicht die Grenzen der aktuellen Architektur gesprengt werden.

Redesign der Produkte?

Wenn das Produktmodell erst einmal definiert ist, stellt sich die Frage nach den Produkten selbst: „Müssen wir jedes Produkt (re-)implementieren oder nur die neuen bzw. aktuellen Produkte?" Wir denken, dass natürlich eine Vollmigration das Optimum wäre, allerdings mit folgenden Einschränkungen:

- Gibt es im Produktportfolio Produkte bzw. „Produktexoten" mit geringem Bestand, deren Migration zu teuer wäre? Ist es möglich, die wenigen noch existierenden Verträge auf andere Produkte (gegebenenfalls mit Rabattanreizen) zu überführen? Wenn nicht, können die Verträge notfalls gekündigt werden?

- Gibt es Produkte im Bestand, die nicht mehr verkaufsoffen sind bzw. deren Verträge nicht mehr angepasst werden können? Dann wäre die Option einer „manuellen Verwaltung" der Verträge im Bestandssystem, ermöglicht durch Hinterlegung eines allgemeinen „Universalproduktes", vorteilhaft.

Alle anderen Produkte sollten in das neue Produktmanagementsystem migriert werden und gegebenenfalls an die neuen Strukturen bzw. neuen Anforderungen angepasst werden (z. B. Hinterlegungen von Kennzeichnungen, die ein Data Warehouse System auswerten wird)

Die Fachkomponente Produkt als alleinige Produktinformationsschnittstelle?

Solange wir uns noch hin zum Meilenstein „Repository" bewegen, sollten unserer Meinung nach keine Programme angepasst werden müssen. Daraus folgt, dass die bestehenden Anwendungen nicht auf Schnittstellenaufrufe der Fachkomponente Produkt umgestellt werden. Die Frage ist nun, wie kommen die betroffenen Anwendungen trotzdem zu ihren Produktinformationen? Die Antwort hier: „So wie vorher auch". Da die Produktdaten in einigermaßen strukturierten Systemen in Datenbanken abgelegt sind, so sind diese einfach aus dem neuen Modell heraus zu füllen. Die Schritte dazu wären

- Das Repository wird/wurde durch den Fachbereich gepflegt.
- Bei der Freigabe der Produkte läuft eine einfache Produktdatenexportanwendung durch SQL-Skripts. Wenn nötig, bewirkt das Skript Mappings zwischen dem neuen Modell und der bestehenden Tabellenstruktur.

Die Vorteile, die mit diesem Meilenstein erreicht wurden, sind:

- Eine standardisierte Definition und Pflege der Produktdaten durch eine zentrale Stelle.
- Andere Systeme (wie z. B. Business Intelligence, ein neues Außendienstsystem etc.) können nun auch auf die zentral zur Verfügung gestellten Produktdaten via Schnittstellen etc. zugreifen.

Konsolidierte Architektur

Während des vorigen Meilensteines wurden keine Anpassungen der bestehenden Software vorgenommen. Dies ist nun im Rahmen der „konsolidierten Architektur" der Fall. Auch um zu einer „konsolidierten Architektur" zu kommen, sind kleinere und damit sicherere Schritte möglich:

Tarifierungslogik. Kann die bestehende Tarifierungslogik innerhalb der neuen Fachkomponente Produkt wiederverwendet werden? In vielen Bestandssystemen wurde die Tarifierungslogik als eigenständiges Modul entwickelt und gekapselt. Manchmal ist es sinnvoll, diese gut ausgetesteten Tarifierungsmodule zumindest übergangsweise wiederzuverwenden. In den meisten gängigen Produktmanagementsystemen, die als Basis einer FK Produkt dienen können, ist die Integration von außen liegendem Code via Standardschnittstellen möglich. Der Vorteil dabei ist, dass die aufrufenden Systeme schon auf die neuen Schnittstellen umgestellt werden konnten und für sie unsichtbar der bisherige Tarifierungscode aufgerufen wird. Wenn sogar mehrere Rechenkerne integriert werden müssen, kann die Fachkomponente Produkt als „Integrationsplattform" für unterschiedliche Tarifierungsfunktionalitäten dienen. Ein weiterer Vorteil einer solchen Lösung ist, dass die Tarifierungsmodule, die aus ihren alten Systemen herausgelöst wurden, nun weiteren Systemen (z. B. für den Verkaufskanal Internet) über die Schnittstellen der Fachkomponente Produkt zur Verfügung stehen.

Eine natürlich weitaus bessere Möglichkeit, die eine gekapselte Tarifierungslogik bietet, ist die einfache Integration von Tarifierungsservices der Produktkomponente in die bisherigen Anwendungen. Anstelle des bisherigen Tarifierungslogikaufrufs wird mittels einer kleinen Adapterkomponente der neue Service der Produktkomponente aufgerufen. Die Adapterkomponente kümmert sich dabei um Modelltransformationen und Schlüsselabbildungen zwischen der „neuen" und „alten" Welt.

Austauschen eingebetteter Produktfunktionalität. Unter eingebetteter Produktfunktionalität versteht man über Anwendungssysteme verstreute und fest implementierte Funktionalitäten, die produktspezifisch sind und daher eigentlich in einer Fachkomponente Produkt anzusiedeln wären. Um zu entscheiden, wie dieser Themenkomplex angegangen werden soll, muss man sich über das Kosten-Nutzen-Verhältnis und die Risiken, die mit einem Austausch verbunden sind, klar werden.

Da für einen Austausch der betroffenen Produktfunktionalität fast immer tief in den bestehenden Anwendungscode eingegriffen werden muss und damit ein nicht unerheblicher Aufwand verbunden ist, empfehlen wir, dies vorzunehmen, wenn:

- entweder zur selben Zeit im gleichen Modul Änderungen anderer Art vorgenommen werden oder
- die bestehende betroffene Produktfunktionalität den aktuellen Anforderungen nicht mehr genügt und deswegen angepasst werden muss.

Die innovative Zielarchitektur

Der letzte Meilenstein, der zu unserer „innovativen Zielarchitektur" führen soll, verwirklicht sämtliche zukünftigen fachlichen Anforderungen und gewährleistet damit natürlich auch die damit verbundenen wirtschaftlichen Zielsetzungen (wie z. B. eine Reduzierung des Total Cost of Ownership [TCO]). Die konsolidierte Architektur ist der Ausgangspunkt unserer Zielarchitektur, die durch schrittweise Ersetzungen und Verbesserungen vorangetrieben wird.

Ziele einer neuen produktzentrierten Zielarchitektur, die in der Blueprint-Phase definiert wurde, sind meist „durchgehende Geschäftsprozesse", „Outsourcing", „Multi-Line-Fähigkeit", „White Label Products" etc. Unabhängig davon, wie eine Make-or-buy-Entscheidung ausgeht – eine neue Komponente muss die in der Blueprint-Phase definierten Anforderungen erfüllen.

Wie können diese Funktionalitäten während des letzten Meilensteines erreicht werden? Nachfolgend sollen beispielhaft einige Punkte aufgezählt werden:

- *Durchgehende Prozesse:* Durch die standardisierten Produktstrukturen und Beschreibungsmöglichkeiten steht allen an einem Geschäftsprozess beteiligten Applikationen eine gemeinsame Sprache zur Verfügung. Diese ermöglicht erst das gemeinsame durchgehende Arbeiten an einem Geschäftsprozess. Durch die zentrale Bereitstellung von Produktservices durch die Fachkomponente Produkt stehen weiterhin allen beteiligten Applikationen dieselben Services bzw. dieselben Serviceimplementierungen zur Verfügung.

- **Betriebswirtschaftliche Zielsetzungen:** Durch die zentrale redundanzfreie Definition von Produkten sowie durch eine einzige zentrale Fachkomponente Produkt können neben der Reduzierung des oft strapazierten „time to market" auch betriebswirtschaftliche Zielsetzungen wie die Reduzierung des TCO erreicht werden.

- **Multi-Line-Fähigkeit:** Durch ein zentrales gemeinsames Produktmodell werden Multi-Line-Produkte erst ermöglicht. Unter einem Produktbündel sollen alle (verwandten) Sparten verkauft werden können. In der Phase „Repository" ist deswegen darauf zu achten, dass die Bedürfnisse aller Sparten und Fachbereiche zumindest in den Grundzügen berücksichtigt werden.

- **White-Label-Produkte:** Sollen White-Label-Produkte oder auch weitere Produkte innerhalb eines Konzernverbundes gemeinsam mit den eigenen Produkten verwaltet werden, so ist neben der entsprechenden gleich strukturierten Produktinformation darauf zu achten, dass auch die Beschreibung der Services (Struktur, Adresse, Parameter etc.), die zur Verwaltung der Fremdprodukte benötigt werden (z. B. „Policierung", „Folgesollrechnung", „Antragsberechnung" etc.), im Repository hinterlegt werden. So ist es der Fachkomponente Produkt sowie den anderen Anwendungskomponenten möglich, die Produkte oder Produktteile für den Nutzer transparent zu verwalten[4].

V. Zusammenfassung

Um im Rahmen eines Projektes erfolgreich eine Fachkomponente Produkt einführen zu können, bedarf es dreier wesentlicher Punkte, die geklärt werden müssen:

Da Produktmanagementsysteme immer an der Schnittstelle zwischen IT und Fachbereich eingesetzt werden, müssen Prozesse und Organisation eindeutig geregelt sein. Optimalerweise ist das Projekt in drei Phasen zu unterteilen, die sich klar am Konzept des Kontraktmodells orientieren. Des Weiteren müssen alle Rollen und Prozessschritte definiert sein, wenn während des Projektes und in der Zeit danach eine reibungslose Zusammenarbeit zwischen IT und dem Fachbereich möglich sein soll.

Aber auch die beste Organisation läuft ins Leere, wenn keine klare Vorstellung über eine geeignete Zielarchitektur besteht. Nach unserer Erfahrung besitzt eine optimale Zielarchitektur immer auch eine – wie im Verlaufe dieses Kapitels skizzierte – Fachkomponente Produkt, die als zentrale und steuernde Servicekomponente dient.

Ist die Zielarchitektur definiert, so stellt sich die Frage, auf welche Art und Weise diese eingeführt werden soll. Wir raten hier von einem Big-Bang ab und empfehlen eine 5-stufige Migrationstrategie, um in kleinen sicheren Schritten mittelfristig zur Zielarchitektur zu gelangen.

---

[4] Es entsteht dann eine Art sehr komfortabler „Führungs- und Beteiligungs"-Mechanismus.

Dokumentenorientierte Geschäftsprozesse im Versicherungsunternehmen

Ingo Gringer

Abstract

Das Formular und andere Dokumententypen stehen aus historischer Sicht im Zentrum der Geschäftsprozesse des Versicherungsunternehmens, so dass oft von dokumentenorientierten Prozessen gesprochen wird. Moderne Technologien bieten heute die Voraussetzung für eine Gestaltung von Arbeitsabläufen mit weitgehend papierlosen Dokumenten und stellen damit eine wesentliche Grundlage für die Automatisierung von Geschäftsprozessen dar. Mitunter kann auf Papier aber noch nicht verzichtet werden. Hier sind leistungsfähige Funktionen gefordert, um dennoch eine reibungsarme Input-/Outputlösung zu ermöglichen. Mit dokumentenorientierten Geschäftsprozessen sind Themen wie intelligente Formulare, elektronische Signaturen, Barcode, Workflowmanagement, Korrespondenzmanagement und Archivierung verbunden, die im vorliegenden Abschnitt behandelt werden.

I. Einführung

Das Formular und andere Dokumenttypen stehen aus historischer Sicht im Zentrum der Geschäftsprozesse des Versicherungsunternehmens, so dass oft von dokumentenorientierten Prozessen gesprochen wird. Sie dienen als Kommunikationsmittel zwischen verschiedenen Personen und Strukturen als Auslöser, Gegenstand und Ergebnis von Geschäftsprozessen.

Bislang ist die Papierform teils aus historischen, teils aus rechtlichen Gründen unersetzbar. Zudem erwarten viele Endnutzer und Kunden nach wie vor Papier, z. B. für Versicherungspolicen. Moderne Technologien bieten heute jedoch die Voraussetzung für eine weitgehend papierlose Gestaltung von Arbeitsabläufen und unterstützen den beinahe nahtlosen Medienwechsel zwischen elektronischem Dokument und Papier.

Die Bandbreite der Technologien im Zusammenhang mit Erstellung und Verarbeitung elektronischer Dokumente ist sehr groß und wird mit dem Begriff „Document Related Technologies" umschrieben. Dazu zählen:

- *Document-, Workflow-, Knowledge-Management:* Verwaltungsfunktionen zum Dokumentlebenszyklus, zur Steuerung des Arbeitsablaufs mittels Dokumenten

(Postkorb, Redaktionsystem, Schadenbearbeitung etc.) und zur Abbildung des darüberliegenden Prozesswissens (Checklisten, Plausibilisierung, Vorgehen, rechtliche und betriebliche Vorgaben)

- **E-Commerce und digitale Signaturen:** Funktionalitäten zum Verkauf (von Dokumenten selbst, Rechnungen) und zur rechtlichen Nachweisführung (zertifizierte und unterschriebene Dokumente, tatsächlicher Herausgeber bzw. Autor, „persönliche Aushändigung" an konkrete Personen)

- **Document-Input, -Output und -Speicherung:** Funktionen zur Aufnahme und Herausgabe von Dokumenten, Ablagefunktionen, Recherche

- **OCR, ICR, Pattern-Recognition:** Wiedergewinnung von Daten (Zeichen) und Informationen (z. B. Kundennummer) aus Dokumenten, die wegen Medienbrüchen (Fax, Papier) nicht mehr oder nur noch schwach strukturiert vorliegen

- **Imaging und Multimedia:** Einbetten und Generieren von Bildern, Interaktionen, Animationen und Videos in elektronischen Dokumenten (z. B. Schadenmeldung, Reports)

- **Databases, Data Warehouse:** Funktionen zur Ablage von Strukturdaten zu Dokumenten, Anbindung von Daten z. B. aus Bestandssystemen an Outputsysteme; statistische Analysen zu Dokumenten und darauf basierenden Prozessaktivitäten

- **Archival und Records-Management:** Langzeitspeicherung auf der Basis gesetzlicher und geschäftlicher Vorgaben, Archivierung des Dokuments in statthaften Formaten und mit relevanten Metadaten zu Recherchezwecken; systematische Aufzeichnung der Geschäftsvorgänge und entsprechende Verbindung zu Dokumenten als deren Ergebnis

- **Content Management und Distribution:** Verwaltungsfunktionen zur Bereitstellung und Verteilung von Inhalten wie Vorlagen, Regelwerken, Produktinformationen und Prozessbeschreibungen

- **Groupware und Office Solutions:** Funktionen zur Unterstützung der gemeinschaftlichen Arbeit an Dokumenten (Bearbeitung und Revision von ganzen oder Teil-Dokumenten); Integration in Desktop-Anwendungen wie E-Mail und Texterfassung

- **Forms und Outputmanagement:** Methoden und Werkzeuge zur Formulargestaltung, -verwaltung und -bereitstellung, Datenrückgewinnung aus befüllten Formularen; Bereitstellung auf verschiedenen Kanälen (Fax, E-Mail, Post, E-Mail, Druckstraßen und Kuvertiersystemen)

- **Integration Tools, Middleware und Componentware:** systemübergreifende Funktionen für einen medienbruchfreien Dokumententransport, Gestaltung serviceorientierter Systemlandschaften; Einbezug externer Dienstleistungen (digitales Posteingangsmanagement; Digitalisierung von Belegen; Druck, Versand)

Diese Technologien sind mehr oder weniger Bestandteil des Managements von Dokumenten – elektronisch oder in Papierform – oder wenn der Bogen noch umfassender gespannt wird, eines Enterprise Content Management. Die Kenntnis dieser Technologien und deren Potenzial ist Voraussetzung, um bei der Optimierung der relevanten Geschäftsprozesse effizienz- und qualitätserhöhende Lösungen zu finden.

Für die Gestaltung und Optimierung dokumentenorientierter Geschäftsprozesse müssen über die Technik hinaus auch organisatorische Fragen zur Unterstützung des Lebenszyklus der Dokumente und ihre Integration in den geschäftlichen Alltag erkannt und beantwortet werden. Das Kapitel „Dokumente in Geschäftsprozessen" widmet sich daher dieser Aufgabe.

Die darauf folgenden Kapitel behandeln die Anforderungen, den Entscheidungsbedarf und die Möglichkeiten beim Einsatz dokumentbezogener Technologien. Dabei wird ein Bezug zu erfolgreich abgeschlossenen Projekten hergestellt.

II. Dokumente in Geschäftsprozessen

Das Dokument

Zunächst soll eine Konkretisierung und Abgrenzung des Begriffs „Dokument" vorgenommen werden. Obwohl dabei der Fokus auf der elektronische Ausprägung des Dokuments liegt, sind freilich Parallelen zur papiernen Existenz ersichtlich und erwünscht.

Das Dokument wird in der einschlägigen Literatur als „Träger von Information" charakterisiert:

▶ Unter einem Dokument versteht man eine Information und ihr Trägermedium (ISO 9000:2000).

▶ a) Ein Dokument ist ein physisch existenter Informationscontainer (z. B. als Papier-Dokument oder Datei in einem Computer). Ein Dokument muss als Einheit speicherbar und versendbar sein und als solche auch aufgefunden, wahrgenommen (gesehen, gelesen, gehört) und verwendet werden können.

b) Ein Dokument kann Informationen beliebiger Darstellungsform enthalten. Es kann strukturiert (CI[1]) oder unstrukturiert (NCI[2]) vorliegen. Für CI-Dokumente spricht man bei interaktiven Bestandteilen von „Elektronischen Formularen", bei Kombinationen von Texten, Daten, Grafik, Bild und Ton von „Multimedialen Dokumenten".

c) Eine spezielle Form von Dokumenten, die auch in der Versicherungsbranche eine große Rolle spielen, sind Formulare.

d) Dokumente können zugangsgeschützt und befristet gültig sein.

e) Dokumente können abhängig oder unabhängig von anderen Dokumenten und Inhalten nutzbar sein, etwa durch verlinkte oder eingebundene Inhalte [Schm07].

Informationen sind in einem Dokument enthaltene Daten mit fachlichem Kontext, die zu einem Prozessgegenstand, dem Geschäftsobjekt, gehören. Sie repräsentieren damit das Geschäftsobjekt oder Teile dessen (ein versicherter Gegenstand, eine Police) für einen festgelegten Zeitraum (temporär für eine Anfrage beim Kunden oder für den festgelegten Archivierungszeitraum). Weitere Systeme, die an diesen Informationen teilhaben (z. B. das

---

[1] Coded Information, weiterverarbeitbare Erscheinungsform eines Dokuments.
[2] Non-Coded Information, nicht weiterverarbeitbar (Bild-Dokument, Scan).

Bestandsführungssystem) stehen in Relationen zu diesen Dokumenten: Sie befüllen diese Dokumente oder werden mit deren (neuen) Inhalten synchronisiert.

Die Daten in elektronischen Dokumenten sollten jedoch – auch in der Ausprägung „Formular" – nicht mit herkömmlichen „Eingabemasken" verwechselt werden. Letztere sind lediglich Oberflächen zur Erfassung und Darstellung von Daten resp. Informationen und damit i.d.R. **transiente** Repräsentationen eines Geschäftsobjekts bzw. dienen einfach als Zugang zu Datenbankinhalten. Hierfür sind z. B. aufeinanderfolgende Abfrageseiten, „Wizards" u. ä. übliche Verfahren. Markantes Merkmal: Es handelt sich um Daten *ohne* Trägermedium.

Werden als Beispiel einer Verkettung die über Masken gesammelten Daten eines Antragsvorgangs in einem resultierenden Dokument – dem „Antrag" – zusammengefasst, stellt diese „papierfähige" Aufstellung den Wechsel einer reinen Datensammlung in ein prozessrelevantes Dokument dar. Dieses Dokument ist damit unmittelbar (als Initiator oder Ergebnis selbst) oder mittelbar (als Nachweis einer Initiierung oder eines Ergebnisses) ein Prozessgegenstand und wird nachfolgend entsprechend behandelt (eingelesen, weiterverarbeitet, archiviert). Als Pendants zu Geschäftsobjekten spiegeln Dokumente damit prozessbezogen die in den Systemen des Versicherungsunternehmens (Bestand, Inkasso, …) vorhandenen Daten wider.

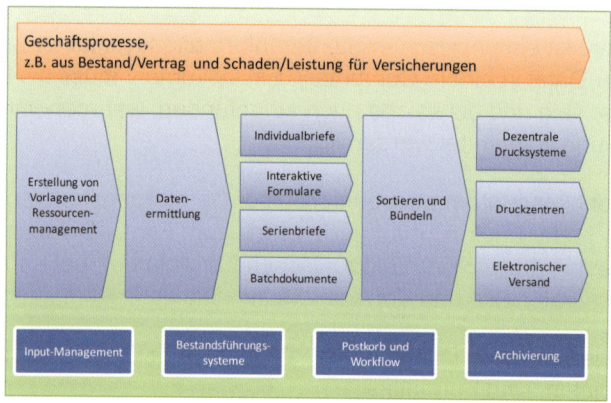

Abbildung 1: Prozesse, Funktionen und Dokumente

Dokumente treten in den verschiedensten Ausprägungen und Abhängigkeiten in Erscheinung:

- Als Auslöser des Geschäftsprozesses oder dessen Artefakt: Meist sind diese Dokumente datentragend und unmittelbar weiterzuverarbeiten (Beispiel: Anträge). Daneben existieren rein informative Dokumente (Beispiel: Arbeitsanweisungen).

- Als Ergebnis eines Geschäftsprozesses: Diese Dokumente dienen in der Regel dem Nachweis und tragen (ggf. zertifizierte/signierte) Informationen. Bei verketteten Prozessen können diese Dokumente jedoch wiederum als datentragender Auslöser dienen.

Die nachfolgende Abbildung vermittelt einen Eindruck, wie stark prozessrelevante Dokumente untereinander selbst bei diesem kleinen Ausschnitt vernetzt sein können. Dokumentbezogene Technologien helfen, die Verwaltung und Vernetzung der Dokumente in dieser Komplexität zu beherrschen.

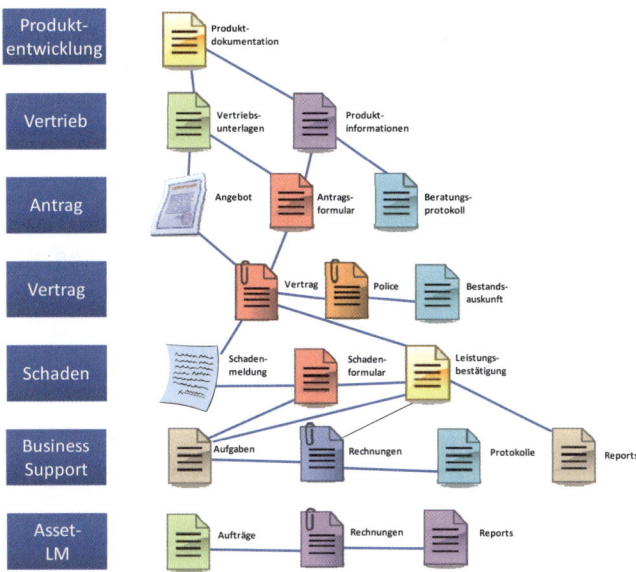

Abbildung 2: Vernetzung prozessrelevanter Dokumente

Der aktuelle Trend zur Industrialisierung der Versicherungsprozesse steigert die Anforderungen an ein medienbruchfreies Verarbeiten von Dokumenten auf der ersten und zweiten Stufe:

- Im Fokus stehen hier die Verringerung der Fertigungstiefe und die Automatisierung der versicherungsfachlichen Geschäftsprozesse.

- Zudem verstärkt sich der Einsatz von Self-Service-Portalen, in denen der Kunde Leistungen des Versicherungsunternehmen (VU) abruft und Prozesse anstößt (z. B. Adressänderung, Schadenmeldung), und von Support-Portalen für Werkstätten oder auch Gutachter.

- Ein wichtiger Aspekt ist zudem die Mehrfachverwertung der medienneutral vorliegenden Geschäftsdaten für verschiedene Ausgabekanäle (Multikanalstrategien).

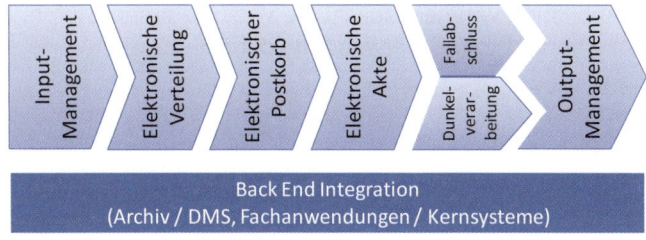

Abbildung 3: Dokumentenmanagement im Versicherungsunternehmen

Mit dem Ziel der Geschäftsprozessoptimierung, die letztlich hinter der in Abbildung 2 fixierten Zielvorstellung steht, lassen sich hinsichtlich des Dokumentenmanagements eine Reihe von Aufgaben erkennen:

- Minimierung der Aufwände bei Erstellung und Wartung der Korrespondenz
- Vermeidung von Medienbrüchen während der Bearbeitung
- Automatische Anbindung an Archivsysteme, Web-Portale, Mailsysteme etc.
- Kostenvorteile durch zentrale Weiterverarbeitung individuell erstellter Dokumente
- Vereinheitlichung verschiedener, historisch gewachsener Dokumentlösungen, z. B. Word, M/Text, Texid, ASF, Eigenentwicklungen, …
- Pflegbare und übersichtliche Vorlagenbestände
- Ansprechende und zeitgemäße Dokumentqualität und -optik
- Sicherstellung des korrekten Inhalts bei rechtlich relevanten Dokumentpassagen
- Sicherstellung des Corporate Designs, auch bei Dokumenten mit Freitexteingabe
- Erzeugung identischer Dokumente in der Zentrale und am „Point of Sale" aus ein und derselben Textanwendung heraus
- Ergonomie der Anwendungen und Verfahren
- Kürzere Antwortzeiten auf Kundenanfragen bei gleichzeitig stärker kundenorientierten Inhalten
- Integration von Textsystemen
- Gesetzeskonforme Dokumentverarbeitung und Aufbewahrung; Nachweisführung

Der Weg zur Lösung dieser Aufgaben kann für das Input-/Outputmanagement mit den „vier großen **i**" beschrieben werden:

- **Individualisierung**: individuelle schriftliche Kundenkommunikation, ausgerichtet an spezifischen Anforderungen und Profilen der Kunden

- **Industrialisierung**: effiziente, kostengünstige, transparente, nachprüfbare Abläufe und Prozesse; Zusammenspiel mit anderen Anbietern über standardisierte Prozess- und Produkt-Schnittstellen; Flexible Steuerung der „Fertigungstiefe" u. a. auf Basis eines aktiven Risikomanagements; Angebot von Kombi-Produkten mit Einbindung von Fremdprodukten

- **Integration**: der unterschiedlichen Eingangs- und Ausgangskanäle; Bündelung des relevanten Kontext- und Regelwissens in PIM

- **Investitionsschutz**: Anbindung aller relevanten Fachanwendungen; Anreicherung der bestehenden Fachprozesse

Der Lebenszyklus eines Dokuments

Die nachfolgende Abbildung veranschaulicht die verschiedenen Stufen, die ein prozessrelevantes Dokument während seiner Verwendung durchläuft.

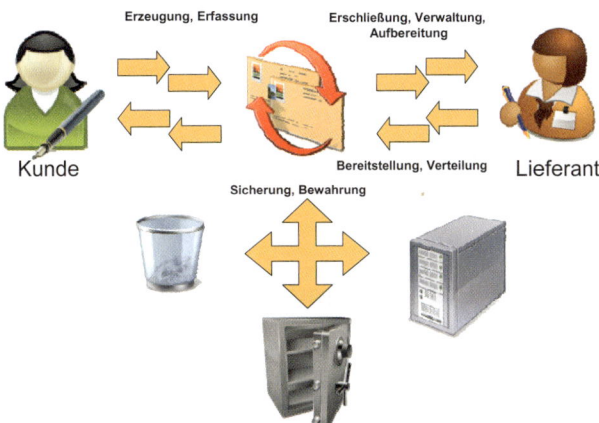

Erzeugung, Erfassung   Erschließung, Verwaltung, Aufbereitung

Kunde   Bereitstellung, Verteilung   Lieferant

Sicherung, Bewahrung

Abbildung 4: Lebenszyklus eines Dokuments

Entlang dieses Lebenszyklus gibt es viele Ansatzpunkte, um das Dokumentenmanagement im Unternehmen zu qualifizieren. Exponiert sind natürlich die „Geburt" eines Dokumentes und seine Beziehung zum Kunden bzw. Partner:

- Dokumente müssen zum einen fachlich und rechtlich korrekt erstellt werden und zum anderen sorgt die unmittelbare Anbindung von Geschäftsdaten für Effizienz in diesem Erstellungsprozess.

- Sind Dokumente für Kunden bzw. Partner bestimmt, bestehen Anforderungen hinsichtlich Einfachheit, Klarheit, Missinterpretationsfreiheit (z. B. geeignete Formulare, um Eingabefehler und kostenintensive Rückfragen zu vermeiden), aber auch hinsichtlich eines durchgängigen Corporate Designs. Technische Maßnahmen wie z. B. das Aufbringen von Barcodes für Schlüsselfelder unterstützen die Wiederkennung und Aufbereitung umlaufender Dokumente. So wie die Dokumente eines Unternehmens zu dessen Erscheinungsbild nach außen gehören, besteht auch nach innen die Forderung, die Mitarbeiter mit leistungsfähigen und Image-konformen Unterlagen zu versorgen.

Compliance-Anforderungen

Nationale und internationale gesetzliche Anforderungen an die Dokumentverwaltung zwingen zu einer verbesserten Dokumentation der Geschäftsprozesse und Bereitstellung von Nachweisdaten für Revisions- und Kontrollzwecke. So muss das Ergebnis einer Kommunikation (z. B. Beratungsprotokoll), die dabei ausgetauschten und schließlich aufzubewahrenden Dokumente entlang der gesetzlichen Vorgaben im Sinne von Nachweis- und Aufbewahrungspflichten erfolgen. Zu den relevanten Gesetzen und Richtlinien aus EU- und Landessicht zählen (ohne Anspruch auf Vollständigkeit) KonTraG (Gesetz zur Kontrolle und Transparenz im Unternehmensbereich), TransPuG (Transparenz- und Publizitätsgesetz), BilMoG (Gesetz zur Modernisierung des Bilanzrechts), der DCGK (Deutscher Corporate Governance Kodex), weiter GoBS (Grundsätze ordnungsmäßiger DV-gestützter Buchführungssysteme), GDPdU (Grundsätze zum Datenzugriff und zur Prüfbarkeit digitaler Unterlagen), Sarbanes-Oxley Act und Basel II. Wichtige Normen, an denen sich Dokumentenmanagement misst, sind die ISO 15489, MoReq und DOMEA.

Die Abbildung der Vorschriften auf unternehmensspezifische Vorgaben ist die Grundlage, um eine passende softwaretechnische Unterstützung einzusetzen und den Nachweis der Konformität (Compliance) führen zu können.

Die folgenden Kapitel gehen detaillierter auf die angesprochenen Themen ein und zeigen konkrete Lösungen auf.

III. Inputmanagement: Erfassen und Erschließen

An der Stelle, wo eingehende geschäftliche Dokumente in die Prozesse des Unternehmens eingegleist werden müssen, setzt das Inputmanagement ein.

▶ **Inputmanagement** ist die Erfassung und Erschließung aller einkommenden elektronisch oder physisch vorliegenden Dokumente (Eingangspost) sowie ihre Zuordnung zu Empfängern im Unternehmen:
- **Erfassung:** Datenrückgewinnung durch Scannen und Erkennen
- **Erschließung:** Indexierung, Kategorisierung, Klassifikation, Registratur der Dokumente und darin enthaltener Daten

Inputmanagement-Lösungen sind dort, wo täglich Hunderte von Dokumenten in unterschiedlicher Form und über unterschiedliche Medien eingehen, ein wichtiger Faktor für Kosteneinsparungen.

Maschinelle Lösungen haben das Potenzial hierfür.

- Sie sind schneller als die manuelle Verrichtung.
- Sie arbeiten mit konstanter Geschwindigkeit, auch bei einem hohen Durchsatz.
- Sie sind skalierbar für unterschiedliche Volumina und sonstige Anforderungen.
- Sie zeichnen sich durch eine geringe Fehlerquote aus und gewährleisten daher hohe Datenqualität.

Abbildung 5 zeigt zusätzlich die Medien, mit denen das Inputmanagement zu tun hat.

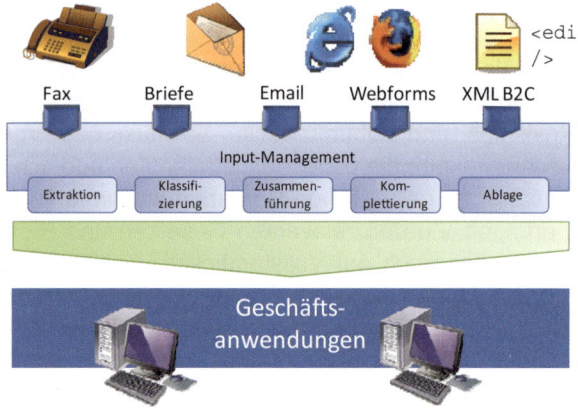

Abbildung 5: Inputmanagement

Barcodes

Eine technische Unterstützung für ein leistungsfähiges Inputmanagement sind Barcodes. Eingehende Papier-Dokumente mit einem entsprechenden Barcode erlauben es, das Dokument den laufenden Geschäftsaktivitäten oder Kampagnen zuzuordnen und zielsicher im Unternehmen an die zuständige Stelle zu verteilen.

Der Barcode ist dabei auch im Zusammenspiel mit dem Outputmanagement zu sehen: Der Barcode wird bei der Erzeugung des Dokuments im Versicherungsunternehmen auf das Papierdokument gedruckt und enthält so alle notwendigen Referenz-Informationen für die spätere Rückführung des Dokuments. Zusätzlich lassen sich bei elektronischen Formularen eingegebene Daten auch nach dem Erzeugen des Dokuments noch in den Barcode integrieren. So lassen sich aufwändigere OCR/ICR-Lösungen umgehen.

Es gibt mittlerweile verschiedene Varianten des Barcodes:

- Strichcode, bei dem Daten eindimensional als Balken mit Zwischenräumen dargestellt werden,
- daraus entwickelte gestapelte Barcodes (mehrere Zeilen mit Balken und Zwischenräumen, z. B. PDF 417),
- Mischformen (Composite Symbiologies) sowie
- 2D-Codes, bei denen Datenzellen („Pixel") polygonisch angeordnet sind.

Die Varianten haben verschiedene Leistungsmerkmale wie Speicherkapazität und Fehlerredundanz und hängen auch von den bereits vorhandenen oder geplanten Software-Infrastrukturen des Unternehmens ab.

Ein Einsatzszenario für Barcodes zeigt die folgende Abbildung 6. Ein entfernt erstellter Versicherungsantrag gelangt auf zwei Übertragungswegen in die Zentrale des Unternehmens. Die eigentlichen Antragsdaten werden elektronisch übermittelt. Um aber eine handschriftliche Unterschrift zu erhalten, wird bei der Beantragung ein Dokument mit einem Barcode erstellt, das der Versicherungsinteressent ausdruckt, unterschreibt und per Post an das VU schickt. Mit Hilfe des Barcodes kann in der Zentrale eine eindeutige Zuordnung zwischen dem Antrag und der Unterschrift erfolgen.

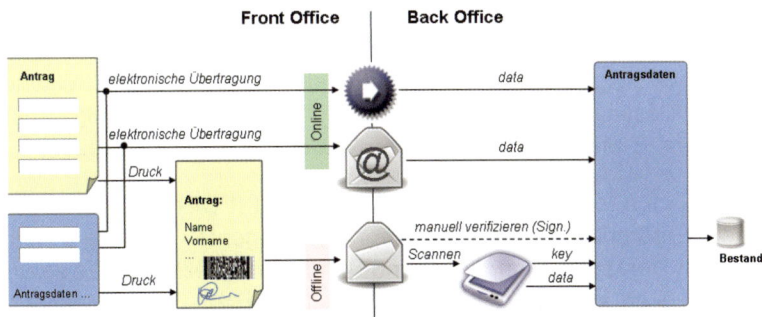

Abbildung 6: Einsatz von Barcode in Verbindung mit Online-Anträgen

Barcodes sind an vielen Stellen in den Versicherungsprozessen sinnvoll nutzbar. Der Nutzen liegt in der Brückenfunktion des Barcodes, die er zwischen Papier und elektronisch unterstützten Arbeitsabläufen hat.

IV. Outputmanagement: Korrespondenz

Das Outputmanagement befasst sich grob gesagt mit der Generierung von Dokumenten aus Geschäftsdaten im Rahmen eines Geschäftsvorgangs. Die folgende Charakterisierung fasst den Begriff „Outputmanagement" jedoch noch weiter:

▶ Outputmanagement ist die Erstellung, Generierung, Steuerung und Verteilung von elektronischen oder physisch vorliegenden Dokumenten an alle benötigten Empfänger im Unternehmen oder außerhalb eines Unternehmens[3].

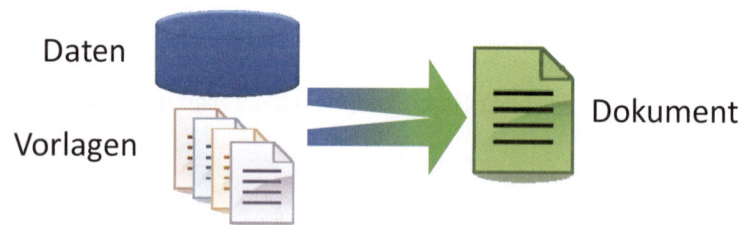

Abbildung 7: Vereinfachter Output-Prozess

In einem solchen Prozess wird ein Online-Dokument erzeugt, das z. B. als Formular, Bestätigung oder Quittung im Self-Service-Portal erscheint, als E-Mail ausgesandt oder über einen Medienwechsel auf Papier via Post den Kunden erreicht. Grundlegende Vorgehensweise ist dabei in der Regel die Anreicherung von Dokumentenvorlagen um Geschäftsdaten aus operativen Systemen. Bei Individualbriefen kann zusätzlich der Sachbearbeiter den Inhalt des Dokuments vor Versand manipulieren.
Im Folgenden nun einige Szenarien und zugehörige Lösungen, die msg innerhalb von Projekten in der Vergangenheit – teilweise mit Partnern – realisiert hat.

Formulare

Eine besondere Rolle spielen in Versicherungsunternehmen Formulare. Sie sind nicht zwingend dem Inputmanagement zuzuordnen. Sie sind aufgrund ihrer Strukturierung leichter zu verarbeiten (Klassifikation und Datenextraktion) als frei bzw. wenig strukturierte Dokumente, z. B. Briefe, E-Mails, und bieten daher breite Einsatzmöglichkeiten.

Insbesondere mit dem Adobe Portable Document Format (PDF) und den Adobe Tools wie Adobe LiveCycle Enterprise Suite ist der Begriff „intelligente" Formulare berechtigt. Sie kombinieren Daten, Repräsentation, Logik und Schutz in vorteilhafter Weise und erlauben durch einen hohen Grad an Konnektiviät den Zugriff auf Back-Office-Funktionen wie Validierung, Berechtigung und zeitliche Befristung.

---

[3] Quelle http://de.wikipedia.org/wiki/Output_Management.

Abbildung 8 zeigt ein solches Formular in der Darstellung als Schichten-„Architektur", wie das analog aus der Softwarearchitektur bekannt ist.

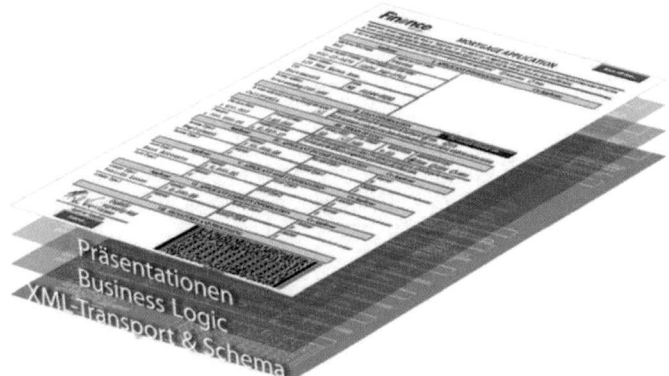

Abbildung 8: Intelligentes Formular

Die Tatsache, dass auch Logik in ein solches Formular eingebunden werden kann, macht es z. B. möglich

- Eingabeunterstützung und
- Plausibilisierungen der Eingaben (offline, aber auch online mithilfe Serverfunktionalität)

zu programmieren.

Selbst Tarifierungslogik kann mit der Scriptsprache programmiert werden, so dass solche Formulare auch verkaufsunterstützend im Außendienst einsetzbar sind. Darüber hinaus ist durch die Verwendung von Webservices in der Business Logik die Verbindung zu anderen Anwendungen möglich, z. B. die Verbindung zu einem (Versicherungs-)Produktserver (Produktmanagementsystem).

Vorlagenmanagement

Den Ausgangspunkt für Dokumente, die mehrfach durch das Unternehmen zu erstellen sind, bilden Vorlagen. Das ist sowohl ein Gebot der Effizienz wie auch ein Erfordernis von inhaltlichen (z. B. den juristischen Anforderungen genügend) und formalen Richtlinien (Einheitlichkeit, der Corporate Identity [CI] folgend). Die Einführung eines zentralen Vorlagensystems war und ist deshalb häufig eine Aufgabenstellung, die im Rahmen eines Projekts umgesetzt wird. Dabei ist die Ablösung von Microsoft-Word-Vorlagen und entsprechenden Makros an der Tagesordnung, denn es geht um eine Zentralisierung:

- von Änderungsmöglichkeiten am Logo, der Firmierung oder anderen CI-Merkmalen,
- von Standards für Layout für verschiedene Ausgabekanäle (Mail, Fax, …),
- von offiziellen Textbausteinen für Corporate und Legal Wording.

Die Anforderungen an die Vorlagenverwaltung sind:

- Komplexere Vorlagen sollten aus wiederverwendbaren Fragmenten bestehen, die wiederum aus einfacheren Fragmenten bestehen können (hierarchischer Aufbau).

- Elemente der Vorlage sollten in ihrem Datenschema verbunden sein mit Daten der Geschäftsobjekte und nötiger Abbildungen.

- Die Vorlagenverwaltung sollte in einem zentralen Repository erfolgen.

- Vorlagen sollten in WYSIWYG (**W**hat **Y**ou **S**ee **I**s **W**hat **Y**ou **G**et) durch den Kunden/dessen Fachabteilung (statt, wie heute noch üblich, durch die IT-Abteilung) gestaltet werden.

Das Vorlagensystem ist aber isoliert betrachtet noch wenig wertschöpfend. Erst durch

- die medienbruchfreie Integration der operativen Systeme, an erster Stelle der Bestandsführungssysteme des Versicherungsunternehmens,

- einen effizienten, maschinell unterstützten Workflow mit einfacher Bedienoberfläche und

- die nahtlose Einbettung der Lösung in die bestehende IT-Infrastruktur

wird eine solche Dokumentenmanagementlösung wertvoll. Sie bietet auch bei entsprechender Realisierung die Basis für die Erfüllung der Anforderungen an die Revisionssicherheit. Die Anbindung eines Archivsystems ist ein folgerichtiger Schritt.

Individualbrieferstellung mit generischen Vorlagen und Textbausteinen

Eine solche Lösung erarbeitete msg z. B. für einen unabhängigen Versicherungsmakler. Bei ihm betreuen 70 Mitarbeiter rund 20.000 Kunden. Das bedeutet eine umfassende Korrespondenz von bis zu 750.000 Seiten pro Jahr. Dabei handelt es sich vor allem um Individualbriefe, also um Anfragen, Angebote, Angebotsvergleiche, Policierungsaufträge, Angebotsanalysen und dergleichen.

Die Lösung wurde auf Basis der Adobe LiveCycle Enterprise Suite entwickelt. Um die Einheitlichkeit der Vorlagen sicherzustellen, wurde deren Gestaltung vom Erstellen der Korrespondenz abgekoppelt. Die Vorlagen bestehen aus Feldern, Subformularen und wiederverwendbaren Fragmenten für Layout und aktives Skripting im Dokument. Sie werden mit Hilfe von XML-Parameter-Dateien, welche Geschäftsdaten und Steuerinformationen enthalten, in vorausgefüllte PDF-Dateien gerendert.

Dokumentenvorlagen gemäß Corporate Design und Textbausteine, die dem Corporate/Legal Wording entsprechen, sind in einem zentralen Live Cycle Repository hinterlegt und können nur von autorisierten Nutzern verändert werden. Freigegebene Vorlagenänderungen gelten unmittelbar für alle daraufhin erzeugten Dokumente.

Die Entwicklung der Vorlagen erfolgte mit der Adobe LiveCycle Workbench. Für die Schnittstellen zum Bestandsverwaltungssystem wurde eine Sachbearbeiter-Oberfläche kundenindividuell weiterentwickelt. Clientseitig basiert diese neue Lösung auf einer Adobe Flex-Oberfläche, die in den Internetbrowser eingebettet ist. Serverseitig steht eine Reihe von Adobe LiveCycle-Prozessen und Webservices zum Erfassen der Vorlagen und zum Generieren der Dokumente zur Verfügung.

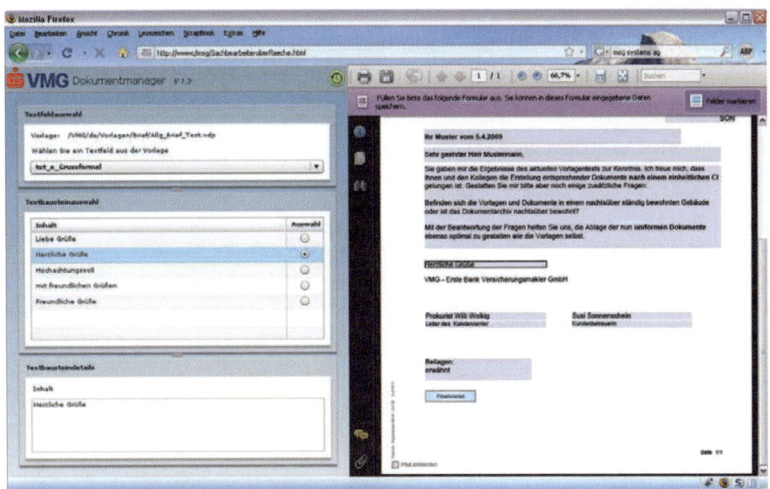

Abbildung 9: Sachbearbeiteroberfläche für Individualbriefe

Briefe, Faxe oder Mails werden nun direkt aus dem Bestandssystem heraus erstellt. Um etwa einen Brief zu schreiben, selektiert der Sachbearbeiter die Daten des Kunden und des Geschäftsvorfalls und kombiniert sie mit einer Vorlage aus dem Repository. Daraus wird ein PDF erstellt. Beim Vervollständigen der Dokumente unterstützt den Sachbearbeiter die Webapplikation „Dokumentmanager", eine auch bezüglich der Softwareverteilung einfach zu handhabende „Rich Internet Application".

Je nach Vorlage kann der Sachbearbeiter in der Standardsoftware „Acrobat Reader" weitere freitextliche Änderungen und Ergänzungen des Briefinhalts im PDF vornehmen. Daneben stehen in einer mit dem Adobe Reader kooperierenden Flex-Oberfläche vorgefasste, mit Kundendaten parametrisierbare Textbausteine zur Verfügung.

Die Lösung erlaubt darüber hinaus auch das Erstellen von Ad-hoc-Dokumenten, bei denen ohne umfänglich bereitgestellte Geschäftsdaten Freitextbriefe erfasst werden können. Die reibungsfreie Anbindung an das Bestandssystem ermöglicht die Verfolgung der Kommunikation und somit einen geschlossenen, prozessorientierten Workflow.

Individualbrieferstellung mit bestandsgesteuerten Vorlagen

Eine ähnliche Aufgabenstellung stand bei einer privaten Krankenversicherung an. Es ging um die Erstellung von Antwortschreiben, die z. B. innerhalb der Leistungsabrechnung in einer Krankenversicherung massenhaft anfallen. Diese Antwortschreiben müssen ebenso individuell, d. h. auf den konkret vorliegenden Einzelfall bezogen, wie auch standardisiert, d. h. auf Einhaltung der geltenden gesetzlichen Richtlinien und vereinbarten Versicherungsleistungen ausgerichtet sein.

Der Kunde erhält also immer einen auf sein Anliegen individuell zugeschnittenen Brief. Für den Versicherer ergeben sich die Vorteile:

- Gleiche Textteile werden nur einmal gepflegt.
- Fehlende Briefvarianten sind leicht identifizierbar.
- Der Dokumentenbestand wird erheblich reduziert.

In einem Variantenbrief werden alle Textvarianten zu einem Sachverhalt in einem Dokument zusammengefasst.

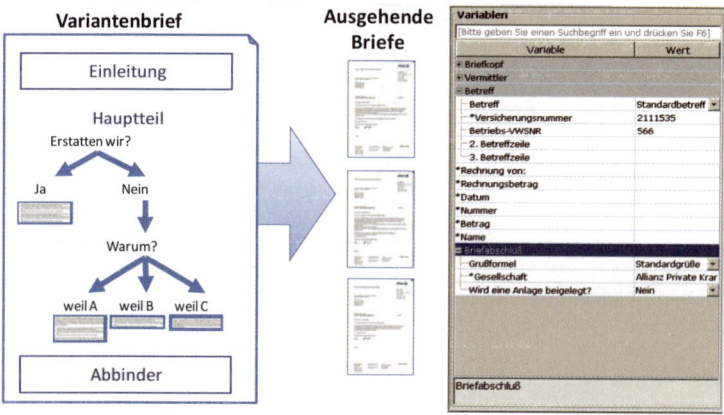

Abbildung 10: Sachbearbeiteroberfläche für Variantenbriefe

Die variablen Bestandteile werden über eine Fachlogik ermittelt und vorselektiert. Der Sachbearbeiter sieht dann das Dokument mit bereits vorselektierten Fragmenten und Textbausteinen. Er belegt zudem weitere variable Elemente mit den entsprechenden Werten.

Digitale Unterschrift

Im Geschäftsverkehr zwischen Unternehmen, aber auch zwischen Privatpersonen und Unternehmen oder zwischen Privatpersonen und Behörden etc., sind vom Papier abgeleitet bestimmte Anforderungen an elektronische Signaturen zu beachten:

- Der Unterzeichner muss identifizierbar sein (**Authentizität**).
- Der Inhalt des Dokuments und das Identifizierungsmerkmal des Unterzeichners gehören zusammen.
- Nachträgliche Veränderungen am Dokument müssen erkennbar sein (**Integrität**).
- Der Unterzeichner muss den Signaturprozess kontrollieren können.

Elektronische Signaturen werden als Datenstruktur entweder in die elektronischen Dokumente eingefügt oder den Dokumenten angehängt oder separat vorgehalten, was im letzteren Fall eine entsprechende Verwaltung erforderlich macht.

Vereinfacht und technisch ausgedrückt: Der Kern einer elektronischen Signatur ist ein verschlüsselter Hashwert, eine Prüfsumme. Durch erneute Erstellung eines Hashwertes und dessen Vergleich gegen den ursprünglichen Hashwert kann die Integrität von signierten Daten ermittelt werden und somit erkannt werden, ob Veränderungen an den Daten bzw. Dokumenten nach der Signaturerstellung vorgenommen wurden. Es kann jedoch nicht erkannt werden, welche Veränderungen vorgenommen wurden. Anhand von persönlichen Merkmalen wie elektronischen Zertifikaten oder bei der Signaturerstellung biometrisch erfasster eigenhändiger Unterschriften können Unterzeichner bzw. Signaturersteller bei Bedarf identifiziert werden.

Es gibt verschiedene Stufen der elektronischen Signatur: die einfache, die fortgeschrittene und die qualifizierte elektronische Signatur:

- *Einfache oder allgemeine elektronische Signatur:* Ist z. B. eine E-Mail mit einem Footer bzw. einem eindeutigen Absender versehen, gilt sie bereits als elektronisch signiert und ist insoweit rechtswirksam/beweiswürdig, sofern kein strengeres gesetzliches Schriftformerfordernis vorliegt.

- *Fortgeschrittene elektronische Signatur:* Bereits hier erfolgt die Unterzeichnung mit einem geheimen privaten und die Prüfbarkeit mit einem öffentlich verfügbaren Schlüsselpaar. Das ist jedoch verbunden mit einer Personenregistrierung und der Ausgabe von Schlüsselpaaren zur Verwendung in PKI-Umgebungen. Bei dieser Form der Signatur muss sich die Person einmalig gegenüber einem Dritten authentifizieren. Der Absender erhält von dieser dritten Stelle z. B. eine Chipkarte. Die Integrität eines Dokuments lässt sich erst ab der fortgeschrittenen Signatur feststellen.

- *Qualifizierte elektronische Signatur:* Sie ist erforderlich, wenn die gesetzliche Schriftform vorgeschrieben ist. Das Signaturgesetz und die Signaturverordnung bilden hier die rechtlichen Grundlagen. Die qualifizierte elektronische Signatur entspricht zunächst der fortgeschrittenen Signatur. Zusätzlich ist aber die persönliche Ausgabe eines personenbezogenen Zertifikats durch ein Trustcenter notwendig. Alle verwendeten Hard- und Softwarekomponenten müssen durch die Bundesnetzagentur (RegTP) zertifiziert und nach Gesetz bestätigt sein.

- *Qualifizierte elektronische Signatur mit Anbieterakkreditierung:* Hier garantiert das Trustcenter zusätzlich eine nachgewiesene organisatorische und technische Sicherheit durch ein Gütesiegel.

Der Einsatz der digitalen Signatur ist in der Versicherungsbranche noch eher bedeutungslos. Die zu schaffenden Voraussetzungen sind doch nicht zu unterschätzen und insbesondere vom Versicherungsnehmer kann der entsprechende Beitrag nicht erwartet werden. Projekterfahrungen liegen bei msg aus dem Behörden-Umfeld vor. Technologisch bieten die geeigneten Produktkombinationen, deren Hersteller msg als Solution Partner auftritt, alle Voraussetzungen, um qualifiziert signieren zu können und die empfangenen Dokumente geeignet maschinell weiter zu bearbeiten.

V. Archivieren

Der Begriff „Archivieren" wird nicht einheitlich verwendet. Dass er in Zusammenhang mit elektronischen Dokumenten aber benutzt wird, zeigt wieder die enge Verbindung zu den Papierdokumenten, wo die Sammlung und Aufbewahrung von physisch existenten Dokumenten schon wesentlich länger als Aufgabe steht.

Um die zwischenzeitliche Ablage von Dateien in Netzwerkstrukturen von der endgültigen Ablage im Archiv zu unterscheiden, soll im Folgenden der Fokus auf der Begrifflichkeit der Langzeitarchivierung liegen:

► Unter **Langzeitarchivierung** versteht man die Erfassung, die langfristige Aufbewahrung und die Erhaltung der dauerhaften Verfügbarkeit von Informationen. [4]

Dabei bedeutet „Langzeit" für die Bestandserhaltung digitaler Ressourcen nicht die Abgabe einer Garantieerklärung über fünf oder fünfzig Jahre, sondern die verantwortliche Entwicklung von Strategien, die den beständigen, vom Informationsmarkt verursachten Wandel bewältigen können.[5] Wie lange etwas aufbewahrt werden muss, regeln dabei nicht nur unternehmensinterne Vorgaben. Auch gesetzliche Vorgaben definieren eine fallweise festgelegte Aufbewahrungsfrist, in der Dokumente revisionssicher aufbewahrt werden müssen.

Probleme „über die Zeit" machen elektronische Dokumente vor allem wegen der nachfolgenden Themen:

• Aufgrund der schnellen technischen Entwicklung können Hard- und Software für das Lesen nicht mehr verfügbar sein.

• Datenformate sind ungeeignet (Spezialformate, bei denen auch verborgene Inhalte vorgehalten sind).

• Die Integrität und Authentizität der Dokumente kann mangels verfallener Zertifikate oder infrage gestellter Sicherungsmechanismen nicht mehr gewährleistet werden.

• Medien bzw. Datenträger sind anfällig, d. h., sie verfallen mechanisch.

• Bei der Veränderung von Archivsystemen müssen Dokumente und Beschreibungsdaten verlustfrei migriert werden können.

Der Aufbau eines geeigneten Archivsystems und einer Softwareinfrastruktur zur Langzeitarchivierung gewinnt für viele Unternehmen weiter an Bedeutung. Die steigenden Anforderungen durch die Industrialisierung der Geschäftsprozesse und die damit einhergehende „Elektronifizierung" stellen bisherige Lösungen auf einen harten Prüfstand. Der Bogen spannt sich vom frühzeitigen Einsatz geeigneter Formate wie TXT, XML, TIFF und PDF/A bis hin zu geeigneten Techniken zur rechtzeitigen und beweiskräftigen Signaturerneuerung jeweiliger Dokumente in einem sehr großen, revisionssicheren Dokumentenbestand.

---

[4] http://de.wikipedia.org/wiki/Langzeitarchivierung.
[5] U. Schwens, H. Liegmann: Langzeitarchivierung digitaler Ressourcen. In: R. Kuhlen, Thomas Seeger, D. Strauch (Hrsg.): Grundlagen der praktischen Information und Dokumentation. 2004.

VI. Fazit

Mit dem Artikel soll andeutungsweise gezeigt werden, wie sich Dokumente – ein Terminus mit inhaltlicher und rechtlicher Bedeutung – über die Geschäftsprozesse im Versicherungsunternehmen verteilen und wie es daher auch angebracht ist, den enger gefassten Begriff des Dokumentenmanagements durch die Bezeichnung Document Related Technologies [Kampffm98] zu ersetzen.

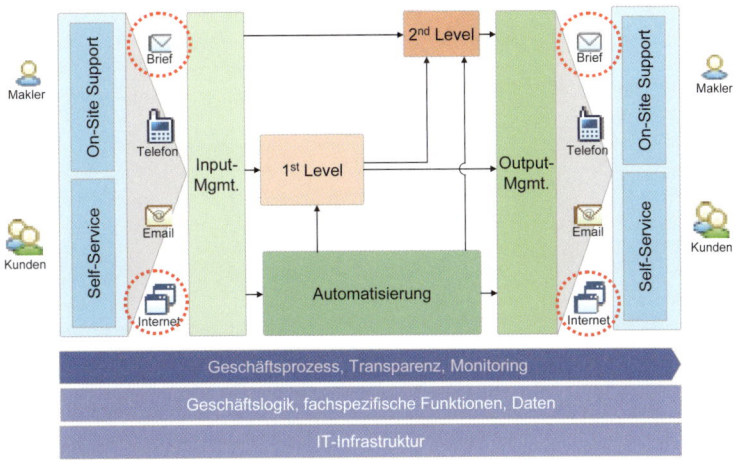

Abbildung 10: Versicherungsbetrieb der Zukunft

Damit sind die angerissenen Themen Kernelemente auf dem Weg zum Versicherungsbetrieb der Zukunft. Die Abkehr von der Spartenorientierung hin zur Prozessorientierung erfordert auf Seiten der IT – wie gezeigt werden sollte – aufgrund der Dokumentenorientierung der Geschäftsprozesse u. a. auch eine Schwerpunktsetzung auf Document Related Technologies.

Literatur

[Kampffm98] Kampffmeyer, U. Vortrag: *Paradigmenwechsel im Do-kumenten-Management* auf der DMS EXPO 1998

[Schm07] Schmitz, Roland (Hrsg.): Kompendium Medieninformatik, 2007, ISBN: 978-3-540-36629-4

Besondere Anforderungen an die Entwicklung von Standardsoftware

Dr. Markus Probst und Rolf Kranz

Abstract

Dieses Kapitel gibt Einblick in eine elementare Schnittstelle zwischen Versicherungsunternehmen und Softwarehersteller. Wenn die Entscheidung „make or buy" zugunsten von Standardsoftware gefallen ist, dann sind die Käufer in gewissem Sinne eingebettet in einen Softwarelebenszyklus, der sich in Form von Releasezyklen darstellt. Das Management eines solchen permanent zyklisch ablaufenden Softwareentwicklungsprozesses stellt besondere Anforderungen, die weit über die kundenspezifische Entwicklung von Anwendungssoftware hinausgehen. Ein Einblick in die damit verbundenen Herausforderungen schafft Verständnis und ist eine gute Grundlage für das Mitwirken bei Software-Kaufentscheidungen.

I. Einführung

Unter Standardsoftware wird ein Softwaresystem verstanden, das als Produkt erworben werden kann und einen klar definierten Anwendungsbereich abdeckt. Im Versicherungsumfeld wären dies beispielsweise Systeme zur Partner- und Vertragsverwaltung oder ein Produkt zur Abwicklung von Schadensfällen. Im Gegensatz zu weit verbreiteter Standardsoftware wie z. B. der MS-Office Produktlinie zeichnen sich die Produkte, von denen hier die Rede sein soll, durch eine starke Ausrichtung an den betriebswirtschaftlichen Kernprozessen des Anwendungsbereichs und durch eine hohe Erfordernis aus, das Produkt an die spezifischen Bedürfnisse des jeweiligen Kunden anzupassen oder kundenspezifisch erweitern zu können. Zur Abgrenzung zu Software-Massenprodukten wird hier der Begriff *betriebswirtschaftliche Standardsoftware* verwendet. Das vorliegende Kapitel basiert auf den Erfahrungen der msg systems ag bei der Entwicklung betriebswirtschaftlicher Standardsoftware in der Versicherungsbranche, wobei die Erkenntnisse sicherlich auch in vergleichbaren Branchen Gültigkeit besitzen.

Eine wesentliche Erkenntnis ist, dass die Entwicklung von Standardsoftware nicht direkt mit der klassischen Entwicklung einer individuellen Softwarelösung vergleichbar ist, sondern vielmehr das Management eines Produktes bedeutet, welches sämtliche Tätigkeiten umfasst, die im Lebenszyklus der Software auf das Produkt einwirken. Das initiale Entwicklungsprojekt zur Erzeugung einer ersten Version der Standardsoftware unterscheidet sich in der Vorgehensweise nicht wesentlich von der Entwicklung einer Individuallösung, wenngleich inhaltlich bereits im Design einer Standardsoftware Themen wie zukünftige Erweiterbarkeit, Konfigurierbarkeit und Wartbarkeit in hohem Maße berücksichtigt werden müssen. Die eigentlich spannende Phase im Lebenszyklus einer Standardsoftware ist jedoch die Phase der Wartung und Weiterentwicklung, die mit der Auslieferung der ersten Version des Produkts beginnt. Der Übergang in diese Phase bedeutet einen harten Schnitt im Lebenszyklus des Softwaresystems: Das Produkt wird ausgeliefert und ab diesem Zeitpunkt sind die Belange der Kunden und Anwender von erheblicher Bedeutung. Die Entwicklung muss bei allen durchgeführten Änderungen sicherstellen, dass die funktionalen und nichtfunktionalen Anforderungen im Sinne aller Kunden erhalten bleiben.

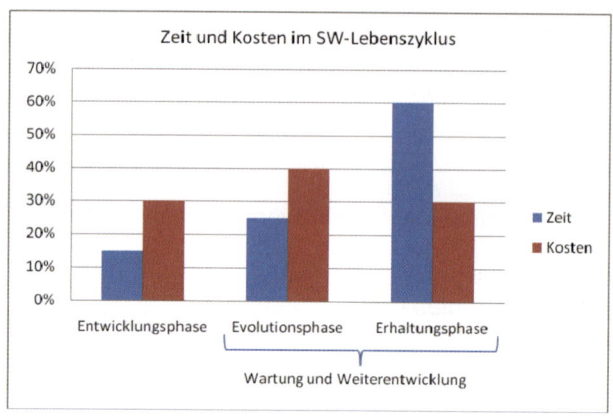

Abbildung 1: Lebenszyklus eines Softwaresystems

Abbildung 1 verdeutlicht, dass durchschnittlich mehr als zwei Drittel der Kosten eines Softwaresystems erst nach der initialen Auslieferung anfallen.[1]

Die Evolutionsphase unterscheidet sich dahingehend von der sog. Erhaltungsphase, dass erstere in hohem Maße von Erweiterungs- und Optimierungsaktivitäten geprägt ist, während in der Erhaltungsphase eines Produkts letztlich die Wartung überwiegt. Andere Quellen gehen davon aus, dass sogar 90% der Softwarekosten erst nach der Entwicklungsphase entstehen.[2] Die Aussagen gelten hier sowohl für Individualsoftware als auch für Standardsoftware, der große Vorteil einer Standardsoftware ist jedoch die Umlage der Kosten für Wartung und Weiterentwicklung auf die Lizenznehmer. Der einzelne Kunde trägt nur einen Teil dieser Kosten, während der Auftraggeber einer Individuallösung die Aufwendungen für Wartung und Weiterentwicklung im Vorfeld berücksichtigen und während der Lebensdauer des Softwaresystems vollständig dafür aufkommen muss.

---

[1] Sneed, H.M. und Hasitschka, M und Teichmann, M. *Software-Produktmanagement: Wartung und Weiterentwicklung bestehender Anwendungssysteme,* Dpunkt Verlag, 2004.
[2] Sommerville, I. *Software Engineering (Kap. 21),* 7. Auflage, Addison Wesley, 2004.

Der Verantwortliche für die Wartung und Weiterentwicklung eines betriebswirtschaftlichen Softwaresystems wird meist mit einer Reihe von Kernproblemen konfrontiert, die in der Praxis unabhängig vom jeweiligen Produkt auftreten. Diese Probleme stehen zueinander in Abhängigkeit und können im Einzelfall ein hohes Risiko für die Produktentwicklung bedeuten.

- *Notwendigkeit permanenter Änderungen am Produkt:* In der Regel besteht für eine betriebswirtschaftliche Standardsoftware die kontinuierliche Erfordernis von Änderungen, ohne die das Produkt im Laufe der Zeit an Nutzen verliert. Werden neue oder geänderte Business-Anforderungen bzw. Anforderungen an das technische Umfeld nicht im Produkt nachvollzogen, verliert es an Wert und die Kundenzufriedenheit sinkt. Für sich genommen ist dies unproblematisch, in Verbindung mit den folgenden Punkten kann jedoch sehr schnell ein hohes Qualitäts- oder Kostenproblem entstehen.

- *Steigende fachliche und technische Komplexität:* Aufgrund der fortdauernden Änderungen an der Software steigt die Komplexität des Systems kontinuierlich an, falls nicht explizite Maßnahmen zur Reduktion der Komplexität und Verbesserung der Wartbarkeit des Systems unternommen werden.

- *Kontinuierlich abnehmende Qualität:* Die wahrgenommene Qualität eines Softwaresystems nimmt mit jeder Iteration ab, falls keine expliziten Maßnahmen zur Erhaltung und Aktualisierung der vorhandenen Funktionalität und technischen Struktur unternommen werden. Letztendlich ist dies eine Folge der kontinuierlichen Erosion der Software durch laufende Änderungen und die ansteigende Komplexität: Jede neue Änderung bedeutet für Folge-Änderungen eine aufwändigere Analyse, Qualitätssicherung und ein höheres Risiko nicht erkannter, fehlerhafter Querauswirkungen.

- *Begrenzte Änderungsrate je Produkt-Iteration:* Die maximale Änderungsrate eines Softwaresystems über mehrere Releases hinweg ist begrenzt und kann auch durch höheren Ressourceneinsatz nicht wesentlich gesteigert werden. Werden beispielsweise in einem Release umfangreiche Neuerungen implementiert, so muss aufgrund der dadurch ansteigenden Komplexität, der verminderten Wartbarkeit und der eingebauten Mängel im nächsten Release entsprechender Aufwand in die Konsolidierung investiert werden. Gemittelt über beide Releases ergibt sich das gleiche Wachstum, als wenn jeweils eine kleinere, überschaubare Menge von Änderungen umgesetzt wird.

  Bestimmt wird die maximale Änderungsrate einerseits durch die Architektur und Wartbarkeit des Systems selbst, andererseits durch die Prozesse und Tools, die der Systementwicklung zugrunde liegen.

Die Praxis zeigt, dass diese Probleme in hohem Maße für Individuallösungen wie für Standardsoftware im betriebswirtschaftlichen Umfeld gelten und in kritischer Weise Wirkung zeigen, falls beispielsweise den Erosionserscheinungen der Softwarestruktur und dem Anstieg der Komplexität nicht entgegengewirkt wird. Es bedarf adäquater Prozesse und Tools und eines stringenten Produktmanagements, um in diesem Spannungsfeld zwischen der Erfordernis einer Vielzahl notwendiger Änderungen bei gleichzeitiger Beschränkung durch Qualität und Wartbarkeit des Systems bestehen zu können.

II. Kritische Erfolgsfaktoren bei der Entwicklung von Standardsoftware

Was also muss man tun, worauf muss man achten, wenn man eine Standardsoftware entwickeln und vertreiben und dabei einerseits dem allgegenwärtigen Kostendruck und andererseits den Anforderungen der Kunden Inhalt und Qualität betreffend begegnen will? Welche Dinge sind wichtig, um insbesondere den im vorherigen Abschnitt beschriebenen Kernproblemen auf systematische Art und Weise Rechnung zu tragen?

Der vorliegende Text erhebt den Anspruch, die wirklich wichtigen Aspekte, die *kritischen Erfolgsfaktoren* zu vermitteln, die zu einer effektiven und effizienten Wartung und Weiterentwicklung einer Standardsoftware beitragen. Diese Faktoren müssen in der ein oder anderen Art und Weise in der Entwicklung eines jeden Standardsoftwareprodukts berücksichtigt sein, im Einzelfall vielleicht mit unterschiedlicher Priorität oder Intensität. Fehlt allerdings einer dieser Faktoren, so wird daraus während des Lebenszyklus des Softwareprodukts ein schwerwiegendes Problem erwachsen.

Eine vollständige Beschreibung aller Aufgaben und Teilprozesse bei der Entwicklung von Standardsoftware ist ebenso wenig Gegenstand des Kapitels wie die Vertiefung allgemeingültiger Erfolgsfaktoren, wie beispielsweise ein auf die Entwicklung und Erhaltung von Mitarbeitern und Know-how ausgelegtes Personalmanagement. Beides würde den Rahmen des Kapitels sprengen, wobei Letzteres aus Sicht des Autors zwar einen wesentlichen Erfolgsfaktor darstellt, jedoch nicht spezifisch für die Entwicklung von Standardsoftware zu sehen ist.

Zusammengefasst sind es die folgenden fünf Punkte, die – neben den allgemeingültigen Faktoren in der Softwareentwicklung – den Erfolg einer Standardsoftware ausmachen:

- Ein funktionierendes Releasemanagement bündelt Änderungen zu Paketen, die gemeinsam geplant, umgesetzt, qualitätsgesichert und freigegeben werden.

- Für die relevanten Typen von Software-Änderungen wie beispielsweise Abweichungen oder fachliche Neuanforderungen existiert jeweils ein spezifischer, im Idealfall toolgestützter Änderungsprozess.

- Ein stringentes Projektmanagement sorgt für eine belastbare Releaseplanung und für kontinuierliche Transparenz über den Fortschritt der Releaseentwicklung.

- Prozesse und Verfahren werden durch ein übergreifendes Qualitätsmanagement gesteuert. Ein nachvollziehbares Vorgehen und langfristig stabile Qualität werden durch Maßnahmen auf dieser Ebene sichergestellt.

- Effiziente Tools unterstützen die komplexen und aufwändigen Teilprozesse der Standardsoftwareentwicklung und sorgen für das erforderliche Maß an Automatisierung zur Sicherstellung der Produktqualität.

Diese fünf Erfolgsfaktoren sind die Essenz langjähriger Erfahrung der msg systems ag in Entwicklung, Wartung und Weiterentwicklung von Softwaresystemen im Versicherungsumfeld und haben sich in der Praxis bewährt. Manche der Punkte gelten genauso für die Wartung einer Individuallösung, sind jedoch im Falle einer Standardsoftware besonders kritisch und werden deshalb hier beschrieben.

Jeder der nun folgenden Abschnitte stellt einen der Erfolgsfaktoren dar und beschreibt die Wirkung der entsprechenden Vorgehensweise. Schlussendlich wird im Rahmen eines Fazits dargelegt, wie die Summe aus diesen Faktoren es ermöglicht, Wartung und Weiterentwicklung von Standardsoftware effektiv und effizient zu betreiben, und welche Überlegungen für ein Unternehmen eine Rolle spielen können, das vor einer Entscheidung „make or buy" eines betriebswirtschaftlichen Softwaresystems steht.

III. Releasemanagement

Das Releasemanagement definiert die Strategie, wie Änderungen zu auslieferbaren Produktversionen (Releases) gebündelt und qualitätsgesichert werden. Es überwacht und unterstützt die Umsetzung der geplanten Releases. Die Möglichkeiten reichen von einem einfachen „supply on demand", bei dem neue Lieferungen nach jeder Änderung freigegeben werden, bis hin zum Lieferzyklus, bei dem Auslieferungen in definierten Abständen erfolgen. Ein effektives Management des Releasezyklus ist ein wesentliches Steuerinstrument zur Justierung von Änderungsvolumen und Qualitätskriterien. Durch definierte Vorgaben zur Absicherung eines Release und zu den in ein Release einfließenden Typen von Änderungen stellt das Releasemanagement eine wirksame Stellschraube für Qualität und Effizienz in der Produktentwicklung dar.

Einordnung der Releasestrategie in den Softwareentwicklungsprozess

In den allermeisten Fällen wird es nicht möglich sein, jede Änderung am Produkt nach deren Umsetzung direkt und unabhängig von anderen Änderungen umzusetzen, zu testen, auszuliefern und kundenseitig in Produktion zu nehmen. Der operative Aufwand, dies für jede einzelne Änderung zu tun, ist sowohl auf Seiten des Softwarelieferanten als auch seitens des Kunden so groß, dass Änderungen zu Bündeln – sogenannten Releases – zusammengefasst werden müssen und gemeinsam getestet, ausgeliefert, abgenommen und in Produktion gesetzt werden.

Genau an dieser Stelle setzt das Releasemanagement an. Durch die geeignete Festlegung, welche Änderungen zu welchem Release zusammengefasst werden, welche Rahmenbedingungen für die Qualitätssicherung dieser Releases erforderlich sind und welche Kundenbelange bezüglich der enthaltenen Änderungen und Liefertermine zu berücksichtigen sind, schafft der Releasemanager die Basis für die effektive Steuerung der klassischen Größen Termin, Kosten und Leistung bzw. Qualität.

Ein Beispiel: Für ein bereits etabliertes Bestandsführungssystem werden über einen Zeitraum von einem Jahr alle Neuanforderungen und Fehlerkorrekturen aufgesammelt, integriert und einem umfassenden Test unterzogen. Das Ergebnis wird nach über einem Jahr ausgeliefert, durch den Kunden abgenommen und in Produktion genommen. In diesem Fall konnten alle umgesetzten Änderungen zusammen im Rahmen eines einzigen Releasetests abgesichert und in einem Schritt durch die Kunden in Produktion genommen werden. Dies ist aus Sicht von Kosten, Produktionsstabilität und zu erwartender Leistung bzw. Qualität ein optimales Vorgehen. Nachteil ist der Termin, d. h. der lange Zeitraum zwischen dem Auftreten einer Anforderung oder eines Fehlers und der Verfügbarkeit der Änderung in Produktion. In der Praxis wird es deshalb mindestens ein weiteres Lieferverfahren für dringende Änderungen wie zum Beispiel gesetzliche Anforderungen geben müssen.

Es zeigt sich, dass das Releasemanagement einen dem normalen Änderungsprozess übergeordneten Ablauf darstellt und die Grundlage für die Schnittstelle zu den Kunden bildet. Abbildung 2 veranschaulicht die Einordnung des Releaseprozesses in den Gesamtablauf. Das Releasemanagement definiert letztlich aus Kundensicht die Abwicklung der Lieferungen, beginnend mit der Lieferplanung bis hin zur Übergabe an die Kunden. Der Lieferprozess ist mit den Prozessen für Wartung und Weiterentwicklung verzahnt, die in Abbildung 2 im unteren Kreis dargestellt sind.

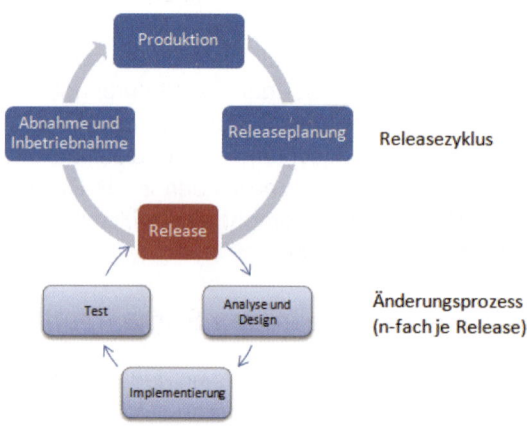

Abbildung 2: Verzahnung des Releasezyklus mit dem Entwicklungsprozess

Ziele des Releasemanagements

Das Releasemanagement als Schnittstellenprozess zwischen Kunde und der eigentlichen Produktentwicklung wird durch die Ziele und Anforderungen dieser beiden Seiten bestimmt:

- Der Kunde erwartet die Umsetzung von Änderungen im Softwareprodukt bei möglichst geringen Kosten und in hoher Qualität. Dabei kann es sich um gesetzliche Anforderungen, Produktoptimierungen, Fehlerkorrekturen, technische Anforderungen oder fachliche Erweiterungen handeln. Jede Änderung wird durch eine Priorität bzw. terminliche Erfordernis ausgezeichnet, zum Beispiel muss ein kritischer Fehler zeitnah in Produktion behoben sein bzw. eine gesetzliche Anforderung muss zum Stichtag in Produktion verfügbar sein.

- Für den Standardsoftwarehersteller stehen im Wesentlichen geringe Kosten und eine hohe Ausgangsqualität im Vordergrund. Die idealen Bedingungen hierfür wären für die Produktentwicklung allerdings die ungestörte Konzentration auf die Umsetzung des nächsten Hauptrelease. Je weniger parallele Aktivitäten, wie es bei-

spielsweise ein dringendes, gleichzeitig bereitzustellendes Fehlerbereinigungs-
release darstellt, desto effizienter kann die Umsetzung und Qualitätssicherung des
Hauptrelease erfolgen. Es ist naheliegend, dass die berechtigten Kundenbelange
dem entgegenstehen.

Aus diesen beiden Sichtweisen leitet sich eines der wesentlichen Ziele des Releasemanagements ab, nämlich die Festlegung einer Auslieferungsstrategie, nach der neue Versionen einer Standardsoftware den Kunden zur Verfügung gestellt werden. Diese Strategie wird bestimmt durch

- die Art und den Umfang der in den Releases enthaltenen Änderungen – eine kritische Fehlerbereinigung wird beispielsweise anders zu bewerten sein als ein technischer Upgrade einer der Anwendungskomponenten der Standardsoftware;

- den zeitlichen Rahmen für Implementierung und Test sowie die groben Vorgaben für die Qualitätssicherung je Release – ein Release mit vielen Änderungen bedarf eines umfangreicheren, vermutlich sogar vollständigen Tests, während dies für ein Hotfix-Release mit einigen wenigen, kritischen Fehlerbereinigungen möglicherweise nicht in diesem Maße der Fall ist;

- den Lieferabstand zwischen einzelnen Releases – abhängig von den Bedürfnissen der Kunden kann es notwendig sein, neben einem längerfristigen Hauptrelease kurzfristiger ausgewählte wichtige Änderungen bereitzustellen

Es hat sich in der Praxis bewährt, im Rahmen sog. Major-Releases Anforderungen und technische Änderungen bei entsprechend fundierter Qualitätssicherung umzusetzen, sowie zusätzlich häufigere Minor-Releases mit den wichtigsten Fehlerbereinigungen bereitzustellen. Konkrete Festlegungen, was Inhalt und Lieferzyklus betrifft, müssen jedoch für ein bestimmtes Standardsoftwareprodukt und für bestimmte Kundenerfordernisse konzipiert werden.

Eine wesentliche Anforderung an diese Releasestrategie ist es, die Strategie einer kontinuierlichen Optimierung bzw. Anpassung zu unterwerfen, um so den jeweiligen Gegebenheiten bezüglich Änderungsvolumen und Qualitätsanforderungen gerecht zu werden – die Releasestrategie muss lernfähig sein. Dies kann beispielsweise durch eine regelmäßige Reflexion erreicht werden, woraus konkrete Änderungen der Releasestrategie ermittelt werden. Wichtig ist dies insbesondere dann, wenn sich die Rahmenbedingungen oder der Status im Lebenszyklus für die Standardsoftware ändern. Ist eine Software beispielsweise funktional weitestgehend vollständig und qualitativ stabil, so konzentrieren sich die erforderlichen Änderungen auf gesetzliche Neuanforderungen, technische Aktualisierungen und vermutlich eine relativ geringe Anzahl von Fehlerbehebungen. Diese Situation erfordert unter Berücksichtigung der Kosten- und Qualitätsaspekte sicher eine andere Lieferstrategie, als ein Standardsoftwareprodukt, welches sich in der Evolutionsphase befindet und funktional noch stark erweitert.

Aufgaben des Releasemanagements

Hat der Releasemanager einmal ein entsprechendes Konzept erstellt und mit den betroffenen Stakeholdern abgestimmt, so ist er des Weiteren verantwortlich für die Durchsetzung der Releasestrategie. Dazu gehört eine Reihe von Aufgaben, die getan werden müssen, um die Releasestrategie wirksam und effizient umzusetzen:

- Der Releasemanager koordiniert für die verschiedenen Liefertypen den Releasezyklus, d. h., er wirkt bei der Grobplanung der Releases mit und legt gemeinsam mit den Produktverantwortlichen und den Kunden die Releaseinhalte und -termine fest. Dies erfolgt rechtzeitig, sodass für Softwarehersteller und Kunden ausreichende Planungssicherheit gewährleistet ist.

- Der Releasemanager schafft während der gesamten Laufzeit eines jeden Releases Transparenz über den Releasestatus. Hierzu ist er in die entsprechenden Steuerprozesse eingebunden, z. B. in das Anforderungsmanagement des Produktverantwortlichen und die Planungs- und Controllingprozesse der Entwicklungs- und Testleitung.

- Der Releasemanager koordiniert Änderungsanforderungen zu einem laufenden Release. Dies ist beispielsweise für eine kritische Anforderung der Fall, die erst während der Implementierung eines Release bekannt wird und zwingend noch in diesem Release umgesetzt werden soll. In manchen Fällen hat dies Auswirkungen, beispielsweise auf den bislang definierten Releaseumfang. Der Releasemanager begleitet die Entscheidungsfindung und stellt den Informationsfluss bezüglich der getroffenen Entscheidung sicher.

- Der Releasemanager wirkt mit bei der Definition der konkreten Qualitätskriterien für ein Release, überwacht diese und sorgt für Transparenz über den Status der Qualitätskriterien.

- Der Releasemanager ist verantwortlich für die grundsätzlichen Vorgaben zur Releasedokumentation und koordiniert die Erstellung derselben sowie die Übergabe an den Kunden. Dies ist nicht zu verwechseln mit der inhaltlichen Verantwortung – der Releasemanager stellt lediglich sicher, dass die Bestandsdokumentation zum neuen Release aktualisiert wurde und dass ausreichend Dokumentation vorhanden ist, die auf die im Release erfolgten Änderungen und Besonderheiten eingeht.

Releasemanagement: Ein Beispiel aus der Praxis

Am Beispiel einer in der Praxis bewährten Releasestrategie wird in diesem Abschnitt skizziert, wie durch klare Trennung von Major-Releases mit funktionalen Inhalten zu Bugfix-Releases, die überwiegend kritische Fehlerbereinigungen enthalten, der Spagat zwischen der Befriedigung zwingender Kundenbedürfnisse bei gleichzeitiger effizienter Sicherstellung der Qualität geleistet werden kann.

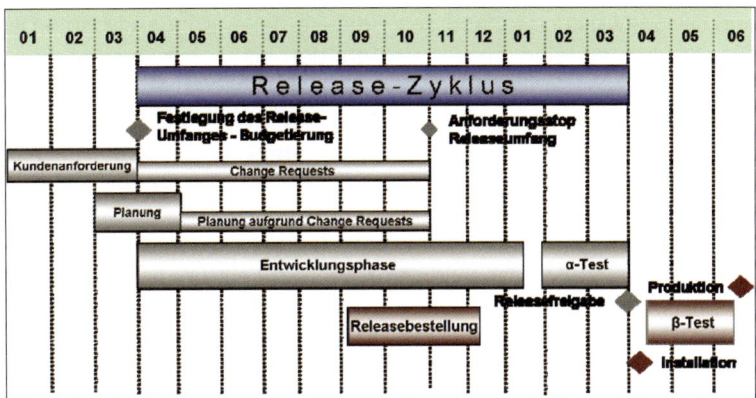

Abbildung 3: Jährlicher Releasezyklus für Major-Releases

Ein jährlich geplantes und an dem Geschäftsjahr der Anwender ausgerichtetes Major-Release enthält neben fachlichen Anforderungen aller Art gezielte Änderungen zur technischen Optimierung, Adaption an neue Systemsoftware sowie strukturelle Verbesserungen zur Reduktion der Komplexität und Verbesserung der Wartbarkeit. Abbildung 3 stellt den Ablauf für das jährliche Major-Release in Form eines Phasenplans dar. Für den Kunden ist in diesem Ablauf jeweils ein Zeitraum vorgesehen, in dem er sich für die Entgegennahme des Major-Releases entscheidet ("Releasebestellung") und in dem er ein ausgeliefertes Major-Release vor einer Produktivsetzung abnehmen und testen kann ("β-Test").

Der Prozess der Release-Gestaltung beginnt mit den Anforderungen des Kunden, eigenen Änderungswünschen der Produktverantwortlichen sowie sonstigen Einflüssen, die notwendigerweise Änderungen zur Folge haben müssen, beispielsweise Gesetzesänderungen oder Out-of-Service-Termine eingesetzter Fremdsoftware. Diese Anforderungen werden bis zu einem definierten Termin – dem Annahmestopp für Anforderungen – gesammelt, konzipiert und bzgl. des Umsetzungsaufwands geschätzt. Im Rahmen eines Releaseforums unter Einbeziehung der Kunden werden die Themen priorisiert und geplant. Letztendlich entsteht als Ergebnis des Releaseforums ein Releasethemenkatalog derjenigen Anforderungen, die konkret im relevanten Release umgesetzt werden. Der Releasethemenkatalog enthält eine grobe fachliche Beschreibung zu jeder enthaltenen Anforderung und wird nach Abschluss des Releaseforums allen Kunden bekannt gegeben.

Auf Basis der definierten Releasethemen kann der für die Implementierung zuständige Bereich die anschließende Entwicklungsphase planen und durchführen. Die termingerechte Fertigstellung der Releasethemen obliegt den jeweiligen Implementierungsverantwortlichen. Um aber einen Release-bezogenen Überblick erstellen zu können, wird von den Implementierungsverantwortlichen zu den jeweils definierten Releasethemen ein vierzehntäglicher Statusbericht an den Releasemanager gegeben. Aus diesen Informationen kann dann der Release-Status in den wichtigsten Punkten gebildet werden.

Probleme, die Release-gefährdend sind bzw. einen starken Einfluss auf den Umfang bzw. die Qualität des Release haben, sind unverzüglich an das Releasemanagement zu delegieren. Konnten bereits Gegenmaßnahmen eingeleitet bzw. das Problem wieder behoben werden, so werden die Ursachen und die Gegenmaßnahmen mitgeteilt.

Treten während der Entwicklungsphase des Release neue, dringende Anforderungen auf, so ist zu prüfen, ob dadurch eine Auswirkung auf den Inhalt, die Qualität oder den Fertigstellungstermin des Release entsteht. Ist ein Einfluss auf den Release-Termin oder die vorher definierten Releasethemen zu erwarten, so ist eine Entscheidung herbeizuführen und die Kunden sind zu informieren. Abbildung 4 veranschaulicht den Prozess für nachträglich priorisierte Releasethemen.

Gemäß den im Releaseplan (Abbildung 3) festgelegten Phasen beginnt nach Abschluss der Entwicklungsphase und Freigabe der einzelnen Zulieferungen die α–Testphase. Der Testmanager definiert hier in Zusammenarbeit mit den Entwicklungskomponenten einen Testumfang, der einerseits gewährleistet, dass die Standardkomponenten weiterhin durchgängig funktionieren (im Prinzip alles, was vor diesem Release umgesetzt worden ist) und andererseits die geänderten sowie neuen Funktionalitäten fehlerfrei in das Gesamtsystem eingearbeitet worden sind und in sich korrekt funktionieren.

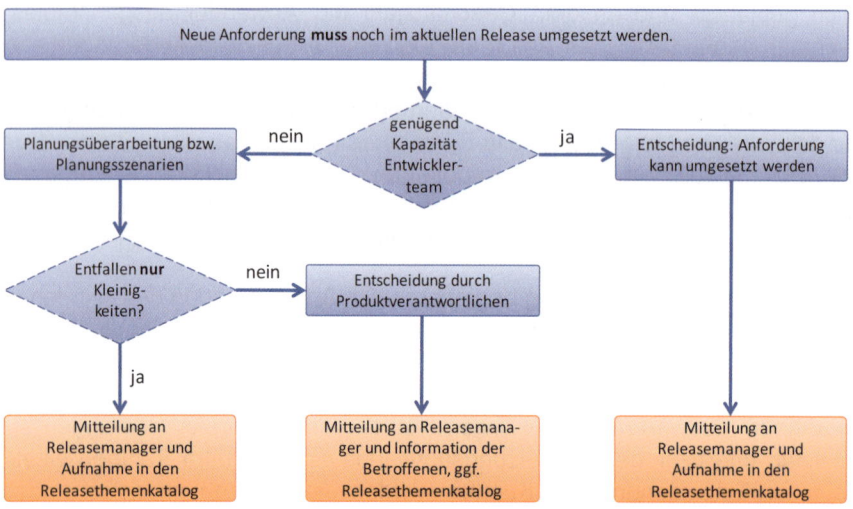

Abbildung 4: Vorgehen bei nachträglichen Anforderungen

Nach der erfolgreichen α–Testphase wird das Release freigegeben und kann an die einzelnen Kunden ausgeliefert werden. Im Zuge der Auslieferung des Release wird dem Kunden eine überarbeitete Dokumentation zur Verfügung gestellt. Inhalt dieser ist unter anderem eine Gesamtaufstellung aller durchgeführten Änderungen (technische und fachliche Änderungsliste). Ebenso erhält der Kunde Hinweise zu Systemsoftwareanforderungen und zur Installation.

Nach der Auslieferung des Release führt der Kunde einen sogenannten β-Test (auch Abnahmetest) durch, nimmt das Release und damit verbunden die beauftragten Änderungen ab und erteilt die Produktionsfreigabe für das Release.

Warum dieses Beispiel so noch nicht funktioniert

Der β-Test beim Kunden ist in diesem Beispiel der Zeitpunkt, ab dem das beschriebene Vorgehen eines jährlichen Major-Release alleine nicht mehr ausreicht. Betriebswirtschaftliche Software ist in den meisten Fällen hinreichend komplex, sodass grundsätzlich mit dem Auftreten von Fehlern oder kleineren, nachträglichen Anforderungen zu rechnen ist, nachdem der Kunde die Software in seine spezifische Umgebung integriert hat und zu testen beginnt. Einige dieser Änderungsbedarfe müssen aus Sicht des Kunden umgesetzt werden, bevor der Kunde das Release in Produktion übernehmen kann. Diese Änderungen mit dem nächsten Major-Release zu liefern, ist nicht praktikabel.

Das Releasemanagement definiert deshalb in diesem Beispiel einen weiteren Liefertyp, das sog. Bugfix-Release, welches auf einem bereits gelieferten Major-Release aufsetzt und in kurzen zweiwöchentlichen Zyklen kritische Fehlerbereinigungen sowie zwingend erforderliche, kleinere Anforderungen enthält. Durch die Restriktion der durchgeführten Änderungen ist das Qualitätsrisiko gering, eine Absicherung der Bugfix-Releases durch automatisierte Tests und einen manuellen Lauffähigkeitstest ist in den meisten Fällen ausreichend. Der kurze Lieferzyklus trägt dazu bei, dass nur noch in den wenigsten Fällen eine einzelne, besonders gravierende Fehlersituation als Sofort-Fix bereinigt werden muss. Die Bugfix-Lieferungen setzen sich auch nach der Produktivsetzung des Release fort und enthalten dann beispielsweise Fehlerbereinigungen aus dem Produktionsbetrieb.

Für die Planung, Umsetzung, Qualitätssicherung und Auslieferung von Bugfix-Releases sowie für den Umgang mit Änderungen, die für ein derartiges Release priorisiert werden, existieren Prozesse, die den Prozessen der Abbildungen 3 und 4 im Major-Release entsprechen, wobei für ein Bugfix-Release speziell der kürzere Zyklus und die geringeren Anforderungen an die Qualitätssicherung berücksichtigt sind. Diese Prozesse sollen hier nicht weiter vertieft werden, der folgende Punkt sei jedoch noch im Besonderen herausgestellt.

Während im Rahmen der Bugfix-Releases kritische Änderungen im zweiwöchentlichen Takt geliefert werden, beginnt gleichzeitig, d. h. parallel dazu, bereits der Releasezyklus für das nächste Major-Release. Es ist ein wesentlicher Qualitätsaspekt, dass Änderungen, die über ein Bugfix-Release ausgebracht werden, ihren Weg auch in das nächste Major-Release finden: Es darf nicht passieren, dass ein kritischer Fehler in einem Bugfix-Release behoben wird und der Kunde das Problem abhakt, dass jedoch das Problem im nächsten Major-Release wieder auftritt. Dies kann zu einem Vertrauensverlust der Kunden in die Qualität der Software führen.

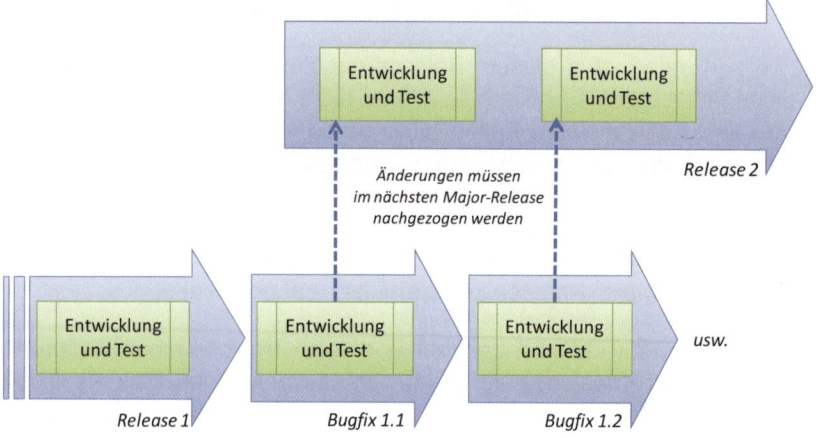

Abbildung 5: Crossfix-Prozess bei Bugfix-Releases

Die zusätzliche Umsetzung einer Änderung in mehreren Releases bedeutet jedoch erhöhten Aufwand für Implementierung und Test dieser Änderung. Abbildung 5 verdeutlicht das Vorgehen für zwei Releasestränge. Obwohl es Tools zum Beispiel aus dem Konfigurationsmanagement-Bereich gibt, welche diesen Crossfix-Prozess unterstützen, muss dennoch die parallele Arbeit in unterschiedlichen Releasezweigen im Rahmen der Releasestrategie nach Möglichkeit auf ein Minimum beschränkt werden.

IV. Anforderungs- und Abweichungsmanagement

Wartung und Weiterentwicklung von Standardsoftware bedeutet die kontinuierliche Durchführung von Änderungen und Erweiterungen am bestehenden Softwaresystem. Es ist essentiell, diese Änderungen korrekt zu klassifizieren, zu bewerten und mit Unterstützung von geeigneten Prozessen umzusetzen.

Klassifikation von Softwareänderungen

Die laufende Umsetzung von Änderungen ist für die Erhaltung von Nutzen und Qualität eines Softwaresystems zwingend erforderlich. Um diese Änderungen kontrolliert, basierend auf der Releasestrategie, in Softwareversionen einbringen zu können, bedarf es der Einordnung von Änderungen in Änderungsklassen und einer Bewertung der Prioritäten. Dies bildet die Basis für die im vorherigen Abschnitt aufgezeigte Releasestrategie, möglichst viele Änderungen im Rahmen aufwändig getesteter Major-Releases auszubringen, um Stabilität, Qualität und Kosten kontrollieren zu können.

Änderungen werden bezüglich ihres Typs und ihrer Priorität klassifiziert. Mögliche Änderungstypen sind:

- Fachliche Anforderungen, zum Beispiel die Erweiterung eines Geschäftsprozesses

- Technische Anforderungen, zum Beispiel die Umsetzung einer Refactoring-Maßnahme oder ein erforderlicher Systemsoftware-Upgrade aufgrund eines Out-of-Service-Termins der aktuell eingesetzten Systemsoftware-Version

- Mängelbehebungen, d. h., das tatsächliche Verhalten der Standardsoftware weicht ab vom spezifizierten Verhalten

In der Praxis sind weitere Unterteilungen denkbar, an dieser Stelle soll jedoch vor allem auf den zweiten, kritischeren Klassifizierungsaspekt eingegangen werden, auf die Priorität der Änderung. Diese bildet die Grundlage für die Festlegung und Umsetzung der Releasestrategie und findet sich häufig in Wartungsverträgen bzw. Service-Level-Agreements mit den Kunden wieder. Eine detaillierte und den Kundenbedarfen angemessene Definition der Priorität trägt wesentlich dazu bei, dass der Kunde genau die Änderungen zeitnah bekommt, die er zwingend benötigt und alle anderen Änderungen kosteneffizient und ohne Beeinflussung des produktiven Release im Rahmen der Major-Releases umgesetzt werden können. Der Einfluss auf die wahrgenommene Qualität beim Kunden ist enorm. Priorisierungsfehler lassen schnell den Eindruck entstehen, dass beispielsweise auf die (fälschlicherweise zu niedrig priorisierten) Fehler in der Software nicht reagiert wird, während gelieferte, fälschlicherweise zu hoch priorisierte Fehler meist nicht im Fokus des Kunden stehen, dadurch kaum wahrgenommen werden und maximal ein Risiko für Folgefehler darstellen.

Im Folgenden wird das Beispiel aus dem vorherigen Abschnitt fortgeführt. Es wird exemplarisch aufgezeigt, wie im vorliegenden Fall die Priorisierung von Mängelmeldungen erfolgt und wie diese als Basis für die Festlegung der Releasestrategie dient.

Jede Mängelmeldung wird ausgehend von der objektiv zu ermittelnden Auswirkung auf den Produktionsbetrieb in eine der folgenden vier Klassen eingeordnet:

- A+ (Showstopper)

  Mehrere Sachbearbeiter können an keinem Geschäftsfall weiterarbeiten. Die Anwendung blockiert die Sachbearbeiter vollständig.

- A (Produktionsverhindernd)

  Der Sachbearbeiter kann einen *häufigen* Geschäftsfall nicht bearbeiten. Die fehlerhafte Funktionalität kann nicht durch einen entsprechenden *Workaround* umgangen werden. Der Sachbearbeiter kann an einem anderen Geschäftsfall weiterarbeiten.

  oder
  Der Fehler führt zu fehlerhaften Daten und ist geeignet, einen Folgeschaden zu verursachen. (Dies ist der Fall, sobald das Risiko einer manuellen oder automatisierten Weiterbearbeitung der fehlerhaften Daten besteht.)

  oder
  Ein Batch ist nicht durchführbar (Return-Code > 4).

- B (Produktionsstörend)

  Der Sachbearbeiter kann einen *häufigen* Geschäftsfall wegen einer fehlerhaften Funktionalität nicht wie gewohnt bearbeiten. Die fehlerhafte Funktionalität kann jedoch durch einen entsprechenden *Workaround* umgangen werden.

  oder

  Der Sachbearbeiter kann einen *seltenen* Geschäftsfall nicht bearbeiten. Die fehlerhafte Funktionalität kann nicht durch einen entsprechenden *Workaround* umgangen werden. Der Sachbearbeiter kann an einem anderen Geschäftsfall weiterarbeiten.

  oder

  Der Fehler führt zu fehlerhaften Daten, ist jedoch nicht geeignet, einen Folgeschaden zu verursachen. (Das Risiko einer manuellen oder automatisierten Weiterbearbeitung der fehlerhaften Daten besteht nicht.)

- C (Geringfügig)

  Der Sachbearbeiter kann einen *seltenen* Geschäftsfall wegen einer fehlerhaften Funktionalität nicht wie gewohnt bearbeiten. Die fehlerhafte Funktionalität kann jedoch durch einen entsprechenden *Workaround* umgangen werden.

  oder

  Alle übrigen Fehler.

Dabei ist klar definiert, welche Geschäftsfälle als *häufig* und welche als *selten* zu klassifizieren sind. Ausgehend von dieser Priorisierung für Mängelmeldungen und analoge Definitionen für fachliche bzw. technische Anforderungen, lässt sich die Releasestrategie im vorliegenden Beispiel gemäß der folgenden Tabelle definieren.

Typ der Änderung	Priorität			
	A+	A	B	C
Fachliche Anforderung	nicht verwendet	Bugfix-Release	Major-Release	Major-Release
Technische Anforderung	nicht verwendet	Major-Release	Major-Release	Major-Release
Mangel	Bugfix-Release	Bugfix-Release	Major-Release	Major-Release

Abbildung 6: Zuordnung von Änderungen zu Release-Typen

Ein Bugfix-Release enthält demnach ausschließlich Mängelbehebungen der Priorität A+ und A sowie fachliche Anforderungen der Priorität A. Alle weiteren Änderungen werden standardmäßig im Rahmen des nächsten oder zukünftiger Major-Releases umgesetzt, wobei nicht ausgeschlossen wird, dass der Produktverantwortliche in Einzelfällen eine davon abweichende Entscheidung trifft, beispielsweise wenn die Behebung eines Mangels der Priorität A ein nicht vertretbares Risiko für die Stabilität der Software darstellt, falls die Auslieferung im Rahmen eines Bugfix-Release erfolgt.

Maßgeschneiderte Prozesse zur Umsetzung von Anforderungen und Mängelbehebungen

Während fachliche Anforderungen einer Konzeption und Abstimmung mit den Kunden bedürfen, ist bei der Mängelbehebung eine korrekte technische und fachliche Analyse der Abweichungsmeldung notwendig. Der grundsätzliche Prozess zur Analyse und Behebung von Softwaremängeln unterscheidet sich für eine Standardsoftware nicht wesentlich von den Fehlerbehebungsprozessen einer Individualsoftware, sodass im Folgenden der Fokus auf den Anforderungsprozessen liegt.

Der Anforderungsprozess muss im Besonderen bei Standardsoftware den Softwareanbieter in die Lage versetzen, kundenspezifische Anforderungen zu identifizieren und diese mit klaren Regeln für die Abstimmung des Fachkonzepts, die Art und Weise der Umsetzung und die Durchführung der Qualitätssicherung umzusetzen. Anforderungen durchlaufen deshalb meist die folgenden Schritte:

- Zunächst erfolgt eine Klassifikation der Anforderung durch den Produktverantwortlichen. Es muss über Sinnhaftigkeit und Umsetzbarkeit der Anforderung entschieden werden. Wird die Entscheidung getroffen, die Anforderung anzunehmen, so ist die Priorität festzulegen und die Anforderung in Abhängigkeit der Priorität zeitnah weiter zu bearbeiten oder für die Planungsphase des dafür vorgesehenen Major-Release vorzumerken.

- Eine grobe fachliche Konzeption und die damit verbundene grobe Aufwandsschätzung bildet die Grundlage für den weiteren Abstimmprozess. Der Produktverantwortliche entscheidet, ob die Anforderung den Funktionsumfang der Standardsoftware erweitert wird oder ob die Anforderung als kundenspezifische Sonderlösung klassifiziert und beispielsweise als Zusatzmodul für einen Kunden entwickelt und geliefert wird. Dies hat Auswirkungen auf die Verrechnung der entstehenden Kosten und – je nach Vereinbarung mit dem Kunden – die Verantwortung für die Qualitätssicherung der Anforderung.

- Der Normalfall ist es, dass die Anforderung durch einen der Kunden gestellt wird, diese jedoch den Funktionsumfang der Standardsoftware für alle Kunden ändert oder erweitert. Der Produktverantwortliche ist verantwortlich dafür, die Änderungen im Bedarfsfall mit allen betroffenen Kunden abzustimmen und eine Freigabe dafür auszusprechen. Aus Effizienzgründen erfolgt diese Abstimmung häufig für eine Sammlung von Anforderungen zu einem Major-Release im Zuge des bereits erwähnten Release-Forums. Im Rahmen dieser Veranstaltung werden gemeinsam mit den Kunden neue Anforderungen gesammelt, vorhandene Anforderungen vorgestellt, die gesammelten Anforderungen priorisiert und zur Umsetzung für ein Major-Release freigegeben.

- Im weiteren Verlauf der Umsetzung der Anforderung werden die Schritte des Softwareentwicklungsprozesses durchlaufen. Die Auswirkungen der Anforderung werden analysiert, die betroffenen Detail-Fachspezifikationen überarbeitet bzw. erstellt und die Anforderung in die Implementierung gegeben.

Am Beispiel einer fachlichen Anforderung wird gemäß Abbildung 7 der Durchlauf im Anforderungsprozess skizziert, wobei der Fokus auf den Besonderheiten einer Anforderung zu einer Standardsoftware liegt und der restliche Anforderungsprozess stark vereinfacht dargestellt ist.

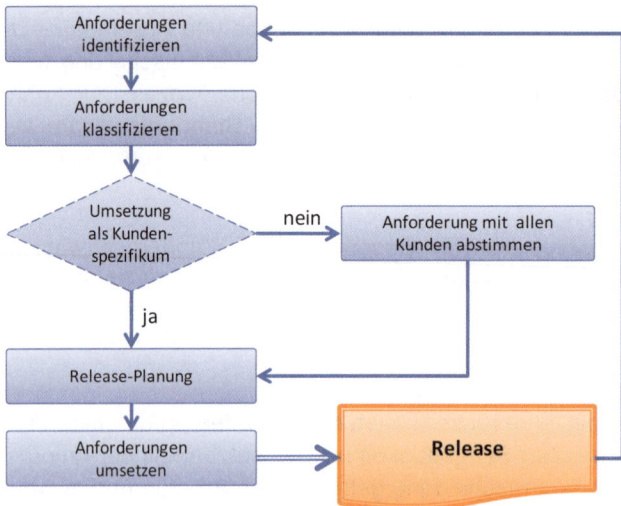

Abbildung 7: Anforderungsprozess bei einer Standardsoftware

Im Laufe des Lebenszyklus einer Standardsoftware werden durch den Softwareanbieter eine sehr hohe Anzahl von Anforderungen und Abweichungsmeldungen zu bearbeiten sein. Es ist deshalb wesentlich für ein effizientes Produktmanagement, sowohl den Anforderungs- als auch den Mängelbehebungsprozess mit den am Prozess beteiligten Rollen abzustimmen, klar und transparent zu dokumentieren und toolgestützt abzuwickeln.

Der Einsatz eines Workflow-gestützten Tools ist obligatorisch, stellt jedoch heute angesichts einer Vielzahl freier und kommerzieller Alternativen keine größeren Probleme mehr dar. Aktuelle Tools zum Verfolgen von Mängeln bzw. Anforderungen sind in der Regel gut anzupassen und ermöglichen

- die Erfassung frei definierbarer Eigenschaften zu einer Änderungsmeldung,
- die Definition eines festgelegten Prozesses, d. h., es wird definiert, welche Schritte eine Änderungsmeldung durchläuft und welche Rolle für die Durchführung eines Bearbeitungsschrittes jeweils verantwortlich ist,
- die Auswertbarkeit über die gesamte Datenbasis bzw. eine Teilmenge davon mit entsprechenden Reporting-Möglichkeiten,
- die Einschränkung von Berechtigungen, sodass bestimmte kritische Aktionen (beispielsweise die Änderung einer Priorität) nur von den dafür vorgesehenen Rollen durchgeführt werden können.

Insbesondere die Ermittlung von Key Performance Indikatoren (KPIs) und Qualitätsmetriken wird durch die Auswertemöglichkeiten dieser Tools stark vereinfacht. Das Erfordernis und die Anwendung von KPIs und Metriken ist unter anderem Thema in den folgenden beiden Abschnitten.

V. Stringentes und transparentes Projektmanagement

Die Festlegung auf einen klar definierten Releasezyklus mit Einbeziehung von Einführungsplanungen neuer Kunden bzw. Erfordernissen von Bestandskunden, neue Releases abzunehmen und einzuführen, bedeutet eine hohe Gewichtung der im Vorfeld abgestimmten Termine. Ist ein Releasezyklus an bestimmte Termine im Geschäftsjahr der Kunden geknüpft, so entsteht häufig die Situation, dass an Auslieferungsterminen strikt festgehalten werden muss. Es ist wesentlich für die Entwicklung erfolgreicher Standardsoftware, durch ein stringentes Projektmanagement sicherzustellen, dass diese Terminstabilität nicht durch Einschränkungen bei Leistung oder Qualität erkauft wird. Ein toolgestütztes Controlling zur Sicherstellung der permanenten Transparenz über Umsetzungsfortschritt und Qualitätsstatus ist Pflicht.

Releaseplanung

Die Ausgangsbasis für die Implementierungsphase ist die vollständige Planung der Aktivitäten zur Umsetzung der Releasethemen und zur Behebung von Mängeln. Es hat sich bewährt, ein Planungs-Template zur Realisierung von fachlichen Anforderungen und ein Template für die Umsetzung technischer Anforderungen anzusetzen. Dadurch ist ein konsistentes und übergreifend verständliches Planungsvorgehen sichergestellt, und es wird vermieden, dass wichtige Aktivitäten in der Planung vergessen werden.

Abbildung 8 verdeutlicht dies am Beispiel eines Planungs-Templates für eine fachliche Neuanforderung. Die gesamte Releaseplanung setzt sich letztlich aus einer Menge von Einzelbausteinen zusammen, ergänzt um die konkrete Ressourcenverfügbarkeit und -zuordnung.

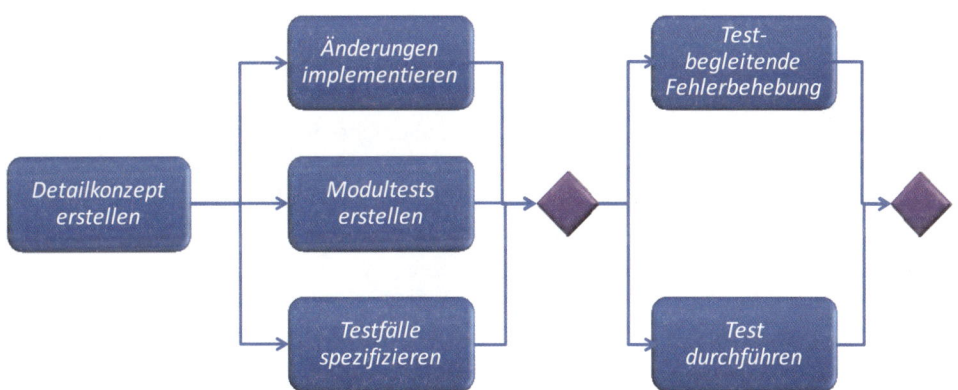

Abbildung 8: Beispiel eines Planungs-Templates für fachliche Anforderungen

Die initiale Releaseplanung bildet die Basis für die kontinuierliche Fortschrittskontrolle. Wichtig hierbei ist die Berücksichtigung von Abhängigkeiten zwischen den fachlichen bzw. technischen Teilkomponenten der Standardsoftware, da diese in der Regel von unterschiedlichen Teams umgesetzt werden und es klar definierter Kommunikations- und Übergabeschnittstellen zwischen den Komponenten bedarf.

Der Nutzen einer ausführlichen und fundierten Planung zeigt sich, sobald sich im Releaseverlauf Änderungen an den Rahmenparametern ergeben, sei es durch Probleme im Ressourcenbereich, durch eine zusätzliche, nachträglich priorisierte Anforderung oder eine höhere Anzahl von Systemfehlern als erwartet. Die Releaseplanung bildet die Grundlage zur Ermittlung der sich aufgrund der Änderung ergebenden Planungsszenarien, zur Analyse der Auswirkungen dieser Planungsszenarien auf Inhalt, Qualität oder Termin des Releases und ermöglicht somit erst eine fundierte und wirksame Entscheidung, wie mit der vorliegenden Änderung umgegangen werden soll.

Releasecontrolling und -steuerung

Wie manche vielleicht in der Vergangenheit schmerzlich erfahren haben, ist eine aufgestellte Planung immer nur die eine Seite der Medaille. Was letztlich zählt, ist das Ergebnis am Ende eines Release, also die andere Seite – die Umsetzung der Planung. Gründe für Planungsabweichungen gibt es viele, angefangen mit Ressourcenengpässen bis hin zu Mehraufwänden aufgrund der immer komplexer werdenden Anwendungsstruktur. Das Besondere einer auf einer Vielzahl einzelner Änderung basierenden Gesamtplanung, wie sie typischerweise für die Releaseplanung einer Standardsoftware vorliegt, ist das hohe Maß an versteckten Abhängigkeiten zwischen den einzelnen Planungspunkten. Obwohl beispielsweise eine Anforderung A und eine Anforderung B inhaltlich keine direkten Abhängigkeiten aufweisen, kann es sein, dass eine Verschiebung der Anforderung A dazu führt, dass eine für A geplante Ressource später zur Umsetzung der Anforderung B verfügbar ist, sich also auch die Umsetzung der Anforderung B dadurch verschiebt. Eine weitere Besonderheit ist, dass aufgrund der intensiven Verflechtung mit kundenseitigen Planungen sowie aufgrund der erforderlichen Verfügbarkeit der Änderungen im Produktivbetrieb der Kunden meist wenig Spielraum für den Auslieferungstermin besteht.

Es ist deshalb wesentlich, zu jedem Zeitpunkt absolute Transparenz über den Umsetzungs- und Qualitätsstatus eines Release zu haben und diese Größen während der Laufzeit des Release aktiv zu steuern. State-of-the-Art-Methoden wie Earned-Value-Analysen, toolbasierte Fortschrittsüberwachung und kontinuierliche Restaufwandsschätzungen erzeugen im Releasefortschritt permanente Transparenz über den inhaltlichen Stand eines Releases und den jeweiligen Qualitätsstatus. Abbildung 9 zeigt den Nutzen, den ein etabliertes Controlling auf das Projektmanagement einer Releaseentwicklung erwarten lässt.

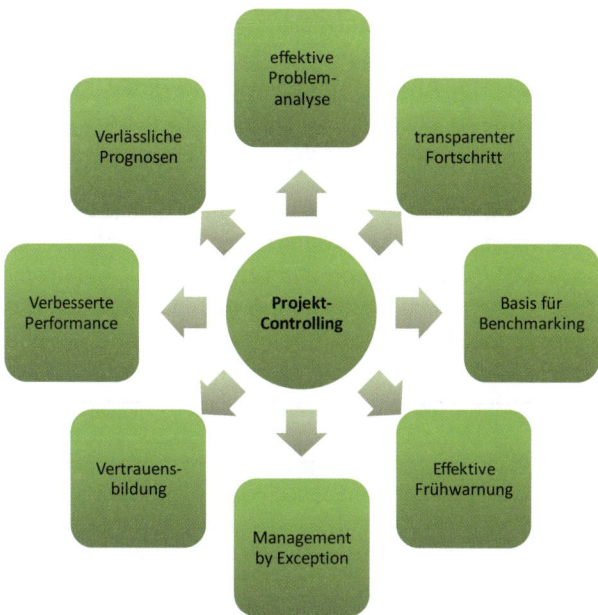

Abbildung 9: Nutzen eines etablierten Controllings

Im Folgenden wird ein in der Praxis bewährter Prozess skizziert, welcher basierend auf wöchentlichen Controlling-Erhebungen die Ermittlung von Key-Performance-Indikatoren in Form eines Management-Cockpits und die Freigabe von Abweichungen und Steuerungsmaßnahmen regelt. Risikomanagement und die Erstellung eines monatlichen Statusberichts an die Auftraggeber von Einzelanforderungen werden dabei berücksichtigt.

Die Basis für ein effektives Controlling ist in diesem Beispiel die wöchentliche Erhebung der dafür erforderlichen Daten. Neben den Plandaten für Aufwände und Termine sind die bisher erbrachten Aufwände für jedes Arbeitspaket sowie die geschätzten Restaufwände für noch nicht abgeschlossene Arbeitspakete für die Fortschrittsbewertung der Releasethemen zu ermitteln. Zum Qualitätsstatus tragen Daten zur Anzahl der offenen Mängel sowie zum Verhältnis geplanter zu ausgeführter Testfälle bei.

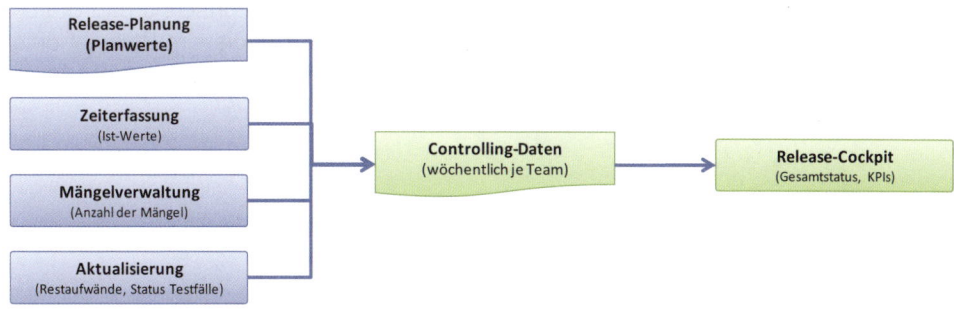

Abbildung 10: Beispiel eines Release-Controllings

Die Controlling-Daten werden für jedes Entwicklungsteam wöchentlich erfasst und in einem Controlling-Meeting mit Beteiligung des Teamleiters, Releasemanagers und Produktverantwortlichen besprochen. Bei Abweichungen werden direkt Maßnahmen eingeleitet. Im Bedarfsfall ergeht der Auftrag an den Teamleiter, mögliche Planungsalternativen zu erarbeiten und bzgl. ihrer Auswirkungen zu prüfen.

Die folgende Tabelle zeigt auf, wie sich der Status einer für ein bestimmtes Release geplanten Änderung im Controlling darstellen könnte. Der Übersichtlichkeit halber wurde nur der Aufwandsblock dargestellt, Informationen zur Termin- und Qualitätssicht sind in analoger Weise enthalten. Man beachte die Verwendung des in Abbildung 8 dargestellten Planungs-Templates und den Einsatz der Ampeldarstellung für Planabweichungen.

Release	Vorgangsname	Status	Planaufwand	Ist-Aufwand	Restaufwand	Prognose (Ist+Rest)	Abweichung Progn./Plan
3.0	Elektronischer Sachbearbeiter, Stufe 2						
	Detailkonzept erstellen FB	abgeschlossen	43	39,5	0	39,5	-3,5
	Änderung umsetzen EW	in Arbeit	125	67,3	80	147,3	22,3
	Modultest erstellen EW	in Arbeit	45	12	33	45	0
	Testfälle vorbereiten TST	in Arbeit	60	32,1	20	52,1	-7,9
	Test durchführen TST	in Planung	80		80	80	0

Abbildung 11: Beispiel für ein wöchentliches Controlling (Aufwandssicht für ein Releasethema)

Der vorgestellte Controlling-Prozess organisiert zusätzlich zum Planungs- und Steuerungsprozess auf Einzelpaketebene einen systematischen Überblick über zentrale Kenngrößen (Messergebnisse), die vorwiegend zur Analyse und Darstellung des Projektfortschritts nach der Earned-Value-Methode (EVM) genutzt werden. Diese Kenngrößen werden wöchentlich in einem Release-Cockpit errechnet und als Bericht an die Geschäftsführung, den Produktverantwortlichen und die beteiligten Teamleiter zur Verfügung gestellt.

Das Controlling nach der Earned-Value-Methode bedeutet, dass ein Release nicht nach den tatsächlich angefallenen Aufwänden (Kosten) bewertet wird, sondern nach den geplanten Aufwänden. Der Softwarehersteller erwirtschaftet gegenüber dem (externen oder internen) Auftraggeber genau den für das jeweilige Ergebnis vereinbarten Ertrag. Die Bestimmung des Earned Value geschieht stets bottom-up durch die Aufsummierung der Daten der einzelnen Arbeitspakete aus der Controlling-Datenermittlung.

Abbildung 12 zeigt beispielhaft, wie anhand weniger Größen der Fortschritt und Status zu einem definierten Release bewertet werden kann. So indiziert in diesem Beispiel eine im Vergleich zur geplanten Leistung niedrigere erbrachte Leistung (Earned Value), dass der Fertigstellungsgrad des Release entsprechend unter Plan ist.

IST Daten, Aufwand	Release 3.0
gesamter Plan-Aufwand	3.361 h
zeitl. anteiliger Plan-Aufwand	2.602 h
Ist-Aufwand	2.195 h
Erbrachte Leistung / EV	2.402 h
Planungsabweichung	-200 h
Restaufwand (Prognose)	877 h
Restaufwand (Schätzung)	734 h
erwarteter Aufwand (Prognose)	3.072 h
erwarteter Aufwand (Schätzung)	2.929 h
IST Daten, Termin	**Release 3.0**
Planende (Ist)	01.10.08
Planende (Prognose)	06.10.08
Planende (Schätzung)	23.10.08
Fertigstellungsgrad zum Planende	83%
Anzahl Arbeitspakete > Planende	11
Anzahl Arbeitspakete < Planende	54

Ist- und Planfortschritt

Fertigstellungsgrad zum Planende

Abbildung 12: Ausschnitt aus dem Release-Cockpit (Beispiel)

Neben dem Earned Value als Kenngröße für die Bewertung des bisher erbrachten Aufwands werden zur Bewertung des Termin- und Qualitätsstatus im betrachteten Fallbeispiel weitere Key-Performance-Indikatoren definiert und im Release-Cockpit berichtet. Zur Verdeutlichung seien auszugsweise die folgenden KPIs genannt:

- Lineare Prognose des Releasefertigstellungstermins je Team auf Basis der gesamten Restaufwände je Team und der bisher erbrachten Leistung (als Plausibilisierung für die geplanten Ende-Termine)

- Gesamte Anzahl der im Release erfassten Mängelmeldungen, sowie aufgeteilt nach Priorität bzw. Teilkomponente

- Anzahl der Zugänge bzw. Abgänge der je Team zugewiesenen Mängel

- Verhältnis der durchgeführten Testfälle zur Gesamtzahl der geplanten Testfälle je Teilkomponente

Die Ergebnisse aus dem Controlling und dem Release-Cockpit sind die Grundlage für das Risikomanagement zur Releaseentwicklung. Der Produktverantwortliche identifiziert auf Basis der Planungen und Berichte Risiken für Inhalt, Termin oder Qualität des Release und veranlasst Maßnahmen zur Vermeidung des Risikoeintritts oder Milderung der Risikofolgen.

Kann letztlich trotz des transparenten Releasestatus und der frühzeitigen Reaktionsmöglichkeiten eine Auswirkung auf das Release nicht verhindert werden, so greift an dieser Stelle nahtlos das Releasemanagement die Abweichung beispielsweise bzgl. des definierten Releaseumfangs auf und veranlasst als Schnittstelle Richtung Kunde die Kommunikation über die erfolgte Änderung am Releaseumfang.

VI. Qualitätsmanagement

Qualität ist ein zentraler Erfolgsfaktor im Software-Produktmanagement. Ist eine Standardsoftware einmal in Produktion genommen, so sind in der Regel mehrere Kunden eng an die Software gebunden. Diese enge Bindung erzeugt eine besondere Qualitätsverantwortung für die Wartung und Weiterentwicklung rund um das Produkt. Ein Anbieter von Standardsoftware steht gleichzeitig den Tendenzen steigender Komplexität und verringerter Wartbarkeit aus der kontinuierlichen Fehlerbehebung und Weiterentwicklung gegenüber, die sich negativ auf die Qualität auswirken.

Einordnung und Ziele eines wirksamen Qualitätsmanagements

Eine Kernfrage der Produkt-Wartung und -Weiterentwicklung ist die Frage, wie das Produkt in hoher Qualität geändert werden kann. Ein wesentlicher Teil der Antworten hierauf sind definierte Vorgehensweisen bzw. Prozesse, die entsprechend den Anforderungen in das jeweilige Umfeld eingebettet sind. Es ist das Kernziel des Qualitätsmanagements, diese Prozessorientierung zu etablieren und ein definiertes Vorgehensmodell aufzustellen. Die msg systems ag hat hierzu aus langjähriger Erfahrung das Vorgehensmodell msg.PROFI entwickelt, welches auf dem Rational Unified Process basiert und für ein konkretes Projekt oder für ein Produkt konfiguriert werden kann.

Um eine wirksame Prozessorientierung zu erzielen, sind folgende Punkte bei der Entwicklung von Standardsoftware von besonderer Bedeutung:

- Prozesse und Vorgehensweise sind klar und für alle beteiligten Rollen einsehbar zu dokumentieren. Gerade für Produkte mit Lebenszyklen im Bereich mehrerer Jahre und länger ist ein konsistentes und über den Zeitverlauf kontinuierliches Vorgehen unabdingbar. Transparente Dokumentation trägt dazu bei, dass dies auch nach dem Wechsel von Mitarbeitern gegeben ist und verringert die Einarbeitungszeit neuer Mitarbeiter.

- Metriken bzw. Kenngrößen zur Bewertung verschiedener Qualitätsaspekte im Entwicklungsprozess müssen definiert und erhoben werden. Nur so kann der Qualitätsmanager auf negative Entwicklungen frühzeitig reagieren und den Erfolg von Änderungen oder Optimierungsmaßnahmen einschätzen.

- Wesentlich für die Entstehung optimaler Prozesse ist die Lernfähigkeit im Prozessmanagement. Durch kontinuierliche Verbesserung können die Prozesse den jeweils vorherrschenden Erfordernissen angepasst werden, beispielsweise veränderten Kundenbedingungen oder als Reaktion auf den kontinuierlichen Komplexitätszuwachs der Anwendungsstruktur im Laufe der Entwicklungszeit.

- Damit der Qualitätsmanager diese Aufgabe effektiv und wirksam wahrnehmen kann, hat es sich bewährt, das Qualitätsmanagement als Stabsfunktion direkt dem Produktverantwortlichen für das Softwaresystem zuzuordnen.

Prozessorientierung

Schon bei kleinen Softwaresystemen ist leicht ersichtlich, dass die Einhaltung geordneter Prozesse von großem Vorteil ist. Es muss klar definiert sein, wer zu welchem Zeitpunkt für die Erstellung definierter Ergebnisse verantwortlich ist, wie diese abgelegt werden und wie die Kommunikation erfolgt.

Ein Vorgehensmodell klammert alle Teilprozesse der gesamten Releaseerstellung in einen Rahmen, welcher als Endergebnis die Produktivnahme einer neuen Produktversion vorsieht. msg.PROFI sieht beispielsweise die Einordnung der Aktivitäten in durch Meilensteine abgegrenzte Phasen zu Initialisierung, Ausarbeitung, Realisierung, Inbetriebnahme und Abschluss vor (siehe Abbildung 13). Zu jedem Phasenmeilenstein müssen definierte Ergebnisse vorliegen – ein Quality-Gate sichert die Qualität der Ergebnisse beim Übergang in die nächste Phase der Releaseentwicklung.

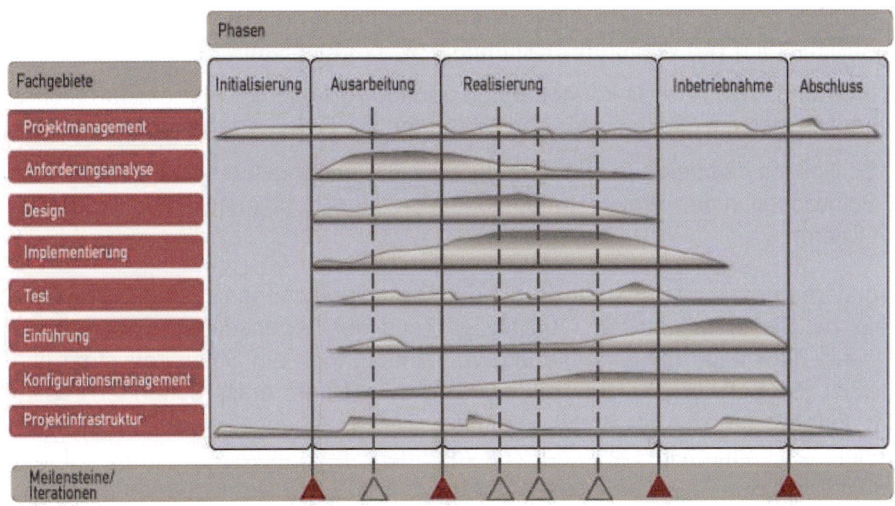

Abbildung 13: msg.PROFI Phasenmodell

Wie bereits erläutert, ist es wichtig, im Prozessmodell die Lernfähigkeit bzw. kontinuierliche Verbesserung respektive Anpassung im Laufe des Produktlebenszyklus zu installieren. Hierfür existieren einige methodische Ansätze wie etwa Schwachstellenanalysen, Prozessglättungsmechanismen oder der klassische Deming-Zyklus. msg.PROFI sieht die laufende Optimierung im Rahmen eines an den Deming-Zyklus angelehnten KVP-Prozesses vor:

- Ausgehend von aus Schwachstellenanalysen, Verlaufsmetriken und Audits identifizierten Verbesserungsvorschlägen werden diese priorisiert und als konkrete Maßnahmen geplant.

- Die Umsetzung der Maßnahmen wird begleitet durch den Einsatz von Mechanismen, die vor und nach der Umsetzung den Erfolg der Maßnahmen messbar darstellen, idealer Weise können bereits bestehende Metriken herangezogen werden.

- Im Rahmen einer Abschlussbewertung wird der Erfolg der Maßnahmen geprüft, ggf. werden Nachbesserungen oder weitere Optimierungen im Zuge des nächsten Optimierungszyklus geplant.

Qualitätsüberprüfung

Es ist wesentlich für den Qualitätsmanager zu wissen, ob die definierten Prozesse tatsächlich gelebt werden, ob Qualitätsmängel vorliegen, die eine Änderung der Prozesse erforderlich machen, oder ob eine erfolgte Prozessänderung tatsächlich die gewünschte Wirkung zeigt.

Dem Qualitätsmanager stehen verschiedene Möglichkeiten zur Überprüfung dieser Tatsachen zur Verfügung:

- Unterschiedliche Formen von Metriken können über den Zeitverlauf betrachtet zur Beurteilung von Produktqualität, Wartbarkeit des Produkts, Komplexität oder zur Abschätzung von Weiterentwicklungs- bzw. Wartungsaufwendungen beitragen.

- Im Rahmen von Audits können durch genaue Analyse der Prozessdurchführung häufig Unstimmigkeiten oder Abweichungen zur Prozessdefinition ermittelt werden.

- Schließlich dient eine regelmäßig durchgeführte Mängelursachenanalyse dazu, Schwächen in den Prozessen aufzudecken oder Problemstellen im Produkt zu identifizieren.

Insbesondere der zuletzt genannte Punkt der Mängelursachenanalyse ist ein wesentlicher Baustein zur Sicherstellung der Qualität während der Lebensdauer einer Standardsoftware. Durch die stetige Implementierung von Änderungen am Softwaresystem nimmt die Komplexität der Softwarestruktur kontinuierlich zu mit dem entsprechenden Risiko, dass Qualität oder Wartbarkeit der Software sinken. Die Ursachenschwerpunkte für neue Mängel können sich dadurch im Laufe der Zeit verändern, beispielsweise kann durch Zunahme der Komplexität der Anteil an Folgefehlern aufgrund einer durchgeführten Mängelbehebung steigen. Es bedarf in diesem Fall expliziter Maßnahmen der Strukturverbesserung (z. B. Refactoring), um die Wartbarkeit der Software wieder zu verbessern. Mängelursachenanalysen decken derartige Ursachenschwerpunkte bezogen auf konkrete Teilkomponenten auf und helfen dabei, Maßnahmen zur Qualitätsverbesserung zu identifizieren.

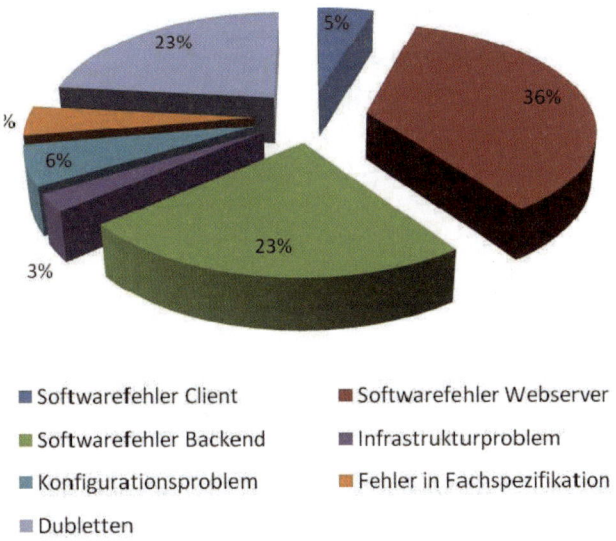

Abbildung 14: Beispiel einer Mängelursachenanalyse

Abbildung 14 zeigt ein Beispiel für den ersten Schritt einer Mängelursachenanalyse. Im Rahmen weiterer Teilergebnisse würden etwa die Klassen „Softwarefehler Webserver" und „Softwarefehler Backup" weiter analysiert werden:

- Welche erfolgten Änderungen (z. B. Umsetzung einer Anforderung oder andere Mängelbehebungen) waren für das Auftreten des neuen Mangels verantwortlich?

- In welchen Teilkomponenten (ggf. bis hin zu einzelnen Quellcode-Artefakten) tritt der Fehler auf?

Ziel ist es, schließlich die Kernursachen („Root Causes") zu identifizieren und diese mithilfe konkreter Maßnahmen auszuschalten.

VII. Performante und leistungsfähige Tools

Die Wartung und Weiterentwicklung von Standardsoftware ist ein komplexer Prozess, der an vielen Stellen zwingend durch leistungsfähige und passende Tools unterstützt werden muss, um effizient und effektiv betrieben werden zu können. Dieser Abschnitt gibt einen Überblick über die Einsatzgebiete derartiger Tools und stellt besonders kritische Toolunterstützung heraus.

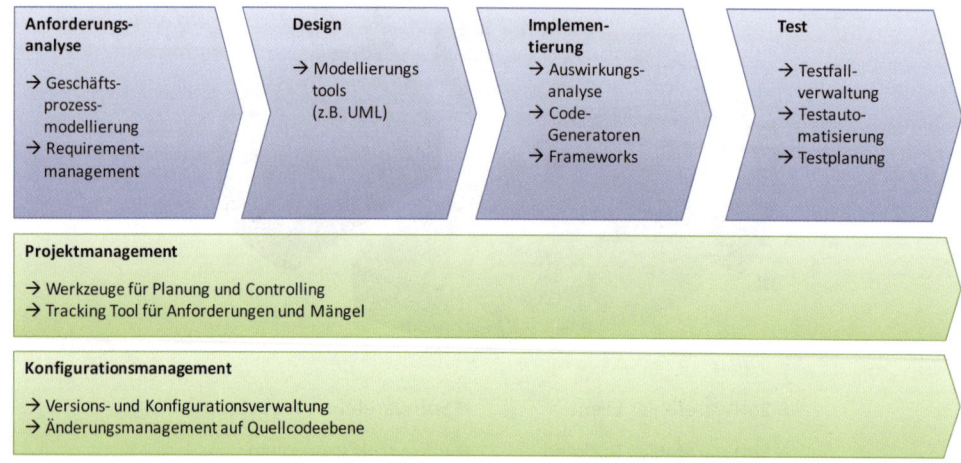

Abbildung 15: Übersicht über die Werkzeugpalette im Softwareentwicklungsprozess

Die sinnvolle Einordnung von Tools in den Softwareentwicklungsprozess ist in Abbildung 15 dargestellt. Jedes Tool bietet – richtig eingesetzt – einen Hebel zur effizienten und nachvollziehbaren Durchführung der jeweiligen Prozesse in hoher Qualität. Die Entscheidung für oder gegen ein Tool ist abhängig davon, welcher Nutzen im Vergleich zu den Kosten zu erwarten ist, wobei ggf. bei komplexeren Tools stets die Kosten für Implementierung und Pflege des Tools mit zu berücksichtigen sind. Ein Tool an sich verhilft noch nicht zu besseren Resultaten – jedes Werkzeug muss korrekt eingesetzt und gepflegt werden, um nützlich zu sein.

Am Beispiel der folgenden drei Einsatzgebiete soll herausgestellt werden, welchen konkreten Sinn und Zweck das richtige Tool gerade im Fall der Wartung und Weiterentwicklung eines großen Softwaresystems hat.

- Es müssen eine hohe Zahl einzelner Änderungen in unterschiedlichen Releasezweigen parallel umgesetzt werden. Dies stellt besondere Anforderungen an die eingesetzten Tools zum Versions- und Konfigurationsmanagement sowie zur Prozessunterstützung im Anforderungs- und Mängelmanagement.

- Die im Laufe der Lebenszeit eines Produkts ansteigende Systemkomplexität, Erosionserscheinungen in der Systemarchitektur oder im Personal-Know-how erfordern leistungsfähige Tools zur Systemdokumentation, -analyse und -modellierung. Der Entwickler muss optimal dabei unterstützt werden, die Auswirkungen einer Änderung auf das Systemverhalten einschätzen und Wechselwirkungen zu abhängigen Systemkomponenten identifizieren zu können.

- Im Laufe der Zeit werden viele Versionen der Standardsoftware ausgeliefert werden müssen (z. B. zyklische Bugfix-Lieferungen). Für jede dieser Auslieferungen ist eine entsprechende Qualitätssicherung erforderlich. Eine in hohem Maße toolbasierte Automatisierung dieser Tests kann ein entscheidender Faktor in der kosteneffizienten Bereitstellung dieser Versionen mit hoher Qualität sein.

Viele der genannten, hochspezialisierten Tools tragen wesentlich zur Effizienz und Qualität der Produktentwicklung bei, erfordern jedoch teils sehr hohe Investitionskosten. Der Vorteil eines Unternehmens, welches Standardsoftware herstellt und anbietet, ist es, Investitionen in Tools oder auch in Spezialisten und Know-how unternehmensweit tätigen zu können und daraus im Idealfall für eine Vielzahl an Projekten und Standardsoftwareprodukten Nutzen zu ziehen.

VIII. Fazit

Das Management von Standardsoftware umfasst nicht nur die reine Entwicklung, Planung und Organisation solcher Systeme, sondern in hohem Maße auch den Aufbau einer Infrastruktur, die für die effektive und effiziente Durchführung erforderlich ist. Hierzu gehören ein wirksames Qualitätsmanagement, eine abgestimmte und lernfähige Releasestrategie, dokumentierte und gelebte Prozesse zur Umsetzung der Vielzahl an erforderlichen Änderungen, ein ausgeprägtes, begleitendes Projektmanagement und eine umfangreiche, spezialisierte Unterstützung durch leistungsfähige und performante Tools. Dies zusammen ermöglicht erst das marktbeherrschende Ziel, ein sich den fortlaufend ändernden Business-Anforderungen gerecht werdendes Produkt in hoher Qualität zu schaffen, das gleichzeitig niedrige Komplexität und hohe Wartbarkeit des Produkts langfristig sicherstellt.

Mit gutem Willen, Entschlossenheit und Entwicklern allein lässt sich kein Softwareprodukt erhalten. Es ist deshalb vor allem für kleinere und mittlere Unternehmen interessant, auf die Infrastruktur eines Dienstleisters zu setzen oder ein Standardsoftwareprodukt zu erwerben. Die Realität zeigt, dass die Erhaltungskosten eines Softwaresystems häufig unterschätzt werden – was im Übrigen auch für einige Großunternehmen zutrifft, die erst spät erkannt haben, wie hoch die „Total Costs of Ownership" eines Anwendungssystems im Laufe des Lebenszyklus wirklich sind.

Über die Autoren

Seit 1994 gehört **Volker Reichenbach** zum Vorstand der msg systems ag. Der Diplom-Informatiker ist zuständig für das Personalwesen sowie für die versicherungsspezifischen Geschäftsbereiche Service Consulting, Business Consulting und die Stabsstelle Internal Services Insurance. Vor seinem Engagement bei msg systems sammelte Volker Reichenbach umfangreiche Erfahrungen in der Softwarebranche, sowohl auf Anwenderseite als auch in der Beratung. Als Projektmanager leitete er verschiedene Großprojekte und baute das Wissen um Methoden und Vorgehensmodelle anhand verschiedener Anwendungsprojekte im Bereich Versicherungen und Sozialversicherungen kontinuierlich aus.

Dr. Rainer Trautloft ist Bereichsleiter im Geschäftsbereich Business Consulting der msg systems ag, für die er seit 1992 tätig ist. Zuvor war er in Lehre und Forschung auf dem Gebiet der Informatik tätig. Während seiner Zeit bei msg systems war er im Rahmen von Projekttätigkeiten in verschiedenen Branchen eingesetzt, seit 1995 in der Versicherungsbranche. Sein Schwerpunkt lag dabei in der Leitung von IT-Projekten, in denen zu ihrer Zeit jeweils modernste Technologien zum Einsatz kamen wie Internet-, JEE-Technologien oder auch serviceorientierte Ansätze. Er ist Mitautor von Lehr- und Fachbüchern auf dem Gebiet des Database und Software Engineering.

Gunter May, Diplom-Mathematiker, ist bei der msg-systems ag verantwortlich für den Bereich Migration und Post Merger Integration. Er arbeitet seit 25 Jahren in verschiedenen Funktionen im IT-Umfeld von Versicherungen und bringt diese Erfahrungen in Beratung, Projektmanagement, Themen- und Methoden-Entwicklung großer IT-Projekte im Versicherungsumfeld ein.

Alfred Hennerici ist seit 2001 bei der msg systems ag in der Branche Versicherungen als Bereichsleiter tätig. Nach mehreren erfolgreich abgeschlossenen Ausbildungen zum Versicherungskaufmann, zum Organisationsprogrammierer und Wirtschaftsinformatiker war er 13 Jahre beim Gerling-Konzern mit der IT- und Organisationsbetreuung des Industriegeschäftes im Ausland betraut. Von 1994 bis 2001 war er bei der ARAG in Düsseldorf ebenfalls für die Auslandsgesellschaften und auch für Betrieb und Weiterentwicklung der Bestands- und Schadensysteme für Rechtsschutz und die Sachsparten zuständig. Im Rahmen seines beruflichen Werdegangs hat er umfangreiche Erfahrungen mit dem Management von großen IT-Projekten gewonnen.

Ingo Gringer ist seit 1999 in der msg systems ag (Geschäftsbereich Business Consulting) im Themenbereich „Webbasierte Informationssysteme" als Lead IT Consultant tätig. Er leitet mit dem Know-how eines zertifizierten Projektmanagement-Fachmanns (GPM) Projekte u.a. zur Entwicklung von Online-Portalen und Korrespondenzsystemen bei Direktversicherern und im Öffentlichen Dienst. Inhaltlich befasst er sich dabei mit der Ausgestaltung der „Versicherungfabrik" durch die Integration fachlicher Anwendungen in die Prozesse und Systeme des Input- und Outputmanagements. Seine Kenntnisse und Erfahrungen gibt er z.B. durch Referate an der TU Chemnitz und der Fachhochschule Zwickau weiter.

Werner Lappat, Jahrgang 1966, ist bei msg systems ag Bereichsleiter Service Consulting Insurance. Seit 22 Jahren leitet er Projekte in der Versicherungswirtschaft, überwiegend im Bereich Sachversicherung mit dem Schwerpunkt Konzeption und Realisierung von neuen Bestands- und Schadensystemen. Seit zehn Jahren ist er Großprojektleiter bei einem großen öffentlich-rechtlichen Versicherungsunternehmen in Bayern. Das Projektteam war zeitweise mehr als 200 Mitarbeiter stark. Die in Budget und Qualität erfolgreiche Arbeit bei Einhaltung enger Projekttermine führt er vor allem auf Teamgeist, Qualifikation der Projektmitarbeiter und deren Engagement zurück und sieht daher einen Schwerpunkt seiner Projektleitungstätigkeit in diesem Aspekt.

Rolf Kranz ist Bereichsleiter Service Consulting in der msg systems ag. Nach dem Studium der Informatik und Betriebswirtschaftslehre war der Diplom-Informatiker in allen Bereichen der Anwendungsentwicklung tätig. Dies umfasste die Konzeption und Realisierung von IT-Systemen bis hin zur Planung und strategischen Ausrichtung von Anwendungslandschaften. Danach lag der Schwerpunkt seiner Aufgaben in der Entwicklung und Einführung von Standardsoftware für die internationale Versicherungswirtschaft. Er verfügt über umfangreiches Know-how zu Vorgehensmodellen und Software-Releasemanagement. Zuletzt betreute er als Projektmanager IT-Großprojekte in der Versicherungsbranche und der Sozialversicherung.

Dr. Markus Probst, Abteilungsleiter, ist seit 2001 bei der msg systems ag in der Branche Insurance tätig. Seine Erfahrungen umfassen das Spektrum der Produktentwicklung vom Software-Engineering, Releasemanagement und Projektmanagement bis hin zur Führung großer, verteilter Entwicklungsteams. Nach dem Studium der Physik an der Universität Regensburg und dem Abschluss als Diplom-Physiker promovierte er 2001 in Betriebswirtschaftlehre mit einer Arbeit über die Anwendung neuronaler Netzwerke in der Marktforschung.

Michael Linsmaier, Diplom-Informatiker (FH), ist als Abteilungsleiter im Geschäftsbereich Business Consulting Insurance verantwortlich für die Einführung von Produktmanagementsystemen und deren Integration in die Geschäftsprozesse, Organisationen und Architekturen. Er war einer der Architekten des msg-Produktmanagementsystems msg.PM und gestaltete maßgeblich eine Vielzahl von produktgetriebenen Versicherungsanwendungen im Umfeld Vertrieb, Bestand, Leistung und Rückversicherung mit.

Ingo Goelitz, Jahrgang 1958, Diplom-Informatiker (FH), ist seit Oktober 1983 für die msg systems ag tätig. Nach dem Einstieg als Organisationsprogrammierer war er als Projektleiter in der Branche Automotive tätig. 1993 wechselte er in die Branche Insurance und arbeitete in verantwortlichen Positionen innerhalb von Großprojekten, die für unterschiedliche Versicherungssparten (Krankenversicherung, Rechtsschutz) Softwarelösungen entwickelten und einführten. Heute verantwortet er das interne Controlling für die Geschäftsbereiche der Branche Insurance

Versicherer im Internet

Status, Trends und Perspektiven

Stefan Raake, Ralf Pispers (Hrsg.)

2010, 200 S., 17 x 24 cm, kart.,
34,– €*
ISBN 978-3-89952-470-3

* Preis inkl. MwSt und zzgl. Versand

Das Internet als fester Bestandteil der Unternehmenskommunikation

Seit die ersten deutschen Versicherer 1995 online gingen, hat sich viel getan: Bunte Bilderwelten und der E-Commerce-Hype sind inzwischen vergessen. Das Internet ist heute bei allen marktrelevanten Versicherungsunternehmen zu einem festen Bestandteil der Unternehmenskommunikation geworden. Es wird sowohl als Vertriebskanal genutzt als auch zur Kundenansprache und Kundenbindung.

Dieser Sammelband bietet einen Überblick über die Internet-Aktivitäten führender Versicherungsunternehmen und Dienstleister, behandelt strategische Fragestellungen und stellt innovative Lösungsbeispiele vor. Im Mittelpunkt stehen folgende erfolgsrelevanten Prozesse:

- Was sollten Entscheider der Versicherungsbranche heute berücksichtigen, wenn sie mit ihren Internet-Aktivitäten erfolgreich sein wollen?

- Wie agieren Wettbewerber und Marktpartner und was kann ich von diesen lernen?

- Wie verändert Web 2.0 das Internet und die Assekuranz?

Das Buch ist als Kompendium für alle gedacht, die sich mit Online-Business in der Assekuranz beschäftigen: für Fach- und Führungskräfte aus Marketing, Vertrieb, Betriebsorganisation, IT, Internet, Extranet, Intranet, für Dienstleister und Berater der Branche.

470_BAnz_17x24_524_4c_110118

Verlag Versicherungswirtschaft

Maklerverwaltungsprogramme der Zukunft

Ein Ausblick auf zukünftige IT-Systeme zur Unterstützung von Versicherungs- und Finanzvertrieben

Volker P. Andelfinger et al.

2009, 264 S., 17 x 24 cm, geb., 39,– €*
ISBN 978-3-89952-506-9

„Maklern gehört die Zukunft, sie werden den größten Zuwachs als Vertriebssegment der Assekuranz haben."

Dieser Satz ist aufgrund der Marktprognosen der Beratungshäuser zum allgemeinen Bewusstsein in der Branche geworden. Doch entspricht das auch der Realität?

Dieser Sammelband zeigt einige der derzeit wichtigsten Projekte und Denkrichtungen, die bei der Optimierung und Neuausrichtung der Prozesse, Kommunikations- und IT-Lösungen im Maklersegment eine Rolle spielen. 21 qualifizierte Autoren beschreiben aus ihrer Sicht,
- was die Arbeit des Maklers erleichtern und verbessern könnte
- was ganz konkret an Projekten geplant ist
- was neben der Technik sonst noch wichtig ist

Das Maklerverwaltungsprogramm (MVP) der Zukunft wird ein System mit klaren Kernkompetenzen sein, das sich der verschiedensten Funktionen bei Bedarf bedient. Diese werden von ganz unterschiedlichen Anbietern bereitgestellt, im Idealfall nach Normen, die gemeinsam von den Marktteilnehmern entwickelt sind.

Ein empfehlenswertes Buch für Makler in Versicherungs- und Finanzvertrieben sowie für IT-Anbieter und Entwickler.

www.vvw.de